0~6岁早教游戏育儿计划

高效能父母陪玩手册

儿童早期教育指导师　胡敏　编著
中国科学院超常儿童研究中心主任　施建农　审定推荐

中国妇女出版社

图书在版编目（CIP）数据

0～6岁早教游戏育儿计划．高效能父母陪玩手册 / 胡敏编著．--北京：中国妇女出版社，2020.5
ISBN 978-7-5127-1792-3

Ⅰ.①0… Ⅱ.①胡… Ⅲ.①智力游戏－学前教育－教学参考资料 Ⅳ.①G613.7

中国版本图书馆CIP数据核字（2019）第279928号

0～6岁早教游戏育儿计划——高效能父母陪玩手册

作　　者：胡　敏　编著
责任编辑：王海峰
封面设计：尚世视觉
责任印制：王卫东
出版发行：中国妇女出版社
地　　址：北京市东城区史家胡同甲24号　　邮政编码：100010
电　　话：（010）65133160（发行部）　　65133161（邮购）
网　　址：www.womenbooks.cn
法律顾问：北京市道可特律师事务所
经　　销：各地新华书店
印　　刷：北京通州皇家印刷厂
开　　本：170×240　1/16
印　　张：24
字　　数：310千字
版　　次：2020年5月第1版
印　　次：2020年5月第1次
书　　号：ISBN 978-7-5127-1792-3
定　　价：79.80元（全二册）

用游戏为孩子搭建通往爱和智慧的桥梁

致正在看这本书的亲爱的你：

你也许是初为人父人母，也许是多子女家庭的光荣爸妈，但不管怎样，都可能会面临同样的一个问题：在孩子0 ~ 6岁早期教育关键期束手无策。面对各种流派的早教理念、五花八门的早教产品，你也许更是无所适从。

“早教”其实更多的是指导你如何与孩子沟通、相处，如何在和孩子玩儿的过程中促进其各方面能力的发展。你或许已经懂得“要让孩子赢在起跑线上，自己要先懂得儿童发展规律，做好孩子早期教育的第一把关人和引领者”，但同时你也会发现，这一切实施起来，并不容易。

也许，你需要的是一套高效的“游戏育儿计划”。游戏是6岁前孩子的主要活动。亲子游戏不仅是评价亲子关系的重要指标，而且影响孩子的认知、情绪和社会能力的发展。可以说，你是不是一个会玩儿的父母，决定着孩子早期发展的质量。

正因如此，我策划并撰写了这套书。《0 ~ 6岁早教游戏育儿计划：高效能父母陪玩手册》作为“内功心法”将帮你快速入门，且适合随身携带、速查速用；《0 ~ 6岁早教游戏育儿计划：实操宝典》作为“具体招式”将让你按部就班实现“陪孩子快乐成长”的夙愿。此外，我邀请从事超常儿童教育和创新教育研究三十余年的中国科学院博士生导师、中国科学院心理研究所超常儿童研究中心主任、世界天才儿童研究协会亚太地区前理事会主席施建农教授对本书进行了专业审定。我的努力，旨在帮助每个父母成为孩子成长路上最专业的陪玩专家。

这套书将帮助你和孩子形成良好的亲子依恋。亲子依恋是孩子人生中第一个人际关系。本套书将在孩子乐此不疲的社会性游戏中帮他操练未来的生活技能和社交技能，在循序渐进的肢体运动游戏中帮他养成好体格和更强的动手能力，还将用语言游戏和亲子阅读帮他掌握与世界沟通的基本规则，用艺术游戏让他的生命更丰富多彩，用建构游戏帮他形成良好的逻辑思维能力。在这6大类游戏的加持下，你的孩子将成长为一个更健康、更智慧、更有趣、更懂得与人沟通、更有爱的人，这些品质将是他一生的财富之源、成功之源、幸福之源。

同样重要的，这套书更会帮助你制定良好的育儿规划，让你不再不堪重负，不再歇斯底里，而是全身心投入并享受美好的亲子时光。这对妈妈来说尤为重要。除了和孩子一起度过高质量的陪玩儿时光，你更需要给自己一些时间去成长和积淀。你若是一个情绪良好并能有条理地安排亲子生活的妈妈，全家都会因此得到滋养。对爸爸而言，这套书会帮你更好地融入家庭生活，成为妻子最佳的育儿合伙人，成为孩子最好玩儿的超人爸爸，拥有更好的夫妻关系和亲子关系。

亲子游戏从你家宝宝出生后就可以开始了。开始时，作为大人的你需要主动发起游戏，比如婴儿抚触，而孩子一般在1岁左右才会主动发起游戏。真心希望因为这套书，你不再不知所措，知道怎么和孩子玩，知道如何在游戏中帮助孩子更好地成长。

书中关于孩子各项能力发展测评的内容，只是多数孩子在该年龄段的表现。每个孩子发展快慢不一，个体差异非常大。一定要仔细观察自己孩子的日常表现，先做一个简单评估，再选择相应的合适的游戏。书中推荐的亲子阅读书单，基于我十余年图书编辑的从业经验、儿童发展与教育心理学专业的教育背景、亲子课教学实践及亲身育儿实践，并综合考虑了孩子身心的全面发展，但限于篇幅，仅选入我认为经典的必要的，可以说是0 ~ 6岁孩子的基础阅读书目。

我的上一本书《宝宝辅食添加每周计划》帮助很多家庭解决了宝宝辅食添加过程中的困扰，希望这套书也能帮到大家。欢迎大家来我的微信公众号“敏学下”交流学习。疏漏之处，还请多提宝贵意见。

胡敏 于北京

2019.12

目录 contents

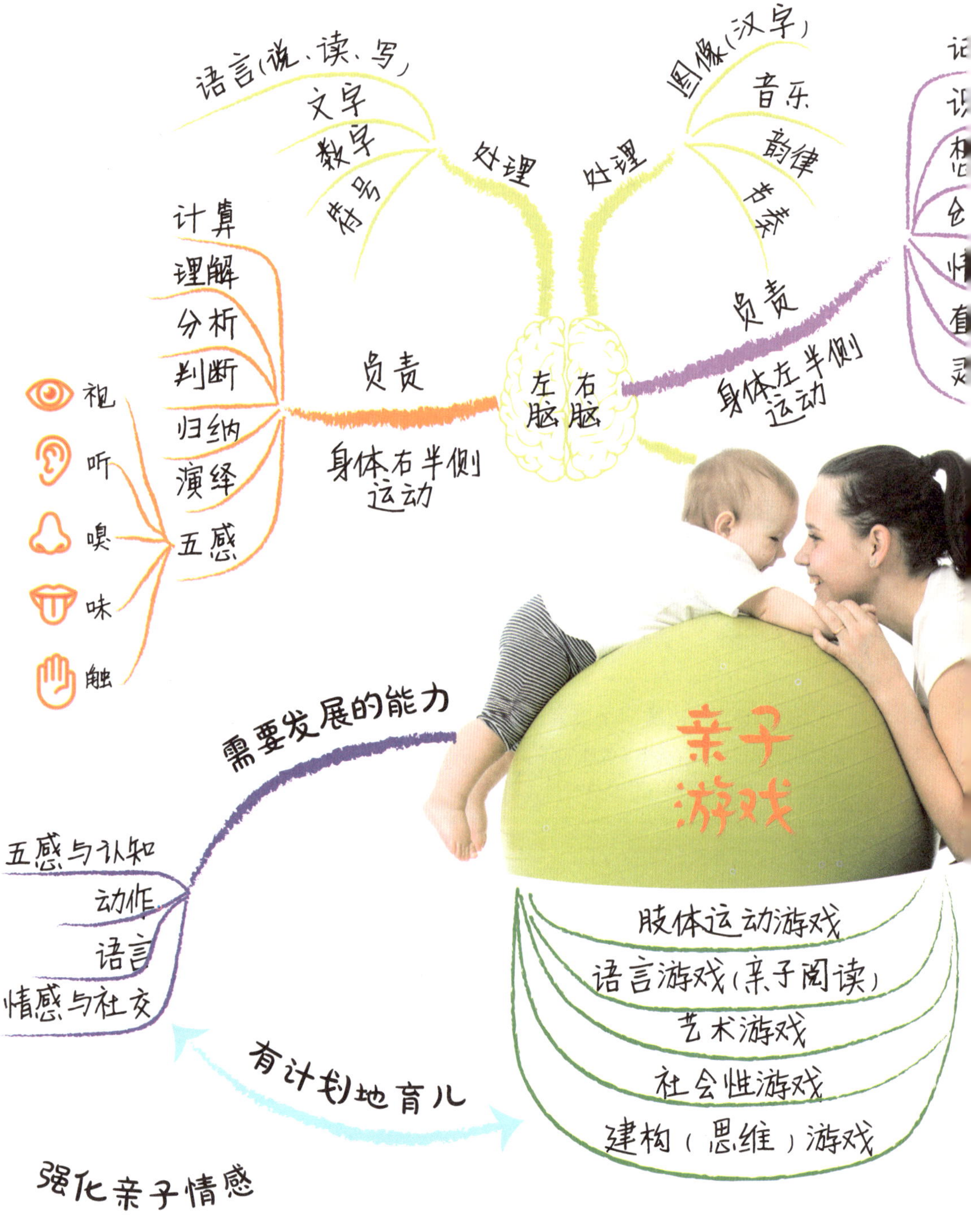
语言(说、读、写)
文字
数字
符号
处理
处理
图像(汉字)
音乐
韵律
节奏
计算
理解
分析
判断
归纳
演绎
五感
视
听
嗅
味
触
负责
身体右半侧运动
左脑
右脑
负责
身体左半侧运动
亲子游戏
需要发展的能力
五感与认知
动作
语言
情感与社交
肢体运动游戏
语言游戏(亲子阅读)
艺术游戏
社会性游戏
建构(思维)游戏
有计划地育儿
强化亲子情感

1 个早教游戏思维导图，早教重点心中有数

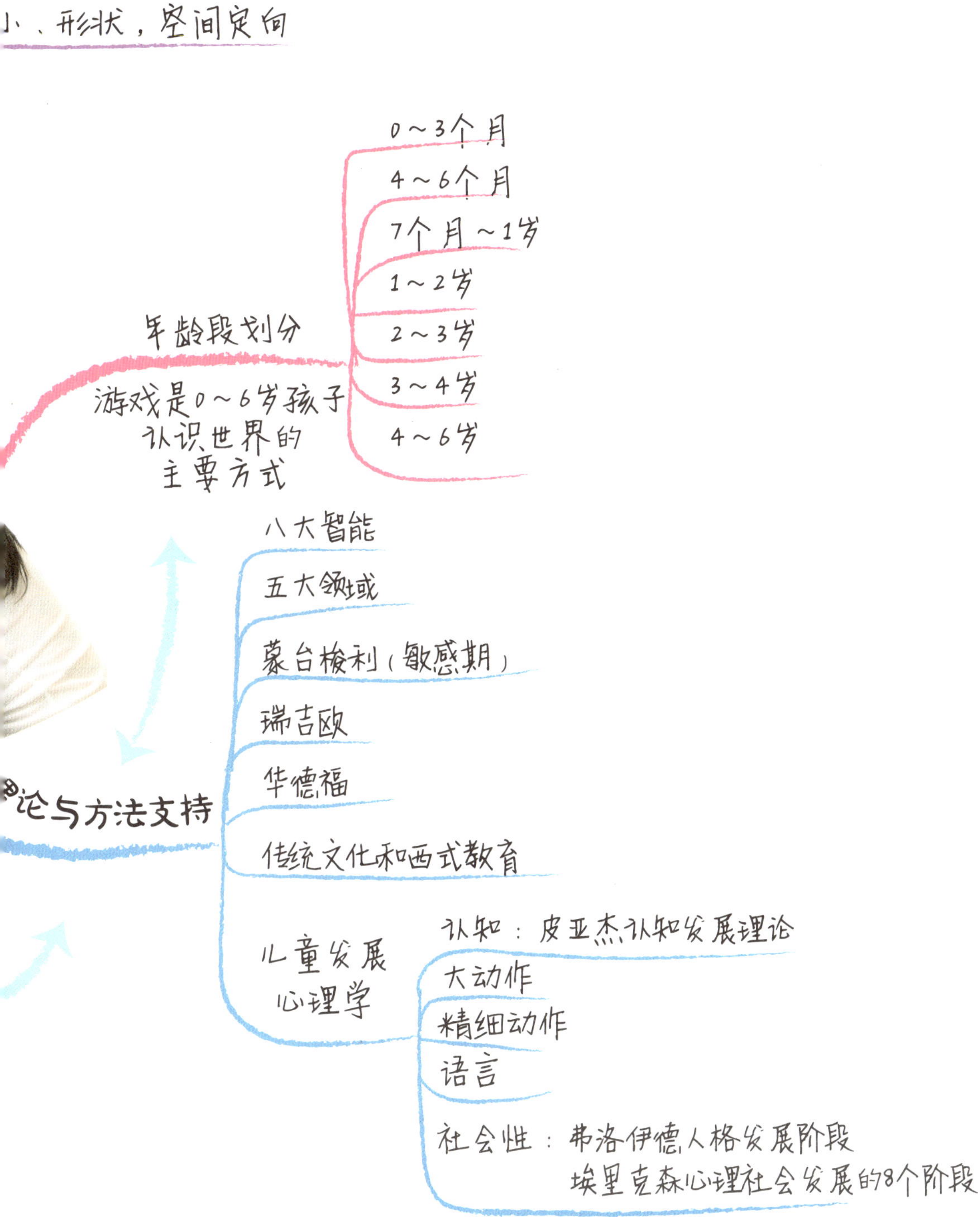

4 个必知的儿童心理发展理论，让早教更科学

皮亚杰认知发展（4阶段）理论

0 ~ 2岁感知运动阶段

通过感觉和动作以及两者联合来认识世界。动作是对视觉刺激的下意识反应，而非思维活动的结果，比如看到奶瓶会做出吸吮反应。

无意识注意为主，注意时间可从短暂注意发展到7分钟左右，很容易受其他事物干扰。不要苛求他在一件事上保持长时间的注意，特别是当孩子不感兴趣的时候。

对于物体恒存，4 ~ 7个月时有模糊概念，知道看不见的东西不会消失，开始玩躲猫猫，这也是记忆的萌芽。1岁时能记住有意义的刺激长达一周，并且能记住动作顺序，为模仿提供生理支撑。直到6岁都以无意识的、机械的记忆为主。形象记忆优于语词记忆。

有延迟模仿，比如看到你做了某个动作，之后即便你不在场，他也可能将该动作复制出来。

7个月左右开始能理解简单的因果联系，能进行简单分类，有了初步解决问题的能力。

执着于玩物游戏，即玩耍时需要实物，要到1.5岁才会出现假装游戏，想象力开始发展。

2 ~ 7岁前运算阶段

出现直觉思维，通过游戏以具体形式认识世界，比如通过1个苹果、1根手指认识1这个数字。3岁后能比较多少、大小，逐渐理解数的顺序，可以对10以内的数字计数。

有意识注意逐渐发展，2 ~ 4岁可逐渐发展至10分钟左右，5 ~ 6岁注意力稳定持续时间可发展至10 ~ 15分钟。

过于自我，常以自己的观点为中心，难理解他人的观点。

不能理解守恒，同一块橡皮泥搓成不同形状，会得出重量、面积等不一样的结论。部分孩子在4 ~ 6岁才开始有长度和数量守恒概念。

不能理解部分和整体的关系。

对概念的理解和分类逐步发展，开始时主要还是以事物具体特征对实物下定义，如鱼是在水里游的，逐渐从按事物特点（颜色、形状）分类发展到抽象分类（妈妈是女的）。

2岁后开始有简单的时间概念，但直到4岁左右还不能完全理解时间顺序，5岁后对一天之内的时间顺序能有很好的理解。

4岁左右开始有类比推理，如苹果和香蕉都是水果，甚至开始有逻辑思维。

从简单的“以物代物”的假装游戏发展至角色扮演。想象力从无意向有意发展，逐渐有明确主题。很多时候分不清想象与现实。这时的“撒谎”不要从道德层面进行评判。

7 ~ 11 岁具体运算阶段

思维出现守恒和可逆。不需依赖行动，头脑中就能进行思维转换，但仍需要形象支持认知，比如将一块橡皮泥捏成香肠，质量并没有改变。头脑中能将1和1个苹果联系起来且无须实物支持。

注意力稳定持续时间发展至15 ~ 30分钟。

11 岁 + 形式运算阶段

可以不依赖具体事物进行抽象的逻辑思维。

注意力稳定持续时间可发展到30分钟以上。

弗洛伊德人格发展（5阶段）理论

0 ~ 1 岁口唇期

以口唇活动为主，比如放入、含住、撕咬、吐出和紧闭等5种主要的口腔活动模式。如果这个时期的活动没有得到满足，可能在儿童期发展出吸吮拇指、咬指甲、啃铅笔等情况，甚至在长大后出现暴饮暴食、抽烟、说脏话等不良习惯。

1 ~ 3 岁肛门期

兴趣集中于肛门区域，以排便为快乐，甚至玩弄粪便。这个时期孩子随时随地排便的习惯和家长的如厕训练有一定冲突，若解决不好，要么发展为极端洁癖，要么发展为极端不讲卫生。

3 ~ 6 岁性器期

特别关注生殖器，可从抚摸生殖器中得到快感，产生性别意识，可能会产生“恋父”或“恋母”情结。如果这种情结受到挫伤或过度满足，可能会影响成年后的亲密关系。

6 ~ 11 岁潜伏期

兴趣点从性向学习知识、文体活动及人际交往等转变，开始受成人和同性同伴社会价值观影响。

11 岁 + 青春期

如果前几个阶段发展顺利，此阶段就会对同龄异性产生兴趣，并一直持续到成年期，最终完成生殖目的。

埃里克森心理社会发展（8阶段）理论

阶段	年龄	父母需要做的	发展顺利	发展障碍
1	0～2岁	较好抚养并建立良好亲子关系	对人信赖，有安全感	难与人交往，焦虑，容易被绝望压垮
2	2～4岁	尊重孩子对独立的渴望	自控力强，行动有信心	自我怀疑、羞怯，自控力差
3	4～7岁	在安全范围内鼓励孩子尝试	目的性强，独立进取，有责任感，有创造力	无自我价值感，内疚，自卑，挫败，循规蹈矩
4	7～12岁	不设过高目标，让孩子体验努力后获得的成功感	有求学、做人、做事、待人接物的基本能力	缺乏基本生活能力，充满失败感
5	12～18岁	帮助孩子更了解自己	自我观念明确，有明确目标	缺乏目标，迷茫
6	18～25岁	帮助孩子树立正确的交友观	成功的感情生活，奠定事业基础	孤独寂寞，无法与人亲密相处
7	25～50岁	对孩子的婚姻家庭多协助、少干涉	爱家，关心栽培后代	自我放纵，不顾未来
8	50岁到死亡		随心所欲，安享晚年	悔恨旧事，心事重重

蒙台梭利敏感期（获得各种能力的最佳时机）理论

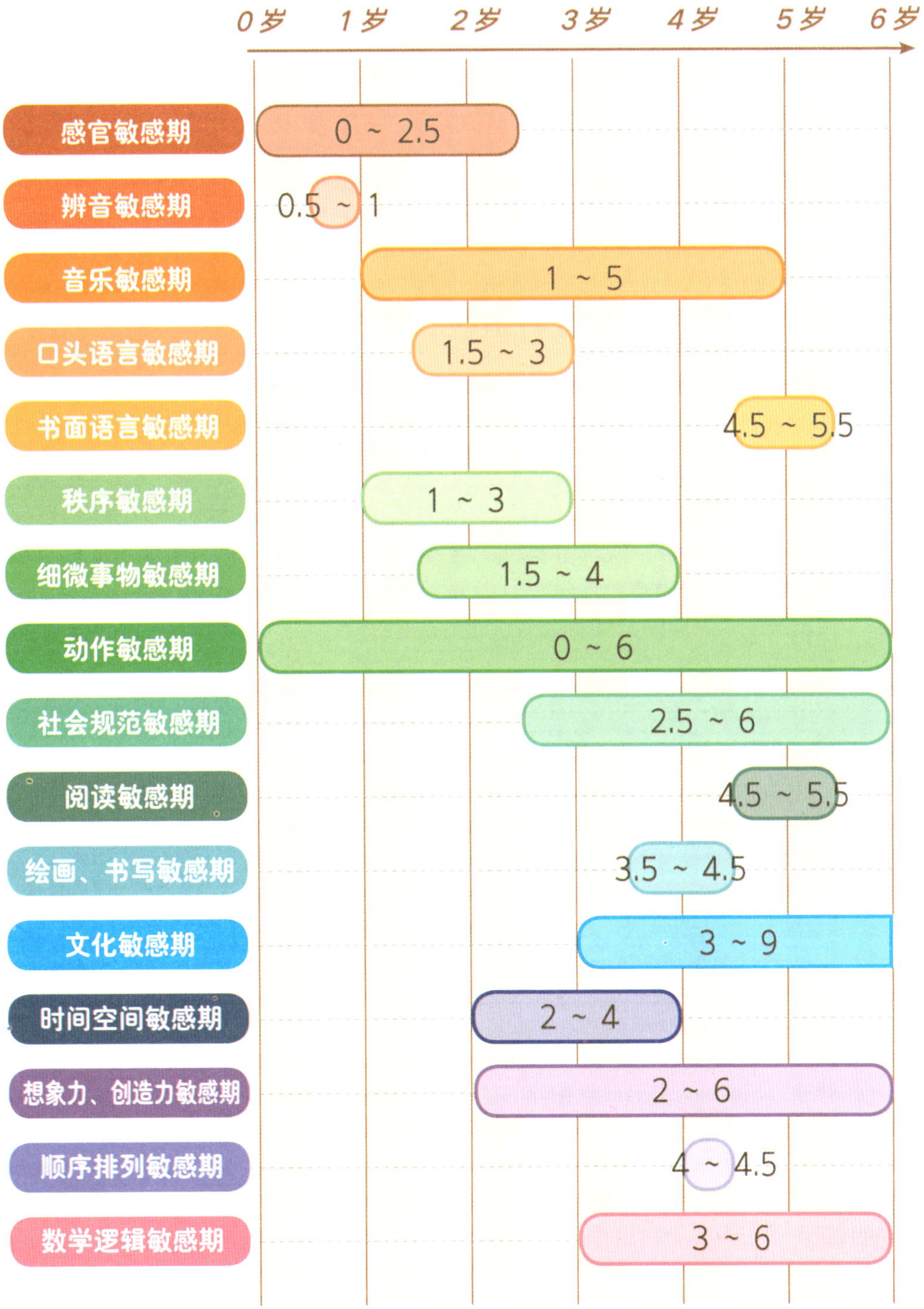

全面梳理中西方早教核心理念，科学指导家庭早教实践

今天的孩子，未来面对的将是全球竞争体系。要想孩子在长大成人后生活得更好、事业上取得更大成就，从其学前早教关键期开始，父母就应该努力了。家庭教育在这个时期占据主导地位。作为家长，你应该全面了解一下中西方早教的核心理念和手段，用以指导早教实践。

“8大智能”理论，帮孩子打造核心竞争力

20世纪80年代，美国心理学家、哈佛大学教授加德纳提出了8大智能理论。后来，此理论广泛应用于世界各国的早教实践。基于此，人们不再以单一维度评价一个人的智力发展。这个理论也为人才的培养提供了更多元的参考依据。每个孩子都有优于他人的一个或几个智能强项。家长要让孩子广泛学习，不要给予过多方向性引导，以从中发现、培育他的优势智能，并以强项带动弱项，建构属于他专有的优势智能组合，以应对未来竞争。具体来讲，什么是8大智能？详见下表。

8大智能	表现	未来适合的职业
语言智能	优于同龄人的语言发展水平，喜爱听说读写	主持人、记者、作家、编辑、演说家、律师、语文老师、演员等
数学逻辑智能	对数字敏感，做事有条理，善于计算、归类、统计、分析、发现规律，喜欢抽象的、逻辑性强的事物	会计、税务师、精算师、审计师、银行家、经济学家、程序员、软件研发人员、数学家、医生、数学老师、科学家、侦探等
视觉空间智能	对色彩感觉敏锐，较早表现出绘画才能，有较清晰的方位概念，喜欢并擅长积木、拼图等建构类玩具，喜欢看地图、走迷宫、下棋等游戏，擅长图像记忆，学几何比学代数轻松	画家、摄影师、设计师、建筑师、雕塑家、导游、书法家、飞行员、海上作业人员等
音乐智能	喜欢听音乐、唱歌，有较好的音感；听到音乐就手舞足蹈，能跟上拍子，有节奏感；喜欢操作乐器	歌手、演奏家、调音师、作曲家、指挥家等

（续表）

8 大智能	表现	未来适合的职业
身体运动智能	动作灵活，协调性、平衡能力强，善于模仿他人动作，肢体动作发展水平优于同龄人，做过的比听过的更容易记住	运动员、演员、舞蹈家、雕塑家、外科医生、机械师等
人际智能	能理解他人的表情和肢体语言，能正确模仿他人的语言和行为，喜欢和别人一起玩，较大时能熟练表达想法、情感，喜欢组织群体游戏、协商解决问题、扮演领导角色	销售人员、管理人员、行政工作人员、公关人员、政治家、外交官、心理咨询师等
自我认知智能	了解自己，有自知之明，能辨别自己和别人的差异，愿意从别人那了解自己，常说长大后要做什么，有主见，意志力、自尊心和自信心强，再大些爱写日记、做事有计划、喜欢事后总结	心理医生、咨询顾问、律师、小说家、哲学家等
自然观察智能	热衷探究自然，关注细节并能敏锐发现变化，可以进行简单分类	农民、兽医、宠物店老板、生物学家、地质学家、天文学家等

这些在培养孩子兴趣特别是选兴趣班的时候，是很重要的参考指标。别人家孩子学什么，自己家孩子就学什么；或者家长想让孩子学什么，孩子就学什么，都是不对的。一个人有自己的特色才能出类拔萃，有核心竞争力才能在激烈的竞争中处于不败之地。

“5 大领域”理论，帮助孩子全面发展

我国著名幼儿教育家陈鹤琴，以及著名教育家陶行知，都主张“生活教育”，即孩子的教育要在生活中进行，社会就是最好的课堂。陈鹤琴还提出“五指活动”教育观，即从健康、社会能力、语言、科学、艺术等五个领域培养孩子的教育理念。

健康、社会能力、语言、科学、艺术这5个领域涵盖一个人的基本素养，相互渗透，不可分割。你也会发现，本书中的游戏虽按侧重方向分了类，但某个游戏发展的不仅仅是某一个领域的能力。因此，陈鹤琴还主张“整个教学法”，以主题单元活动形式融合五大领域的教育内容。具体来讲，5大领域是什么？详见下表。

5大领域	目标	方法
健康	身体健康，良好的情绪、卫生习惯、饮食习惯，基本的自理能力，必要的安全常识，喜欢体育活动，动作协调。	避免过度包办替代，1岁后培养自主进食，2岁左右如厕训练，3岁左右教会孩子穿脱简单衣裤、刷牙，将培养自理能力、建立安全意识、肢体活动融入日常游戏。
语言	乐于交谈，注意倾听，有礼貌，理解日常用语，能清楚地表达，喜欢听故事、看书，能听懂、会讲普通话，对生活中常见的标记符号感兴趣。	经常和孩子聊天、交流，拓展孩子的生活经验，培养其良好的阅读习惯，多玩语言文字类游戏。
社会能力	自信，乐于交往，喜欢参加活动，能合作和分享，遵守规则，努力做好力所能及的事，有一定的责任感，有同情心，爱护公物，尊重他人，爱父母长辈、老师和朋友，热爱祖国、家乡、集体，理解不同民族文化的差异性。	父母以身作则，身教重于言教，给孩子树立一个良好的社交榜样；多带孩子观察、体验社会活动；角色扮演是很好的社交技能操练游戏，可以多玩。
科学	有好奇心和求知欲，对周围事物和现象有探究欲，能用多种感官研究问题，有初步数学概念，能用数学方法解决生活中的简单问题，有初步的环保意识。	观察自然、阅读科普读物、参观自然科技馆、进行简单的科学小实验等。
艺术	能感受、发现、表达生活中和艺术中的美，能用自己喜欢的方式进行艺术活动。	丰富孩子的审美经验，让孩子体验自由表达和创作的快乐，关注孩子在艺术游戏中的情感体验，激发其感受美、表现美的能力。

绘本在五大领域游戏中的应用举例：

社会能力
如何与毛毛虫和蝴蝶友好相处

科学
蝴蝶的生长过程
分类（水果、蔬菜、甜点）
数量（几个水果）
时间（星期）

健康
良好的饮食习惯
毛毛虫和蝴蝶的肢体运动

艺术
蝴蝶舞
拓印拼贴画
彩泥手工
吃饭儿歌

语言
阅读
讲故事

图书《好饿的毛毛虫》

蒙台梭利、瑞吉欧、华德福，取其长处，为我所用

如果要给孩子选择早教机构，或者将早教品牌的精髓应用于家庭早教实践，应该对市场上最知名的早教流派有一个简单的了解，比如蒙台梭利、瑞吉欧、华德福等。以上三大早教流派的核心理念详见下表。

早教流派	核心理念
蒙台梭利	可为孩子提供适合他身心发展特点的有序的环境和教具，可让他自由探索，有助他秩序感的建立，更适合喜欢探究事物的孩子；注重日常生活练习，有助孩子自理能力、独立性发展；在孩子的各个敏感期进行适当引导，促进发展。 
瑞吉欧	以孩子为中心，重视沟通互动、发现兴趣并加以引导，鼓励孩子观察事物，鼓励艺术表达。 
华德福	鼓励孩子亲近自然，重视动手能力和艺术能力发展；不鼓励给孩子太多玩具，尤其是声、光、电玩具。 

中国传统文化教育及西式教育，培养孩子的多元思维

无论孩子将来走到世界哪个角落，都是黄皮肤黑眼睛的中国人。中国传统文化，琴棋书画诗酒茶，戏曲，中医，武术，随便拿出一样都是夺目的特色名片。要让孩子多学习传统文化。外语、西洋乐器、西式运动则是孩子与世界交流的工具。积淀厚重民族文化特色的傍身之技在孩子的早期教育活动中就要多多渗透。不管是中国的还是外国的，只要是对孩子成长有利的，都应根据自家孩子特点，有选择地拿来用，以培养孩子的多元思维能力。

细化发展方向，让家庭早教更具可操作性

游戏就是乱玩儿一气？或是一板一眼的像教学活动一样？不不不，有早教意义的游戏，是高质量的陪玩儿活动，需要有些章法。你首先得知道孩子的成长需要发展哪些方面的能力，这些能力在不同年龄段的发展水平是什么样的；再根据孩子的日常表现评估他的发展水平；最后在此基础上选择适合孩子的游戏。《0 ~ 6岁早教游戏育儿计划：实操宝典》给出了详细的分龄能力测评表。以下对书中介绍的相应的6项测评内容做简单介绍。

五感和认知，认知和行动的生理基础

人通过感觉通道（视、听、嗅、味、触五感）接收信息，经由大脑对信息的加工，形成对世界的认知，继而用认知去指导生活实践，得到新的信息时，再进行认知升级并调整行为模式，这就是认知及行动的生理过程。可以说，五感发展水平更多地与身体发育水平相关，认知则与大脑发育水平和环境所给的信息相关。在相应发展阶段给以恰当的刺激、引导，可以使孩子的五感和认知有更好的发展。

动作，拓展认知、达成目的的工具

肢体动作的发展有助于孩子成长为一个有独立行为能力的人，可帮助他拓展认知范围，达成有目的的活动。大肌肉运动（大动作能力）有助于发展空间感觉，小肌肉运动（精细动作能力）有助于手指分化工作、使用工具。三翻六坐八爬一走，从一把抓握到手指分化协作，肢体动作的发展水平很直观地表明了孩子所处的身体发育阶段。该有的发展阶段没有相应的表现，则被判定为发育迟缓，须咨询儿科医生。在相应的发展阶段给予适当的引导，可帮助孩子发展出更健康的体魄，更强大的对外探索能力、动手能力、解决问题的能力、与人合作的能力、学习力和表现力。

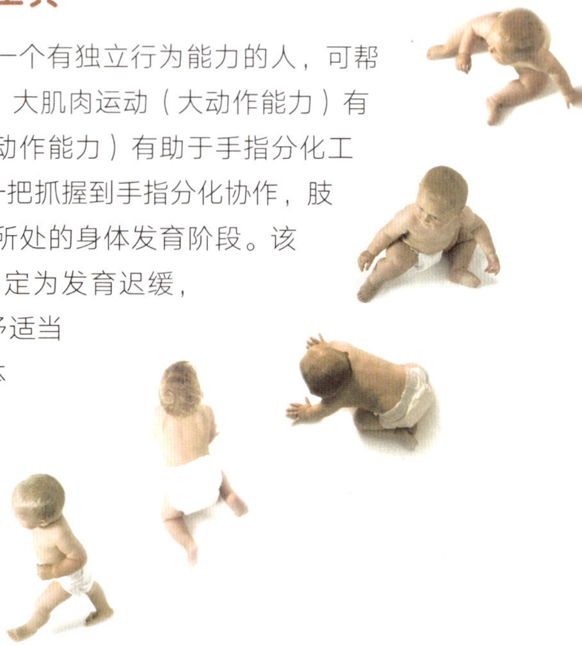

语言，交流信息、达成目的的工具

语言是交流工具，是传承社会历史经验的手段，是思维的外壳，与思维发展水平密切相关。随着生理上的发育，孩子的语言水平也会相应提升，有大致规律，但每个孩子都有自己的语言发展时间表，有的6个月左右就能开口说话，有的2岁左右还只会叫爸爸妈妈。除了遗传因素，环境是否给予了孩子丰富的语言刺激对其语言发展也有直接影响。父母要多和孩子说话，多给孩子唱儿歌、念童谣，尽早开始亲子阅读。另外，有听力障碍的孩子，大脑受损的孩子，口唇肌肉发育不足的孩子，手部精细动作发育迟缓、手眼协调性不佳的孩子，在口头语言及书面语言方面势必会落后。这些都是影响语言能力发展的生理因素，也是需要尽早发现和解决的问题。

情感和社交能力，生活幸福、事业成功的助力剂

只有情感和社交能力发展良好的孩子，才能发展出健全的人格，良好的社会适应能力及与人交往的能力。情感和社交能力直接关系着孩子未来事业的发展水平和生活幸福指数。在孩子生命早期，父母若能帮助孩子进行情绪识别和应对，有利于孩子社交技能的学习。3岁前建立起安全感的孩子，能与父母形成安全型亲子依恋，在今后可逐渐发展出自信、大胆、好奇心强、能主动探索、喜欢社交、能关注他人需求等良好的社会性能力，成年后也会拥有更健康的心理去应对各种压力，同时会拥有更好的情绪调控能力去解决冲突。否则，孩子则会逐渐表现出退缩、依赖、学习兴趣不强等有碍社会能力和认知发展的特质。亲子游戏是促进安全型亲子依恋关系形成的最佳工具。

6 类游戏，促进孩子全面发展

根据孩子个体发展的不同需求，并结合前述八大智能、五大领域的早教思路，早教游戏大致可分为肢体运动游戏、语言游戏、艺术游戏、社会性游戏和建构游戏5个主要类别。每一类游戏都侧重一个方向，但又不只是锻炼某一个方向的能力，比如社会性游戏中一般会有大量的语言交流，对语言能力也是极大的促进，而五感和认知能力更是几乎与所有游戏都密不可分。此外，亲子阅读是非常特殊的早教游戏，可提升孩子的综合素质，我特别将其单拿出来进行论述。

肢体运动游戏让孩子拥有更健康的身体

2岁前的孩子一般通过感觉和动作来认识这个世界，比如：出生头几个月就有踢腿、挥手等动作，在6个月左右表现最为频繁，并逐渐从玩弄自己的身体发展到开始对周围的物体十分感兴趣；出生第二年练习性游戏不断增加，会有意识地练习动作技能，学习控制自己的身体。肢体运动游戏不仅可以帮助孩子对这个世界进行探索学习，还可帮助他们成长为一个真正的人。随着平衡能力、协调性和认知水平的发展，2岁以后的肢体运动游戏有了更多的花样，追逐打闹开始出现在游戏中。

家长可以通过布置环境、提供玩具、适当互动来引导和促进孩子的游戏水平，帮助他发展自己的能力。

1岁以后的孩子可以将两个物体进行关联游戏。北京师范大学的刘焱教授在她的《儿童游戏通论》[1]一书中介绍了芬森（Fenson）等人的一项研究：通过比较9.5、13.5及18.5个月大的孩子玩物游戏的动作能力，发现关联性动作、象征性动作、序列性动作这三种不同性质的动作标志着孩子不同的认知发展水平。具体见下表。

动作类别	表现	发生年龄（月）
关联性动作	简单关联动作。能关联，但没找到物体间的正确关系	9，13，20
	顺应性关联动作。发现物体间的正确关系，如能把勺子放进杯里	9，13，20
	归类动作。能把相似物体放一起，如杯子和杯子，勺子和勺子	20
象征性动作	假装动作	13，20
序列性动作	连贯的平行动作。如把一个杯子放在一个杯垫上，再把另一个杯子放在另一杯垫上 主题变化的连贯动作。如先用勺子在水壶里搅动一下，再用勺子在水杯里搅动一下	20

如果发现下列动作发育问题，需咨询儿科医生：

3个月不会抬头，不会抓握东西；

4个月不能扭头找声源，不能把东西放进嘴里；

6个月不能翻身；

7个月不会主动去抓东西；

8个月左右不能独自坐起；

8～12个月不会爬，不能扶着站立，不能用手指捏取东西；

18个月不会走路；

2岁半不能双脚跳起，不能一页一页地翻书；

3岁不能爬楼梯，不能单脚站立，不能叠起4块积木，不能画直线；

4岁不能单脚跳，不能举球过肩投，不能画圆；

5岁不能直线前行或后退，不能单脚站立5～10秒，不能用积木搭建筑。

1 刘焱．儿童游戏通论．福建：福建人民出版社，2015

语言游戏帮助孩子早开口、说好话

语言游戏是帮助孩子进行语言练习的游戏。语言游戏可为语言的运用提供真实场景。孩子从只会说一两个字，到会组词，再到能说句子，需要一个过程。通常孩子在2岁后会进入语言爆发期，词汇量增加，会说复杂句。语言能力的迅速发展，与孩子这个时期开始特别喜欢假装游戏有关。假装游戏不仅可促进认知水平的提升，也为演练语言提供了丰富的场景。3岁半左右，可以介入词语游戏，如念儿歌、猜谜语、说笑话等。4岁左右，可以引入更复杂的语言游戏，如说反话。5岁左右可以接触古诗词，可以开始识字和书写。

家长日常多与孩子进行语言交流，边说边做相应的动作能帮助孩子理解和运用词汇。帮孩子把话说完整也可促进他的语言能力的发展。在孩子语言能力发展的不同阶段，介入不同难度的语言类游戏可提升其语言发展水平。此外，家长还要多带孩子出门走走看看，给孩子更多刺激。

至于第二语言的启蒙，如果有一个像母语一样的交流环境，孩子就会像自然习得母语一样学会使用第二语言交流。同时使用两种或多种语言和孩子交流，并不会给孩子带来语言学习上的困惑。欧洲一些多语种国家，从小会说几种语言的孩子很常见。不管父母自身是否会讲第二语言，并不会影响孩子对于第二语言的学习。

从小学习双语的孩子在3岁左右可能会有一个调整期。大多数情况下，此前表面上看两种语言都没有太大的发展，但过一段时间后两种语言就都能说得很好了。这时，就要开始学习必要的语法知识了。

6岁前是语言学习的敏感期，特别是口头语言的学习。无论是母语还是第二语言的学习，在这个阶段若没有得到充分启蒙，孩子的口音多少会受影响，语感也会受影响。

如果发现下列语言发育问题，需咨询儿科医生：

头几个月太过安静或对声音没有反应；

4个月不会模仿发声，没有发出过咿咿呀呀的声音；

6个月不能发出笑声或尖叫；

8个月没有牙牙学语；

1岁时没说过任何简单词，不会用点头、摇头等身体语言，不会用手指物；

2岁时听不懂简单指令，不会说两个词组成的句子；

3岁时说话不清，难以理解，不会说3个词组成的句子，不会正确使用人称代词“我”“你”；

4～5岁时不能理解包含两部分内容的复杂指令，不能说清自己的名字，不会用复杂时态，不会讲日常用语。

亲子阅读为孩子打开通往世界的大门

有研究人员做过这样一个实验：两组5岁的孩子，其父母受教育程度、社会地位都相似。一组孩子在过去两年内每周有5次亲子共读，另一组没有。研究者让每个孩子讲一个有关自己生活的故事，假装讲给娃娃听。结果发现：长时间进行亲子共读的孩子讲故事时用的句子更长，语法结构也较复杂，而且有更多书面用语。

阅读是孩子学习语言最好的活动。实在不知如何引导孩子开口说话，不如从亲子阅读开始。不同主题的阅读活动还是提升孩子认知的早教活动，比如适合低龄孩子的绘本在潜移默化中提升了孩子的艺术鉴赏力。眼光再放长远些，课外阅读的质量和数量直接影响孩子的语文学习，间接影响其他学科的学习；换句话说，不仅关乎孩子的学业成绩，更关乎全方位能力的提升。

孩子的阅读习惯需要从小培养。很难想象在一个到处充斥着电子产品、父母没有阅读习惯的环境中长大的孩子会热爱阅读。孩子是不是对手机更感兴趣？那是因为他经常看大人捧着手机，他会觉得那一定很好玩。孩子的模仿能力是很强的，1岁左右的孩子就知道把手机抓过来划拉屏幕。身边有很多这样的例子，家长没有和孩子进行亲子阅读的习惯，孩子长大些后完全坐不住，更喜欢其他活动。亲子阅读是孩子走向独立阅读的桥梁。

也有很多家长，意识到了亲子阅读的重要性，却不知该如何选书、如何开展亲子阅读。关于这些问题，《0 ~ 6岁早教游戏育儿计划：实操宝典》中会有详细介绍。这里先帮大家梳理下科学的亲子阅读的大致进程：

童年的阅读始于倾听。孩子的听觉发育开始得最早，保证一定的语言输入可以让孩子对语言交流感兴趣，形成最初的语感。在孩子3个月左右，可用视觉激发图卡进行最初的视觉及阅读启蒙。在孩子7个月左右，可以和孩子一起玩布书、触摸书、有简单颜色的书。孩子1岁左右，可以给孩子准备一些洗澡书、纸板书、洞洞书、低幼绘本。1岁前的孩子还不太能听懂带情节的故事，看书其实是玩书，可以让他在玩耍过程中对书和看书这件事发生兴趣。孩子1 ~ 2岁期间，可以多给孩子一些玩具书、有很多拟声词的书、色彩鲜明且画面元素简单的书。这些书可以让孩子手部精细动作得到进一步发展，同时孩子也会对声音进行简单模仿。2岁后的孩子基本上能自己一页一页地翻书了。孩子2 ~ 3岁期间，可以给孩子多提供一些文字韵律感强、有很多重复的语句、故事简短、画面富有表现力的书。孩子3岁后，可以给孩子提供一些情节稍复杂、富于幻想、画面有更多细节的书。很多孩子在这个时候开始听经典童话故事了。4岁以后的孩子开始表现出强烈的求知欲，可以多给些科普性强的图书。5岁以后很多孩子开始独立阅读并对识字表现出浓厚兴趣。即便如此，仍不能

CROWD 阅读法则

C: 完成句子（Completion Prompts）

亲子共读时，故意不把某些句子说完整，鼓励孩子接续。这特别适合有许多“重复出现的字、词”或“固定句式”的书。

R: 回想故事（Recall Questions）

家长讲完一个完整小段之后，向孩子提问，鼓励孩子复述刚讲完的内容。

O: 开放式问句（Open-Ended Questions）

提问与书本内容相关的开放式问题，如基于书中图片问孩子故事中发生了什么，鼓励孩子观察、思考、想象和表达。

W: 事实问句（WH-Questions）

针对故事结构进行提问。具体来讲，就是指用包括什么（What）、什么时候（when）、在哪里（where）、谁（who）、为什么（why）、哪个（which）、怎么样（how）、多少（how many/how much）等疑问词的疑问句向孩子提问，有标准答案。这不仅可以帮助孩子学习新词汇，还能帮助他学习有逻辑地思考问题。这种方法对于孩子将来学习和工作都很有帮助。

D: 延伸问句（Distance Questions）

将书中内容与现实生活联系起来，帮助孩子进行发散式思考，让孩子学会将书本知识灵活运用于生活实际。

放弃亲子阅读，可以用指读的方式帮助孩子认字。这时，也可以选择合适的分级读物、桥梁书，帮助孩子从图画书向文字书过渡。

提升亲子阅读质量的 10 个方法

1. 创造阅读仪式感。每天选择固定时间进行亲子阅读。或让孩子依偎在你怀里安静地听你讲故事，或是你们面对面坐着进行更多互动，前者更适合故事情节趣味性强的书，后者更适合玩具书。

2. 讲读时表情丰富，绘声绘色，注意音调和节奏。家长可以进行角色代入，将书中的人物角色用不同的声音以及肢体语言表演出来。

3. 引导孩子自己去观察、发现、表达。对于年龄大一些的孩子，家长还可以尝试让孩子自己讲书中的故事。

4. 重复，重复，再重复。年龄越小的孩子越喜欢家长不厌其烦地一遍又一遍地给他讲同一个故事，和他看同一本书，每次他都会有不一样的感受，他将在这个过程中完善自己的认知和体验。家长一定要有耐心。

5. 拍下孩子玩书的过程给他看。这特别适合低龄宝宝，可以使宝宝加深对自己的了解，甚至对书更感兴趣。

6. 互动性较强的玩具书，家长也可以像孩子一样玩得乐在其中，并要引导孩子开发更多玩法，比如让他找一找家长示意的物品藏在哪一页。

7. 对绘本阅读进行创意延伸，用绘本剧、手工活动帮孩子加深印象、拓展思维。

8. 如果孩子对某一主题感兴趣，可以多找些这类主题的书。

9. 对创作有兴趣的孩子，家长可以鼓励他创作自己的绘本故事，画出来，装订成书的样子，不要对做成什么样有太多苛求，关键是引导孩子创作的过程。

10. 对于年龄大一些的孩子，可以用美国爱荷华阅读研究中心提出的互动式阅读法则——CROWD法则（见上页），引导孩子爱上阅读。

用艺术游戏提升孩子的审美品位

我们要培养的是面向未来的人才。我们先思考一下，什么样的工作在未来不会被机器取代？可重复的、机械的标准化人工工作最容易被机械化流程取代。机器或许因为有强大的数据库和严谨的算法支持，在某些方面比人更有优势，但是对于不能用标准化衡量的领域，机器就力所不及了，比如艺术审美领域。

对孩子而言，良好的审美能力能陶冶他的性情，能帮他成为一个更有趣的人，能让他发现美、创造美，从而给别人带去美的享受。艺术审美学习对其他学科的学习也有间接的促进作用。从小涂涂画画的孩子握笔写字更顺畅；画画可培养孩子良好的空间能力，从而有助于孩子几何课程的学习；很多优美的音乐旋律中蕴含了美妙的数学逻辑；语言的大量运用可使左脑（理性、抽象）成为人的优势脑，艺术审美学习则更能激发右脑（感性、创造）的潜能。此外，艺术审美学习有心理调适的作用。帮孩子培养一两个艺术爱好，可以帮助他成年后对抗巨大的竞争压力。

正因为艺术审美学习对一个人的发展十分重要，所以艺术教育的地位如今被提升到前所未有的高度。我国教育部将艺术素养作为学生综合素质考评的五项内容之一，其他四项分别是思想品德、学业水平、身心健康和社会实践。在早教关键期以游戏形式对孩子进行艺术的审美教育最高效。孩子距离艺术很近，没有成年后的条条框框，思维特点符合艺术直觉思维的特性。著名艺术大师毕加索曾说过：“我花了4年时间画得像拉斐尔一样，但用一生的时间，才能像孩子一样画画。”

孩子绘画能力的发展过程

7个月左右色觉逐步发育成熟，开始接受外界的各种感官刺激，慢慢养成对美的感悟力。

1岁左右能一把抓住笔并能在纸上留下痕迹，从而调动了他最初的“创作”热情，可能很长一段时间都只能在纸上胡乱涂抹，毫无规律。

2岁左右开始能画出单独的线条和封闭的圆圈。2岁前的涂鸦期，家长不要对孩子进行过多干预。

3岁后能用较正确的姿势拿笔作画；能有意识地作画，能赋予画面意义和故事；能画出形状，如方形和圆形，并能在线条内涂色；能画出人像，但往往缺胳膊少腿。这时候家长可以让孩子讲讲他画的内容。

4岁后笔下的人物形象有了胳膊和腿，画面也有了区域的划分。家长这时要适当帮孩子拓展创作形式，多倾听孩子的想法。

5岁后对事物之间的联系有了更深刻的理解，绘画创作有了各种故事情节，细节也更丰富。家长这时要适当丰富孩子的生活体验。绘本是最好的美术教育素材。

6岁后绘画细节更有表现力，并开始尝试透视画法，如房间或容器里从外面看不到的东西也能画出来。家长不要对孩子的画作做过多评价，可以提供有趣的主题给孩子参考。

7～8岁时人物肖像有了多个角度，并且有了动作。家长要拓展孩子的眼界，尽量少让孩子临摹，可以提供更多绘画工具和创作手法让孩子尝试。

9岁以后的孩子画画向写实方向发展，观察方式和成人差不多了，可以进行绘画专业技能训练。

孩子音乐能力的发展过程

孩子出生后甚至在妈妈肚子里的时候，就对音乐有了感觉。家长可以让孩子多听些经典音乐。喜欢唱歌的家长也可以经常给孩子唱唱歌，还可以提供一些音乐玩具让孩子探索。在孩子能走路的时候，做一些律动游戏，配合音乐跳舞，可培养孩子的乐感。

孩子2岁左右时，可让他模仿唱歌曲片段，也可以让他自己“创作”歌曲，还可以让他多听世界经典乐曲。

3岁后能感知旋律。这时可以让孩子看、听乐器演奏，甚至接触乐器。

4岁后可辨别音区，重复简单的节奏，可以让他接受乐器和舞蹈的技能训练了。

社会性游戏可帮助孩子更好融入社会

社会性游戏主要是教会孩子与人交际。亲子游戏是早期社会性游戏的重要形式，可帮助孩子对社会交往技能进行演练，比如几个月大时的社交性微笑，之后的简单的模仿，2岁左右的假装游戏（如假装用玩具杯喝水、照顾娃娃、把其他物品当成手机打电话等）。随着孩子年龄的增加，他将一物假想成另一物的能力也在不断发展，对物的逼真性依赖降低，可以不用依托具体物体就能做出假想动作。孩子2岁以后，假装游戏的高级形式——“角色扮演”出现了。假装游戏的发展水平某种程度上标志着孩子认知和社会性能力的发展水平。

北京师范大学的刘焱教授在她的《儿童游戏通论》一书中引用米昆和皮亚杰等人的研究结果，给出10 ~ 24个月孩子假装游戏的5个发展阶段。详见下表。

水平	举例
Level 1：看到物件，有简单举动，表面上对物件的用途有一定的理解。孩子的表情是严肃的而非游戏性的，没有假装的成分	拿起手机放耳边假装打电话
Level 2：有了和自己相关的活动的假装。孩子的表情是游戏性的	闭上眼睛假装睡觉
Level 3：假装的范围逐步扩展	假装喂妈妈吃饭
Level 4：联合式的假装，即将同一个动作用到不同对象上或几个假装动作按照一定顺序表现出来	假装喂妈妈吃饭之后又假装喂自己；把娃娃放到床上，假装给它喂奶
Level 5：有计划的假装，通过言语动作可看出其计划性	假装做食物，假装给妈妈吃，过一会问“还要吗”

孩子角色扮演技能的发展过程

2岁前，会假装从空杯喝水。自己是动作承担者。

2岁后，会让娃娃从杯子里喝水；或假装某物件是娃娃，让它喝水。他人或他物是动作承担者。

3岁后，会假装成医生，用体温计在娃娃身上比画，给娃娃看病。

4岁后，出现社会性角色扮演，能表现人物之间的关系，如医生、病人、护士。

6岁左右，出现多重社会性角色扮演，如给病人看病的医生同时又是病人的父亲。

从社会性角色扮演游戏中不仅可以看出孩子逐渐提升的社交技能（争论、协商、组织等），还可看出他的意志行为（目的性、计划性、坚持性等）的发展水平，这些都是为人处事的必备因素。这时，家长可以多与孩子做一些简单的规则游戏、策略游戏。

建构游戏可促进孩子的思维发展

建构游戏是指孩子用各种材料进行建筑和构造活动，及反映现实生活的游戏。建构游戏涉及的游戏材料比其他玩具更能激活孩子的思维。通过建构游戏，孩子可以建立数感，了解科学。建构游戏对孩子逻辑思维能力的发展有很大的帮助，还可促进其社会性能力、审美能力、语言能力和动手能力的发展。

我们不妨以建构游戏中家长最为熟知的积木游戏为例看一下建构游戏对孩子的帮助。从积木的多少，孩子了解了数量的概念。圆形的积木可以滚动，两个三角形可以组成正方形或长方形，孩子通过这些感知了形状的特性。要让农场变大，要让火车变汽车，需要增加或减少积木，孩子从中了解了面积和长度。传统木质积木可让孩子直观感受体积的概念。磁力积木可让孩子初步了解磁力的概念。积木的组合、搭建过程可让孩子对空间、分类、排序、配对、平衡有一定的了解。4岁后的孩子还会在搭建之后玩假装游戏，继而发展想象力。7岁前的孩子还处于形象思维阶段，以上这种直观的体验比让他们机械地学习抽象的数理概念高效多了。

孩子1岁前可能只会拿着积木在地上敲敲打打，最多发展到一手拿一块积木相互敲打；1 ~ 2岁可以搭起2 ~ 4块积木，拼图也只能简单地拼起2块；2 ~ 3岁可以搭5 ~ 6块积木，可以玩咬合性积木，拼3 ~ 4块拼图；3 ~ 4岁能搭起9块积木，拼4 ~ 6块拼图；4岁以后可以进行较复杂的建构活动。

孩子建构技能的发展过程

2岁前更多情况下是单纯地玩积木，如搬来搬去、不规则地堆一起、简单搭建、把积木当成其他假想物、相当长一段时间内喜欢把你搭建好的积木推倒等等。

2岁后出现真正意义上的建构（如堆高、平铺等），喜欢不厌其烦地将搭起的“高楼”推倒重建，还喜欢用积木搭建火车或公路。

慢慢地，孩子的搭建中会出现架空和围合，如搭小桥、盖房子、将一个空间用多块积木包围。当孩子对事物之间的关系有一定觉察后会出现“模式”的建构技能，即按一定规律搭建积木。

4岁后的建构更有目的性和计划性，孩子还会对建构物进行命名，甚至以搭建物为基础玩假想游戏。

家长需要做的，就是给孩子选一套适合他的积木。传统木质积木以原木色为宜，更有利于建构和想象。塑料积木组合功能强。年龄较小的孩子可以玩磁力片。孩子手部控制能力增强后可玩拼插类积木。

特殊的陪玩技巧，让你永远不缺席孩子的成长

家庭区角布置，给孩子提供更好的成长环境

幼儿园环境创设是学前教学领域很重要的一项内容。好的区角设计可为孩子提供“有准备的环境”，再匹配相应的早教方向，可重点发展孩子某方面的能力。一个“有准备”的家庭环境，为孩子专门设计、布置的玩耍空间，是家庭早教成功开展的基础。类似于厨房、书房这样的功能分区，阅读区、建构区等精心布置的功能性区角设计不仅可以让你的育儿生活井然有序，更可为孩子成长提供一个好的成长环境。更重要的是，合适的区角设计可切实帮助孩子建立良好的秩序感，养成良好的生活习惯。家庭区角设计举例：

区角	布置	早教方向
阅读区	专门的区域； 方便孩子使用的低矮书架； 各类书刊； 桌子、凳子、地垫。	语言能力（听说读写） 观察力 专注力 认知能力
绘画区	一面墙或一个放置画架的角落； 绘画工具（颜料、笔、纸）。	审美能力 视觉空间能力 创造力 动手能力
音乐区	一个可以放置乐器的角落； 孩子喜欢的乐器。	乐感（音高、节奏 旋律） 数学逻辑 创造力 情绪
社会生活区	一个可以放置过家家玩具的角落； 各种玩具。	社会性能力 想象力 情绪
建构区	一个较大的区域； 放置构建玩具的整理箱或整理柜； 积木、拼图等操作玩具。	数感 逻辑思维 创造力 动手能力

全天候陪娃，好好计划一下将更轻松

如果你是一个人带孩子，在孩子上幼儿园之前，既要全天候陪娃又要完成各种家务，有时候的确很抓狂。为了让你和家人都有良好的情绪，并享受美好的家庭生活，你需要简单地计划一下自己的育儿生活。

首先，合理布置家庭区角环境，可以帮你省去考虑该陪孩子玩些什么的时间，更能提升你的陪玩质量。

其次，合理借助非人工“外援”，统筹安排时间。你可以在扫地机器人打扫房间的同时准备食材，用厨房小家电代替明火烹饪，洗碗用洗碗机……这些都可以将我们从简单低效的家务劳动中解放出来。

最后，做一张日程表，合理规划你的时间，同时这也是帮孩子建立良好生活习惯的契机。以家有2岁孩子为例：

时间	安排
6:00 ~ 7:00	起床、洗漱、做早饭（趁孩子睡觉时或有人看着的时候。有些食材可前一晚提前处理好。实在不行就做简餐，比如馒头+鸡蛋+牛奶）
7:00 ~ 8:30	吃早饭、喂孩子（适时培养孩子自主进食，短期看会占用你的时间，长期看则会解放你的时间）、餐后处理（过家家玩具放置的区角如果靠近厨房，可以让孩子自己玩会儿，避免他进厨房干扰你）
8:30 ~ 9:00	为带孩子去室外活动做准备
9:00 ~ 10:00	户外活动
10:00 ~ 10:30	在室外或回家吃上午的水果加餐
10:30 ~ 11:30	做午饭（如果孩子不能独自玩耍，做饭同时可与孩子互动）
11:30 ~ 12:30	吃午饭、餐后处理
12:30 ~ 13:00	午睡前的睡眠仪式，可以给孩子故事
13:00 ~ 15:00	孩子午睡时间，你可以做些自己的事情，也可以准备下午点心
15:00 ~ 16:00	孩子起床，下午加餐
16:00 ~ 17:00	游戏时间
17:00 ~ 18:00	做晚饭，让孩子独自玩耍（搭积木或阅读）
18:00 ~ 19:00	吃晚饭，餐后处理
19:00 ~ 20:00	睡前游戏，洗漱
20:00 ~ 21:00	睡眠仪式，入睡

注：根据美国睡眠医学会睡眠指南，各年龄段孩子需要的睡眠时间为：4 ~ 12个月为12 ~ 16小时，1 ~ 3岁为11 ~ 14小时，3 ~ 5岁为10 ~ 13小时，6 ~ 12岁为9 ~ 12小时，13 ~ 18岁为8 ~ 10小时。睡眠不足会影响发育，还容易引发情绪问题。

每天 1 小时，玩出更棒的孩子

即使你是一个忙碌的职业女性，每天也至少要花 1 个小时时间陪伴孩子，不仅能增进亲子情感，还可促进孩子身心有益发展。每天 1 个小时的高质量陪玩胜过低效的全天候陪伴。大量心理学研究表明，亲子互动模式影响孩子人格发展，孩子将来是冷漠疏离，还是积极、乐于与人交往，与其生命早期的亲子互动模式有很大关系。

什么是低效亲子互动模式？和孩子待在一起却无互动，甚至目光关注都没有，边做其他事情边心不在焉地敷衍孩子，用电子产品打发孩子，看不见或忽视孩子的需求，把自己的想法强加给孩子，在孩子专注于某件事情时不断打扰。

什么是高效亲子互动模式？全身心投入，总是和孩子共同注意一件事，有肢体的接触和言语的交流。高质量的亲子互动一定是双方都乐在其中，而不是单纯地陪伴孩子玩耍。总之，“亲”作为观察者、倾听者、引导者、参与者发挥好各种职能（做好这一点，需要了解儿童心理并在实践中积累经验），“子”的身心才能得到有益发展。

一天当中这高效的亲子 1 小时通常是在你下班回家后，孩子睡觉前。你可以将其发展为每天固定的睡前仪式。形式感较强的亲子互动更能促进亲子连接，孩子会很期待每天那个固定的“妈妈时间”或“爸爸时间”。

1 小时的时间如何分配呢？肢体运动游戏 10 分钟，角色扮演游戏或建构游戏 20 分钟，亲子阅读 30 分钟。肢体运动游戏作为热身可以迅速拉近亲子关系，特别是肌肤接触，会给孩子更多安全感，有助于安全型亲子依恋关系的形成。亲子阅读有助于稳定情绪和进入睡眠。以上两项可以作为每天的固定内容。其余的时间可以根据当天的情况灵活调整。

年龄越小的孩子在一件事情上的持续注意越差，尤其是孩子不感兴趣的事情。这时候父母就需要发挥引导作用，花心思找一些你和孩子都感兴趣的游戏或图书。有时候孩子在一件事情上的兴趣极大，特别是有你的参与和引导时，比如他会花费很长时间乐此不疲地玩同一个游戏。这种情况通常在 4 岁以上的孩子身上表现尤为明显。因此，不妨放下机械的时间表，和孩子共同参与一件事，和孩子实现真正的连接，让孩子在你的高质量陪伴下健康成长。

外出游玩，这样玩不白玩儿

教育家蒙台梭利曾提出这样一个观点，“0 ～ 6 岁孩子具有吸收性心智”，这种心智能使孩子从环境中吸收信息，快速学习；3 岁前是无意识吸收，3 岁后开始有意识吸收。这是一个伟大的心理发现。亲子游可不断变换认知环境，父母要多带孩子到有益的环境，多看，多听，多体验。对于3岁后的孩子，活动能力和理解能力都有了较好的发展，亲子游范围可逐渐扩展。你也可以有意识地让孩子参与旅程规划和记录，发展孩子多方面的能力，让“亲子游”成为“亲子游学”，而不是仅仅停留在简单的走马观花及吃喝玩乐的层面。

亲子游学可提升孩子的管理思维。对孩子来讲，小到今后的自我管理，大到将来管理一个公司，都需要这种思维能力。这种思维能力具体包括确定目标（去哪玩，确定大致范围）、调研（信息检索、分析，确定目的地）、计划（包括旅行时间、同行人员、装备、花销、重点游览项目、预期收获等）、风险控制（对出行过程中可能发生的意外做好预判，准备应对措施）、过程管理（用照片、视频、绘画和文字形式做好记录，对偏离计划的部分做相应调整）和复盘（整理游学资料，还可以将各种资料整合一下甚至印制成精美的旅游纪念册，总结亲子游学的收获和不足以备下次游学做参考）等重要内容。

这其中涵盖多项技能，如信息检索的能力（这是一项很重要的能力。信息不对称普遍存在，你比别人多知道一点就领先一步）、做计划的能力、全面周到思考问题的能力、决策能力、拍好一个照片和一段视频的能力、绘画能力、写作能力、应急能力、与人沟通的能力、总结分析能力、资料整理能力、设计能力及创新能力。

和孩子分居两地，这样拉近距离

很多家庭都会面临父母暂时甚至长期与孩子分居两地的情况，比如父母一方长期出差，这时如何与孩子保持亲密关系？以下几点可以帮助你拉近与孩子的关系：

1. 保持高频联系，每周最少2次电话联系。可以约定一个固定的通话时间，这样对异地的双方都方便，而且有较强的形式感，能让孩子知道每天这个时候能听到甚至见到爸爸或妈妈，爸爸或妈妈牵挂着他，从而对这种形式的联系产生期待。

2. 确保沟通时长不少于2分钟，要让孩子对通话内容留有印象，视频通话更佳。你还可以事先准备好每次通话的内容，来个亲子互动。越小的孩子越需要视觉互动，视频通话时，你不妨做几个好玩的动作，让孩子模仿。对于大孩子，你们可以聊聊各自当天的趣事，多问候孩子和看护人的近况，多表达关心和爱。

3. 对孩子的成长心中有数，适当给孩子购买一些适宜的物品，比如符合年龄的衣服和书，孩子会感受到你的心意。

男孩？女孩？多子女家庭？这样陪玩

性别刻板印象

传统意义上，如果你有个男孩，你会对他有更多男性性别角色的期待，如果敢、刚毅、强大；如果你有个女孩，你希望她温柔、文静、乖巧。这种不自觉的、长久流传下来的、已经形成我们的思维定式的期待让我们有了某种错觉，认为男孩就应该是那样的，女孩就应该是这样的，如男孩玩厨房玩具太娘、女孩舞刀弄棍太疯，这就是“性别刻板印象”，也可以说是性别偏见，这对男孩女孩的成长都是不利的。

“生理性别”是天生的，“社会性别”则更多受后天环境影响，并不能说某种特质是某种性别的专属。女孩也可以坚强有韧性，为自己努力和争取，而不用总等着别人来拯救，关键时刻还可以作为拯救者出现。男孩也可以温柔体贴，感性地表达情绪。如果他自己喜欢并擅长这一特质，你的激烈反对是对他的不尊重，无形中会给他巨大压力。父母的终极期待不是希望孩子快乐幸福吗？那就让他做自己，而不要把自己的想法过多地强加于他。

打破性别刻板印象，有利于孩子将来的职业发展。我们也许因此能看到更多的女科学家、女飞行员，也能看到更多的男幼师、男护士。对孩子而言，他不会因为社会性别偏见而放弃自己感兴趣和擅长的工作；对社会发展而言，功能体系也更趋完善。

打破性别刻板印象，有利于家庭幸福、社会和谐。“男人就是要负责赚钱”和“女人就是要负责持家”给了男人女人双重压力。“男主外女主内”应当顺应时代和认知发展转变为“谁喜欢和擅长哪样就做哪样”，也可以“势均力敌、相互扶持，一起赚钱，一起做家务，养育孩子”。你和你的另一半应当是育儿的高级合伙人，共同对你们的“产品”负责，这才有助于孩子各项特质和能力的均衡发展。

从游戏角度而言，没有专属男孩或女孩的游戏，也没有专属于妈妈或爸爸的游戏。不过，你可以设定一个“爸爸游戏时间”或是“妈妈游戏时间”，通过较强的形式感增进你和孩子的感情，这尤其适合那些忙碌的爸爸妈妈们。

出生顺序

对于多子女家庭而言，出生顺序对孩子的人格发展有重要影响，心理学家阿德勒最早对此做了研究。多子女家庭就是一个小型社会。长子通常更保守和有责任感，在未来会更多从事管理岗位的工作，因为他的管理能力从小就开始训练了，或者是会选择比较稳定的医生、律师等职业。中间的孩子通常容易被父母忽视，这反而给他们更多自由发挥的空间，也因此更富有创新性和冒险精神。因为有老大老小的压力，中间子女为了获取父母更多关注，会给自己争取更优的生存环境，社交能力将得到更好发展，更擅长协调关系，有可能成为设计师、职业经理人等。最小的孩子通常更机灵有趣，有更多反抗精神，更有可能成为作家、艺术家、演员等。

孩子的出生顺序很大程度上影响了父母的养育方式，或许这才是孩子不同性格形成的真正原因。对于长子，从独子到老大的转变已经有了心理落差，你在给予他更多关注的同时，也不要让他承担太多与年龄不符的照顾弟妹的压力，这有助于避免和减少他的嫉妒、不安、孤独、倔强、敌意、自卑等问题情绪。对于中间的孩子，你要给予应有的关注，他会更有安全感，更自信。对于最小的孩子，爱要适度，不要溺爱，避免他形成刁蛮任性的性格，甚至影响独立生活能力的形成。

多人参与的游戏很适合多子女家庭，还可以通过角色扮演游戏，让孩子互换身份、角色，感受兄弟姐妹的心理状态。“换位思考”有助于他们发展同理心，更容易让他们站在对方的角度思考问题，手足冲突因此也会更少些，而且这也是很重要的一项人际交往技能。

去早教机构不如下厨房

在确保安全的前提下，你带着孩子进厨房做一些美食，这有很多好处，可能比一堂高质量的早教课收获还多，也是很好的亲子互动模式。

1. 动手能力。1岁以后的孩子就可以完成手撕青菜、掰豆角等简单任务，这比撕纸更让你安心，还能帮你减少食材预处理的工作量。孩子2岁左右就可以将面团当橡皮泥玩，这比玩橡皮泥更安全。将食材从一个容器倒入另一个容器，对细小食材进行分拣，对半成品进行搅拌等等都能发展孩子的肢体动作能力和协调能力。

2. 语言能力。制作美食的过程需要你和孩子进行大量沟通，从食材的认知到烹饪的步骤。这已经不是假想游戏，有了实物支撑的语言交流将会更顺畅。5岁以上的大孩子，还可以让他做些记录工作。

3. 逻辑思维能力。将一道美食制作得色香味俱全，需要对过程进行管理。这个过程有助孩子建立有条理地思考和行动的能力，比如先做什么后做什么，需要多大的量，需要做到什么程度等等。

4. 社会性能力。分工协作完成一道美食能帮助孩子发展良好的合作能力，对厨房活动的真实体验可提升孩子对厨房劳动的认知。

5. 艺术能力。将美食做得漂亮当然需要一定的审美。摆盘也需要一定的审美能力。

6. 数学能力。食材的称重、计量、归类、比较等等都会帮助孩子提升这方面的能力。

7. 设计想象能力。厨房还可以是美食设计工作室，你作为设计总监，可以带着你的助手对食材搭配、最终呈现效果进行预先的设定。比如对于蛋糕的制作，你可以带着孩子先画一个设计图，然后将所需食材列一个清单，并将制作步骤依序列明，这样会让整个过程变得有条不紊，结果也更可控。

不难看出，亲子厨房活动很符合当下流行的STEAM教育理念。此外，观察力、专注力、记忆力在这个过程中也将得到提升。

附：适合 2 ~ 6 岁孩子的影视作品分龄推荐

2 岁 +

片名/剧名	对孩子的意义
《瑞奇宝宝》	提升认知能力，培养生活习惯，促进社交能力发展
《昼与夜》	提升认知能力、社交能力和合作能力
《魔术师与兔子》	培养幽默感，提升合作能力
《鸟！鸟！鸟！》	提升社交能力
《跳跳羊》	培养好性格
《暴力云与送子鹳》	情商教育
《月神》	培养质疑和批判精神
《光杆乐队》	提升审美能力
《绑架课》	提升求知欲，培养幽默感
《鹬》	培养好性格
《嗨，道奇》	轻松应对分离焦虑
《小鼠波波》	英语启蒙
《蓝色小考拉》	英语启蒙

3 岁 +

片名/剧名	对孩子的意义
《没有耳朵的兔子和有两只耳朵的小鸡》	认识自我，提长社会能力
《查理和罗拉》	提升社交能力
《扎克和呱呱》	提升克服困难以及想办法解决问题的能力
《云彩面包》	发展想象力

（续表）

片名/剧名	对孩子的意义
《婴儿日记》	提升自我认知
《微观小世界》	促进观察能力发展
《父与女》	爱与生命的教育
《头脑特工队》	提升情绪识别和管理能力
《小猪威比》	提升想象力、创造力
《托马斯和他的朋友们》	提升社交能力
《螺丝钉》	提升认知，激发创造力
《鼹鼠的故事》	培养乐观幽默的性格
《汪汪队立大功》	了解安全救援，培养解决问题的科学思维
《巴巴爸爸》	提升想象力
《玛泽的故事》	英语启蒙
《粉红猪小妹》	英语启蒙
《卡由》	英语启蒙
《天才宝贝熊》	英语启蒙
《小兔麦斯和露比》	英语启蒙

4岁+

片名/剧名	对孩子的意义
《雨果带你看世界》	提升对世界的认知
《猎捕》	了解自然界和丛林法则
《荒野间谍》	了解动物习性
《企鹅群里有特务》	了解企鹅的特点
《迁徙的鸟》	了解鸟类的特点和“迁徙”现象
《隐秘王国》	了解超小型动物
《蓝色星球》	了解海底世界
《深蓝》	了解抹香鲸
《海洋》	了解海洋里的动物
《生命脉动》	了解动物神奇的生存本领
《生命故事》	生存教育和生命教育
《地球脉动》	了解世界各地美景和动物生存状态

（续表）

片名/剧名	对孩子的意义
《冰冻星球》	了解南北极
《家园》	了解我们生存的地球的环境和资源
《微观世界》	了解昆虫世界
《植物王国》	了解地球上丰富的植物资源
《美丽中国》	了解中国自然风光和野生动物，提升爱国情怀
《舌尖上的中国》	了解中国美食文化，增强归属感
《阿凡提的故事》	培养孩子遇事多动脑的习惯
《木偶奇遇记》	帮孩子养成诚信的好品格
《没头脑和不高兴》	帮孩子正视缺点、改正缺点
《海洋之歌》	帮孩子了解亲子情、手足情
《新大头儿子和小头爸爸》	提升处理问题的能力
《飞哥与小佛》	提升想象力
《哆啦A梦》	提升想象力，培养乐观性格
《小羊肖恩》	培养幽默感和想象力
《龙猫》	了解亲情和生命的意义
《少年创客罗斯提》	提升孩子的创造力
《超级飞侠》	了解世界多元文化
《钢琴之森》	欣赏经典音乐，了解钢琴
《浅蓝深蓝》	了解轮滑、武术、游泳、篮球等运动项目，以及在学习过程中如何找寻自信
《动物街64号》	了解关于人与自然的说明性用语
《海底小纵队》	了解海洋生物及描述性用语

5岁+

片名/剧名	对孩子的意义
《风味人间》	了解世界美食与人文知识
《如果国宝会说话》	了解文物知识
《我们诞生在中国》	了解熊猫、雪豹、金丝猴
《非洲》	了解非洲
《旅行到宇宙边缘》	了解宇宙的相关知识

（续表）

片名/剧名	对孩子的意义
《神话的森林》	从微观角度了解森林一年四季的变化
《汉字宫》	了解汉字及中国传统文化
《大闹天宫》	培养勇于克服困难的好品格
《功夫熊猫》	培养为目标努力奋斗的品格
《小鹿斑比》	给孩子精神力量，以对抗人生种种考验
《科学小子席德》	提升综合创新思维
《烈焰和怪物卡车》	提升克服困难的勇气和解决问题的能力
《猫和老鼠》	培养幽默感、应变能力和发散思维能力
《绿野仙踪》	培养想象力和敢于冒险的精神
《法式炒咖啡》	提升分辨是非的能力
《山水情》	感悟师生情，了解中国传统文化和水墨画
《老人与海》	培养勇于克服困难的精神
《玩具总动员》	学习自我认知和自我评价
《美食总动员》	认识梦想的力量
《机器人总动员》	了解爱与希望
《海底总动员》	了解伟大的亲子情
《超人总动员》	培养克服困难的精神
《飞屋环游记》	帮孩子感受人生之美
《勇敢传说》	培养孩子的勇气
《虫虫危机》	培养勇于抗争的性格
《怪兽大学》	培养敢于冒险的精神，了解竞争和友谊并不冲突
《冰河世纪》	培养合作、包容的精神
《疯狂动物城》	了解人性
《超能陆战队》	感受梦想的力量
《冰雪奇缘》	感受爱的力量
《里约大冒险》	培养勇于冒险的精神，战胜困难的勇气和智慧
《帕丁顿熊》	感受友爱的力量
《疯狂原始人》	提升胆识，从而乐于接受新挑战、新事物
《巴黎淘气帮》	提升自我认同

（续表）

片名/剧名	对孩子的意义
《小鬼当家》	培养勇敢的性格
《美女与野兽》	感受爱的力量
《狮子王》	了解责任和担当
《狗狗与我的十个约定》	培养亲社会性格
《再见了，我们的幼儿园》	顺利完成幼小衔接
《卡推女王》	了解国际象棋
《钢琴小神童》	了解钢琴
《天鹅湖》	欣赏芭蕾舞剧
《睡美人》	欣赏芭蕾舞剧
《胡桃夹子》	欣赏芭蕾舞剧
《米奇妙妙屋》	英语语境学习数学和逻辑分析（美音）
《爱探险的朵拉》	培养勇于奋进的特质（美音）
《亚瑟小子》	学习幼儿园和小学生活场景英语（美音）

0~6岁早教游戏育儿计划

实操宝典

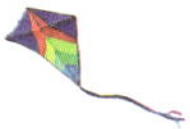

儿童早期教育指导师　胡敏　编著

中国科学院超常儿童研究中心主任　施建农　审定推荐

中国妇女出版社

图书在版编目（CIP）数据

0～6岁早教游戏育儿计划. 实操宝典 / 胡敏编著. --北京：中国妇女出版社，2020.5
ISBN 978-7-5127-1792-3

Ⅰ.①0… Ⅱ.①胡… Ⅲ.①智力游戏－学前教育－教学参考资料 Ⅳ.①G613.7

中国版本图书馆CIP数据核字（2019）第279841号

0～6岁早教游戏育儿计划——实操宝典

作　　者：胡　敏　编著
责任编辑：王海峰
封面设计：尚世视觉
责任印制：王卫东
出版发行：中国妇女出版社
地　　址：北京市东城区史家胡同甲24号　　邮政编码：100010
电　　话：（010）65133160（发行部）　　65133161（邮购）
网　　址：www.womenbooks.cn
法律顾问：北京市道可特律师事务所
经　　销：各地新华书店
印　　刷：北京通州皇家印刷厂
开　　本：170×240　1/16
印　　张：24
字　　数：310千字
版　　次：2020年5月第1版
印　　次：2020年5月第1次
书　　号：ISBN 978-7-5127-1792-3
定　　价：79.80元（全二册）

目录

contents

0～3个月

4～6个月

7个月～1岁

1～2岁

2～3岁

3～4岁

4～6岁

0~3个月

宝宝发育情况自查表

五感和认知	1个月以内的新生儿只能看清距离30厘米以内的物体，喜欢看人脸、黑白图案或对比强烈的图案；两三个月大时双眼更加协调，聚焦范围能到1米外，能追踪移动的物体。一出生就能听见声音；两三个月大时能把头转向声源位置，更喜欢人的声音，尤其是音调较高的女性声音。新生儿对甜、酸、苦有不同反应，更偏好甜味的母乳和母亲身上的气味，对强烈气味有不愉快反应。这时的孩子，喜欢柔软的触感，对冷热的反应出生时就很灵敏，痛觉从第2个月开始才越来越敏感。 会短时**注意**能发光的或色彩鲜艳的物体，正在注意的物体从视野消失时会去寻找，有了短时**记忆**。
动作 （大动作、精细动作）	出生后前几周，大部分动作都是反射行为，如觅食、吸吮、吃手、拥抱、抓握、踏步、自卫等；手部活动笨拙，能举起或送到嘴边。随着颈部肌肉的发育，满月时能较好地控制头部动作，俯卧时头能从一侧转向另一侧，能抬头并用手臂支撑起上半身；踢腿越来越有力。3个月时，开始翻身；手眼越来越协调，会用手摆弄面前的物体并放进嘴里。
语言	前言语期，哭声是宝宝最初的语言，不同的哭声表达了不同的需求。约1个月的时候有模糊的喉音。2个月左右能发出“啊”“哦”等元音，虽然还不能理解父母说什么，但对音调高低、大人说话时的情绪特别敏感，比如柔声慢语会让他安心，过于严厉则会吓哭他。3个月时，当他视力得到进一步发育，能盯着某个物体看时，父母向他描述这个物体，可以帮助他建立物体与语言的联系。这时，可以给他讲故事了，以帮他形成听故事的习惯。“听”对于沟通、交流很重要，有输入才有输出。
情感和社交能力	1个月以内有自发性微笑；6～8周时会出现社交性微笑，即被逗引时会笑。笑可促进宝宝早期认知发展，提供社交能力学习的机会。父母和宝宝可以通过声音、动作交流。宝宝的尖叫、啼哭和身体动作表达了不同的需求，父母对此保持敏感以及积极恰当的应对可以帮助宝宝在生命早期形成良好的安全感，从而有利于他今后对外界事物的积极探索。

注：孩子发育个体差异很大，快慢不一，特别需要关注的问题参见《0 ~ 6岁早教游戏育儿计划：高效能父母陪玩手册》中的相关内容。

适合的玩具和图书

黑白图卡，如同心圆、条纹、棋盘格；家人的相册；色彩、图案对比强烈的可移动物体；拨浪鼓、摇铃等发声玩具；音乐盒、音乐播放器、故事机等；各种各样的球；不同材质的布；家中不会伤到宝宝且不易打破的任何物件。

故事机

摇铃

音乐盒

家庭相册

色彩对比强烈的可移动物体

球

枕头

肢体运动游戏

宝宝被动操

全身抚触

双手拇指从宝宝额头中心向两侧推压；两手手掌各向宝宝胸两侧画圈按摩；顺时针按摩宝宝腹部；双手手掌从宝宝颈部往下滑动按摩背部，并用手指指腹轻轻按摩；用手指轻捏宝宝四肢。

肢体运动

握住宝宝双手，在宝宝胸前做交叉往返运动；握住宝宝双手，轮流上举放下；握住宝宝小腿，轮流屈膝上举，做蹬自行车动作；一手扶胸，一手垫背，帮助宝宝翻身。

抚触从宝宝出生后就可开始，肢体运动2个月后才可开始，最好在宝宝情绪良好时进行。这种互动游戏可加深感情，促进宝宝触觉、神经、肌肉、大脑和社会情感的发育，有助睡眠和长大个儿，还能增强抗病能力。做操的同时多些言语交流，还可促进宝宝认知发展。

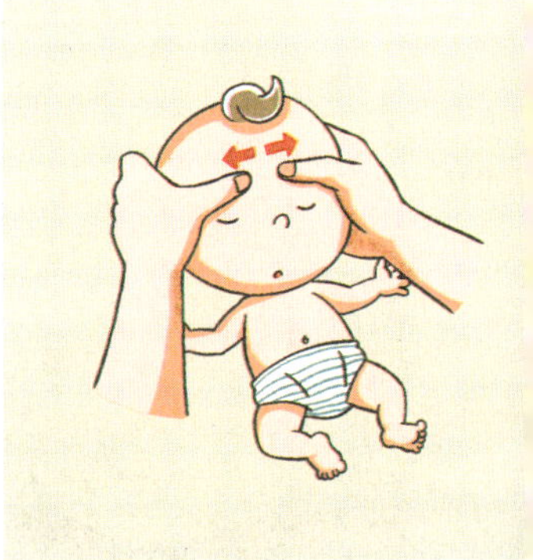

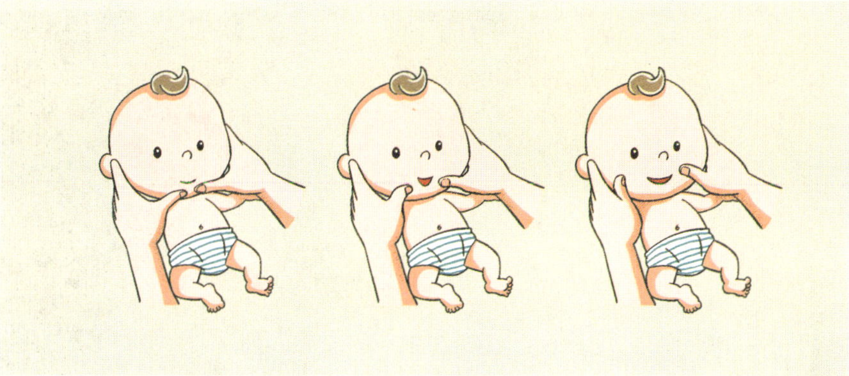

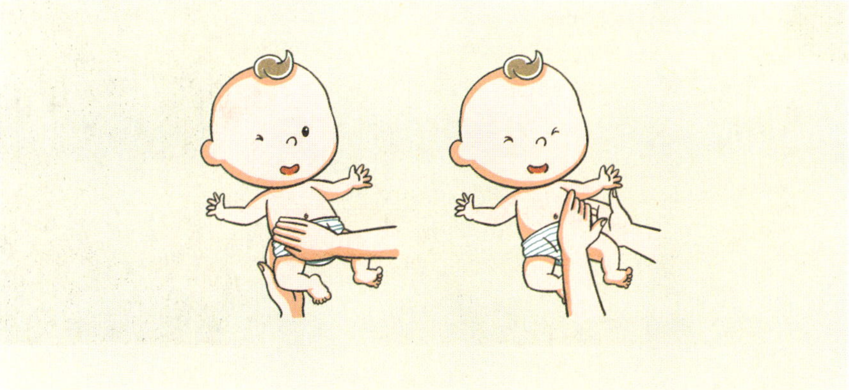

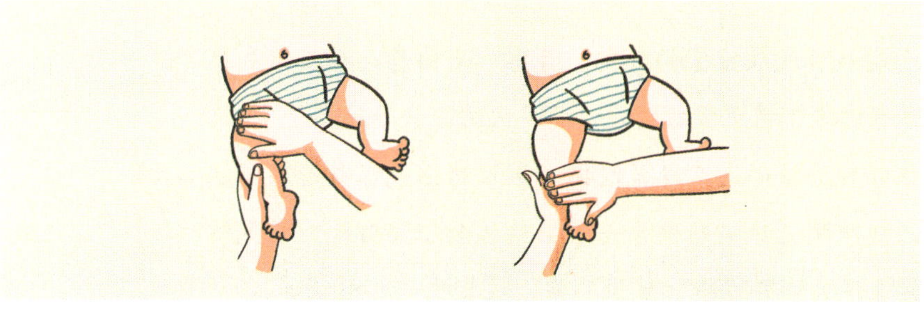

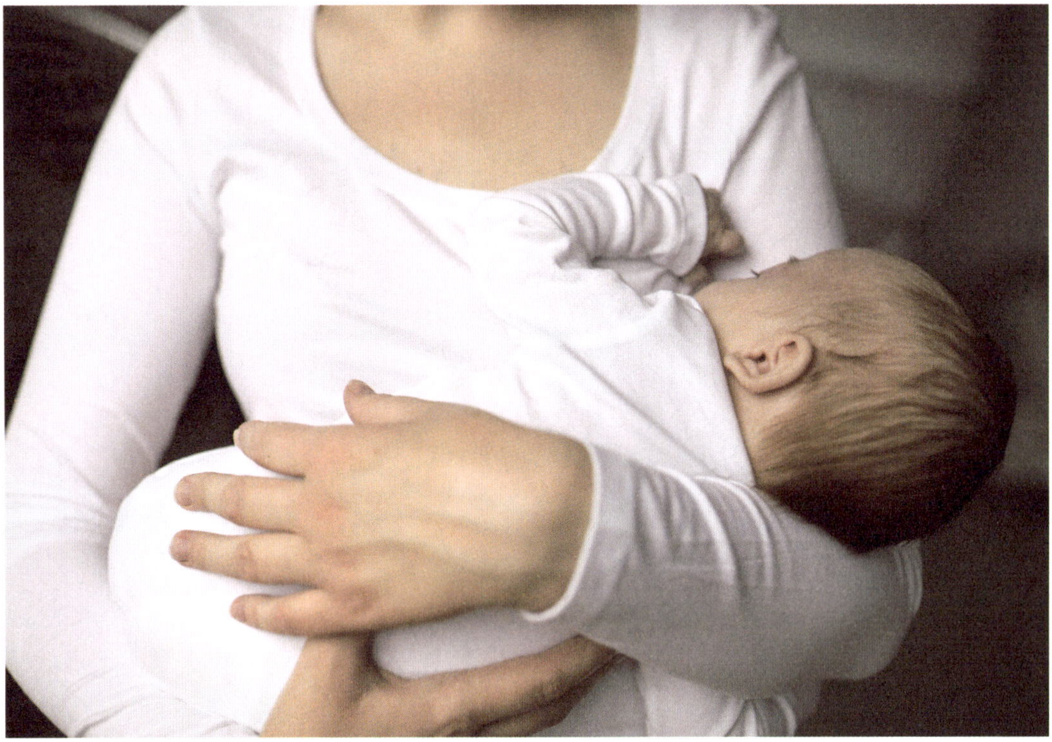

慢慢摇

一只胳膊环住宝宝颈部，将头托起，另一只胳膊托起宝宝背部和臀部，抱起宝宝，让宝宝颈部靠着你的臂弯，配合舒缓音乐，缓慢左右摇摆、转圈。注意，孩子出生头 3 个月颈部力量不足，抱持方法不当容易造成伤害。

这个游戏可发展宝宝的听觉、音感、平衡感，对情绪和社会能力也有促进。需要提醒的是，不要大力、快速地摇晃宝宝。小宝宝脑部和头颈部尚未发育稳固，剧烈的摇晃容易造成脑组织损伤、视网膜充血、颈椎损伤等摇晃综合征（SBS）。摇晃综合征通常表现为昏昏欲睡、焦躁不安、抗拒吃奶、呕吐等。

飞机飞呀飞

让宝宝面朝下，你一手托住宝宝肩部并撑住头部，另一手托住宝宝腹部，配合有节奏的音乐轻柔地、小幅度地前后摇摆。

这个游戏可加强宝宝头颈部、背部、腹部和四肢力量，促进宝宝触觉和空间视觉发育，还能让宝宝放松心情，缓解肠胃不适。这个游戏虽然能安抚宝宝，但宝宝不喜欢时千万不要勉强。

魔毯变变变

宝宝的小毯子是很好的游戏道具。你可以用毯子将宝宝包起来，让宝宝享受片刻犹如在子宫里一般的安全感；也可以玩“包粽子、吃粽子”游戏，用毯子包住宝宝，再迅速打开，亲亲宝宝（这个游戏能一直玩到宝宝两三岁，互动性会越来越强）；还可以和你的育儿搭档分别抓住毯子四个角，让宝宝面朝上躺在毯子里，然后轻轻晃动毯子。

这几个游戏可促进宝宝空间视觉的发育，帮他初步建立对人的信任感，也有助于其社会能力的发展。摇晃毯子的游戏还有助于宝宝平衡能力的发展，但毯子摇晃的幅度以宝宝感到舒适为宜。如果宝宝害怕，需要立刻停止游戏。

练趴趴

你躺在床上的时候，让宝宝趴在你胸前。这个姿势可以较好地支撑宝宝的头颈部，适合刚开始练趴的宝宝。在宝宝还无法抬头时，可以将柔软的小枕头或卷起的毛巾叠在宝宝胸前、腋下，将宝宝双手放前以支撑身体；宝宝能稍抬头、双手能稍撑起上身后，可以撤掉枕头、毛巾这些辅助支撑物。刚开始练习时，以3分钟左右为宜，之后逐渐延长时间。

练趴好处多多，可训练宝宝头颈部肌肉、背部和四肢力量，为翻身、坐起和爬行做准备；还可促进空间视觉、感觉统合能力、手部功能的发展；并且有助于缓解便秘、胀气等消化问题。足月宝宝出生一周后就可以练趴，但喂奶后不宜马上让宝宝趴着。

别跑，抓住啦

让宝宝趴在床上，在他触手可及的范围放些玩具，逗引他去抓。这时候，宝宝可能还无法将玩具抓握到手里。宝宝小手碰到玩具后，你要大声表扬。宝宝的抓取本领越来越强之后，可以在他快要抓住时，把玩具往稍远处挪挪，以使宝宝动一动才能抓到。

这个游戏可锻炼宝宝的视觉追踪能力、手眼协调能力、抓握能力，促进视觉、颈部和四肢力量的发育。这个游戏可以一直玩到宝宝开始练习爬行，可辅助宝宝练习爬行。

抬头看这里

宝宝趴在床上，你俯下身体，在宝宝头上方呼唤宝宝名字，或用发声玩具吸引宝宝抬头看你。

出生头两个月，宝宝颈部肌肉还没有发育好，难以支撑头部抬起，这个游戏可锻炼宝宝颈部力量。通常宝宝3个月的时候就会抬头了。如果宝宝对声音没反应或过了3个月还无法抬头，请咨询儿科医生。

换尿布

每次换尿布的时候都可以轻声细语地和宝宝做如下互动："宝宝，我们要换尿布啦"，让宝宝有个心理准备；宝宝能抓握东西的时候，还可以让宝宝拿着干净的尿布；"抬腿喽"，一手抓住宝宝两脚脚踝，将宝宝双腿抬起，另一手摘下宝宝身上的脏尿布；"擦擦小屁屁"，用脏尿布前部干净处擦干净宝宝的屁股，如果有大便，还需要用湿纸巾清理，可以边擦边说"把臭臭擦干净哦"；把干净尿布垫到宝宝屁股下方，放下宝宝双腿；帮宝宝换好尿布后说："好了，换好了，干干净净真舒服。"

这个互动可加强宝宝下肢力量。游戏并不意味着一定要刻意设计好玩儿的花样，日常生活中的交流互动就是很好的游戏方式。边做动作边做语言交流，还可以加深宝宝对语言的理解。

嗨呦！翻身啦

宝宝躺在床上的时候，用玩具在宝宝一侧吸引他转头、抓、够。在宝宝头和手都转向一侧的时候，帮助他把一条腿放在另一条腿上边，协助他呈侧卧姿态。这时，可将小枕头或小毯子垫在他背后，给他支撑。这样，有些宝宝自己就能翻过去；有些宝宝还需要你在他背后轻轻推一下，以协助他完成翻身动作。

这个游戏可促进宝宝视觉能力、全身肌肉力量和协调能力的发展。最好在宝宝学会抬头之后玩这个游戏，因为有足够的颈部力量能保证宝宝在翻身时不出现意外伤害。

趣味穿衣

“呜……轰隆隆……轰隆隆……宝宝，我们来钻山洞啦……”边说边将套头衫领口撑好，并用一只手扶着宝宝头部快速将衣服套好——“钻出来啦”；然后一边说“一只小手钻山洞”，一边用一只手将一侧袖口捋好，同时用另一只手抓住宝宝的一只小手快速穿出袖口——“钻出来啦”；另一侧用同样的方法穿好。

这个游戏可促进宝宝视觉能力、感知能力和手眼协调能力的发展。很多宝宝很抗拒穿衣，手舞足蹈地反抗，让大人不知所措，而将穿衣变成好玩的互动，会让宝宝渐渐爱上穿衣并养成习惯。

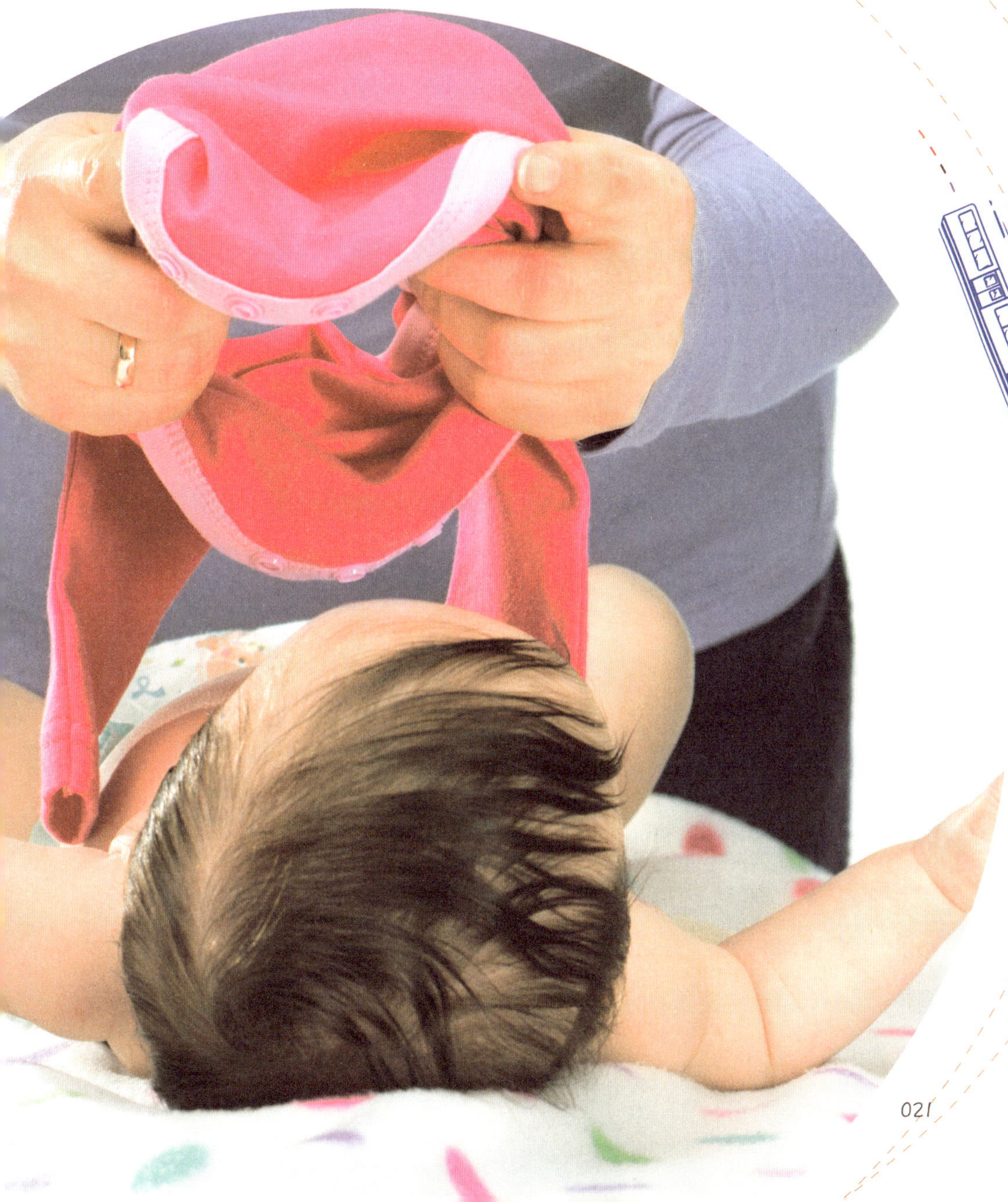

语言游戏

妈妈语

和孩子说话时放慢说话速度，提高音调，声音有起伏、韵律和节奏，吐字清晰，有较多重复和叠词，还可配合夸张的表情和肢体动作，如："宝宝睡觉觉喽！""宝宝，抱抱，亲亲，洗澡澡，擦香香。"这就是妈妈语。

用宝宝喜欢的方式与宝宝交流，可提升宝宝学习语言的效率，促进语言能力发展。孩子能说叠音词后，便能听懂正确的词语了，此后要少用妈妈语，尤其是叠词，以帮助孩子学习正确使用词语。

从头到脚

边说话边相应地抚摩宝宝全身，比如："宝宝的头，宝宝的眼睛，宝宝的鼻子，宝宝的嘴巴，宝宝的耳朵……"摸到宝宝的手和脚时，还可以捏一捏，逗引他试着用手抓、用脚蹬。

这种互动可促进宝宝对自我的认知，让他将相关身体部位的名称和自己身体的相应部位联系起来。

简单交流

经常叫宝宝的名字，帮助宝宝将自己的名字和自己联系起来。和宝宝互动，谈到人物时，带上称呼，以加深宝宝对周围人物关系的理解，如："妈妈带你出去玩哦。""爸爸给你换尿布了哦。"经常和宝宝聊天，谈论家人、环境、好吃的、好玩的、当下的心情等，给宝宝丰富的语言刺激，有助于宝宝学说话。宝宝开口说话后，词汇量也将优于同龄人。

你看我说

拿起玩具（最好是发声玩具）吸引宝宝注意，并将玩法示范给宝宝看，如：“宝宝，你看，这是摇铃，会响哦，摇一摇……”宝宝有了回应之后，再做进一步互动。等宝宝再大些，可以指着物品告诉他这是什么、那是什么。很多宝宝在 1 岁左右就会自己指着东西让你告诉他那是什么。

指认物品在宝宝认知能力和语言能力发展过程中有着很重要的作用。宝宝语言水平提升后，你对物品的描述要具体些，比如带上颜色、用途等特性。

听妈妈唱歌

宝宝通常很喜欢妈妈给他唱歌。妈妈温柔的哼唱能让宝宝很快安静下来。你可以哼唱一段经典歌曲，也可以自己随意哼一个曲调，反复唱给宝宝听。在宝宝能发出无意识的声音的时候，亲亲他，给他积极的回应；还可以学着他的发声来个“二重唱”，也是很好的互动。

艺术游戏

舒伯特·《摇篮曲》

摇篮曲是1岁前宝宝的哄睡神器，它特有的旋律有安抚宝宝情绪的作用。每天晚上睡觉前，拉好窗帘，把宝宝安放在床上，为宝宝播放轻柔的音乐，并和着音乐轻轻地哼唱，注意微笑和目光交流。宝宝能很快安静下来并睡着。很多音乐大师（如莫扎特、舒伯特、勃拉姆斯）都写有摇篮曲，其中以出生在维也纳的奥地利作曲家舒伯特写的摇篮曲流传最为广泛。

摇篮曲

睡吧，睡吧，我亲爱的宝贝

妈妈的双手轻轻摇着你

摇篮摇你，快快安睡

夜已安静，被里多温暖

睡吧，睡吧，我亲爱的宝贝

妈妈的双臂永远保护你

世上一切幸福，一切温暖，全部属于你

睡吧，睡吧，我亲爱的宝贝

妈妈爱你，妈妈喜欢你

一束百合，一束玫瑰

等你睡醒，妈妈都给你

莫扎特·《小星星变奏曲》

奥地利作曲家莫扎特创作了一首钢琴变奏曲，后来英国女诗人 Jane Taylor 为其第一段填上了歌词，由此便有了家喻户晓的《小星星变奏曲》。带宝宝听这首经典音乐的同时，可以让宝宝看看夜晚天空闪烁的星星，并与宝宝谈论和星星有关的内容。

Little Star

Twinkle twinkle little star, how I wonder what you are.

Up above the world so high, like a diamond in the sky.

Twinkle twinkle little star, how I wonder what you are.

儿歌·《两只老虎》

根据法国童谣改编的儿歌《两只老虎》，旋律和节奏都比较简单，很适合边听音乐，边哼唱，边做动作，和宝宝互动。等宝宝再长大点儿，他就会跟着你做动作了。

两只老虎

两只老虎，两只老虎，（张牙舞爪）
跑得快，跑得快，（做跑步动作）
一只没有耳朵，（两手捂耳朵）
一只没有尾巴，（一手捂屁股）
真奇怪！真奇怪！（摊手耸肩）

拨浪鼓咚咚

在宝宝面前玩拨浪鼓，并发出一连串有节奏的声音，时快时慢，让宝宝感受声音的不同节奏，并对摇晃与发声的因果联系加深印象。

视觉激发

在距离宝宝脸部30厘米处发出声音，让宝宝眼睛注视你。你做出大笑、吐舌、嘴巴呈“O”形等各种夸张的表情，观察宝宝的反应并回应。开灯“亮了”，关灯“黑了”，边做动作边告诉宝宝你正在做什么，让宝宝感觉明暗。给宝宝看对比强烈、线条简单的黑白图案，宝宝注意力转移时换下一幅。用玩具吸引宝宝，让宝宝用双眼追着看，促进宝宝视觉追踪能力和双眼协调性的发展。

4～6个月

宝宝发育情况自查表

五感和认知	视力范围能到几米以外，色觉发育成熟，可分辨红、蓝、黄，更偏好红色和蓝色；能追踪快速移动的物体。听觉更加灵敏，可分辨男人和女人的声音，通过声音可识别父母。除了和宝宝说话，恰当的音乐也是很好的声音素材。对食物味道的微小改变很敏感。能区分好闻和难闻的气味。 喜欢注视母亲和喜欢的食物、玩具，对更复杂、更细致的物体有更长的**注意**时间，转换注意的能力增强。**记忆**时间随月龄增加而延长。5个月前对熟悉的人的记忆只能保持几天，多日不见就不认识了。很多宝宝**理解**能力在这个时期突飞猛进，已经能理解大人较复杂的语句，开始理解事物的因果联系，开始故意扔东西让大人捡，开始敲打物体听声音，开始有“物体恒存”的概念，能找到藏起来的物体，开始玩躲猫猫游戏。
动作（大动作、精细动作）	随着背部和颈部肌肉的发育，身体和头颈部的平衡，可以自己坐起，可以从仰卧翻身到俯卧，可以从俯卧翻身到仰卧，可以以腹部为支点打转。一部分宝宝开始倒退式爬行练习，腿部力量可以撑起整个身体重量，可以用手大把抓取东西，可以将物体从一只手递到另一只手，可以啃咬任何放进嘴里的东西。
语言	处于言语准备期，开始咿呀学语，开始关注大人发出的每个音节并能做出回应，开始发b/p/d/n/g/k等辅音，可无意识发“mama”“dada”“baba”等略复杂的声音。对第二语言的接受程度提高了，可适当引入第二语言的简单名词词汇。
情感和社交能力	喜欢看镜子里的自己，喜欢与人互动，对自己的名字有反应。6个月左右开始认人、认生，依恋主要抚养者，躲避陌生人，开始模仿大人的行为。

注：孩子发育个体差异很大，快慢不一，特别需要关注的问题参见《0～6岁早教游戏育儿计划：高效能父母陪玩手册》中的相关内容。

适合的玩具和图书

镜子;布书、触摸书;家人的相册;柔软的小枕头、小毯子;各种发声玩具;磨牙棒、牙胶;可练习抓握的物件;婴儿健身架;各种球类玩具;不倒翁;以及家中不会伤到宝宝且不易打破的任何物件。

牙胶

小毯子

柔软的小枕头

不倒翁

镜子

布书

各种发声玩具

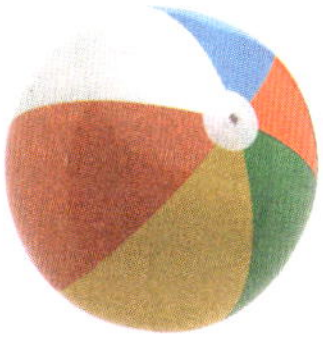

球类玩具

肢体运动游戏

挠痒痒

用手或痒痒挠轻轻挠宝宝的小手、小脚、小肚子、胳肢窝，边挠边做夸张的表情、动作，还可以告诉宝宝你正在挠他身体的什么部位。

这个游戏可促进宝宝触觉和社交能力的发展。宝宝会很开心地和你这样互动。触觉敏感的宝宝会痒得咯咯笑。现在还不怕痒的宝宝或许长大些就会怕痒了。

抓和握

在宝宝附近放些玩具，吸引他努力去抓过来。或者你拎着有吊绳的玩具，在宝宝面前上下左右晃荡，逗引他一把抓过去。宝宝若将玩具抓到手，要大声表扬他。

这个游戏可促进宝宝手眼协调能力、抓握能力、四肢力量的发育，还可帮助宝宝顺利过渡到练习爬行的阶段。一些宝宝看到你玩捏响玩具，将玩具拿到手后也会尝试捏响，但由于手部力量发育不足，他还无法使玩具发出声音。这时，我们要鼓励宝宝尝试，并安慰宝宝“要用力哦，等你长大些，力气大了就能捏响了”，并用夸张的表情、动作演示“用力”这个词汇，努力让宝宝明白。这个探索的过程会促进宝宝抓握能力的发展。

来踢球吧

宝宝仰卧时，将球悬挂于宝宝腹部上方，逗引宝宝用脚去踢球。宝宝或许还会试图用手去够球呢。

这个游戏有助于宝宝四肢、腰背部及颈部力量的锻炼，还可促进其全身协调性的发展，从而为坐起、爬行和走路做准备。市场上销售的婴儿健身架也是玩这个游戏不错的道具。

坐起来

“坐”这个阶段性进展动作也是需要练习的，可以通过好玩儿的游戏来练习。在宝宝 5 个月左右的时候，你靠着沙发坐好，将宝宝扶靠在你胸前；然后，你慢慢让后背离开沙发，坐直，同时让宝宝随你坐直。在这个过程中，要保护好宝宝。宝宝能稳当地玩这个游戏后，可经常让宝宝坐起来，在他背后塞一个枕头以给他支撑，帮他练习靠坐。每次靠坐练习以 2 分钟左右为宜。慢慢地，宝宝就能自己坐稳了，继而可逐渐发展出趴着自己坐起来、站着自己坐下去等技能。

这个游戏可帮助宝宝加强颈背部、腰部肌肉的力量，促进平衡能力和协调能力的发展，继而帮助宝宝顺利掌握自己独自坐起来的技能。

骑马喽

你坐在椅子上，让宝宝面对面坐在你的双腿上。你双手以抱举姿势扶着宝宝，足尖不离地，双腿轻轻上下抖动，并配合“骑马喽，驾，嘚嘚嘚嘚——”的声音。

这个游戏可促进宝宝平衡能力和节奏感的发展，但颠动宝宝的动作要轻柔。如果宝宝不配合，一定要立刻停止，换个时间再进行。

摇啊摇

你坐在靠背椅上，宝宝面对面坐在你腿上。你一手扶着宝宝腰部，一手扶着宝宝头颈部，和宝宝一起前仰后合。可边做动作边念这首民谣：

摇啊摇，摇到外婆桥，
外婆叫我好宝宝，
请吃糖，请吃糕，
糖啊糕啊莫吃饱，
少吃滋味多，多吃滋味少。

这个游戏可促进宝宝身体感知能力和平衡能力的发展，可帮助宝宝更好地控制自己的身体。

举高高

等宝宝可以坐起时，你站在宝宝对面，将双手从他腋下穿过，护住他的前胸及后背，慢慢将他举高，举到半空中时，可以停留互动。这个过程中要是能配合语言互动，游戏效果更佳，比如："123，飞起来喽。"将宝宝举到你双臂伸直最高处时，将宝宝放低，然后再举高，如此往复。

由于 1 岁前的宝宝头颈部还未发育完好，不要将宝宝大幅度、快速举起，也不宜举得过高甚至抛离双手，否则容易发生意外伤害。可以在抱举宝宝进婴儿车或餐椅时做这个游戏。这个游戏不仅能逗乐宝宝、加深感情，还能发展宝宝的平衡感和上肢力量。等宝宝 1 岁后，配合上举、放下的动作，加上方位名词，有助于宝宝空间感的建立。

荡啊荡

将宝宝举高后，前后或左右轻轻晃动他的身体，使他双脚悬空摇摆，若宝宝不害怕可以增大运动幅度。

这个游戏有利于宝宝上肢力量和空间感的发展，提升他对人的信任感（主要是爸爸妈妈或其他主要抚养人），也有助于宝宝安全感的建立。注意不要猛然举起或剧烈摇晃宝宝，动作要缓慢。

翻滚吧

俗话说："三翻六坐七滚八爬。"宝宝学会连续翻滚，能为爬行做好准备。宝宝学会翻身后，你可以用手推动他，协助他连续翻身；也可以让宝宝躺在毯子上，你轻轻拉毯子一端，促使宝宝连续翻身。做这些动作时，你可以对宝宝说："翻滚吧，小宝贝。""滚啊滚啊滚啊滚，滚到东来滚到西。"

这个游戏可促进宝宝身体平衡和协调性发展，还可推动宝宝大运动能力的发展。注意不要让宝宝压到自己的胳膊，宝宝害怕时要立刻停止。

会跑的光

在黑暗的房间，让宝宝趴在床上，你将手电筒的光打到宝宝前方，然后不断移动手电筒，变换光圈的位置，以吸引宝宝不断转动头部追着光看。宝宝甚至会努力尝试用手去抓光圈。

这个游戏可提升宝宝眼睛和头颈部的灵活性，促进其上肢力量和视觉能力的发展。注意不要让手电筒的强光照射到宝宝的眼睛。还可以让你的育儿搭档在宝宝前方发出各种声音，吸引宝宝的注意。

不倒翁

准备适合宝宝小手抓握的不倒翁，当宝宝坐在地上的时候，你在他面前将不倒翁推倒，或轻轻将其扔出去使其“骨碌碌”滚走，或演示各种玩法。宝宝很快就能模仿你的动作，并会尝试探索更多玩法，如在地板上敲打，放进嘴里啃咬。

这个游戏可促进宝宝手部精细动作能力和手眼协调的发展，提升其对事物的因果联系的认知。

打小鼓

准备一个小鼓玩具，或者将家里的脸盆倒过来，让宝宝用手在上面敲敲打打，或者抓着其他东西在上面敲打。敲打时发出的声音会让宝宝玩得更起劲儿。

这个游戏可促进宝宝手眼协调和听觉能力的发展，还可让宝宝更理解事物之间的因果联系。或许刚开始的时候，宝宝还不太会“使用工具”，只能用自己的小手敲打，但很快他就能发展出更高级的敲打技能了。

打响舌

你面对宝宝，张开嘴巴，使舌头快速内卷、舔上腭、放松，发出“嘚”的声音。宝宝会看得很认真，说不定很快就学会这项“口技”了。

这个游戏可锻炼宝宝舌头的灵活性，为宝宝开口说话做生理上的准备。很多有语言障碍的宝宝存在口腔发育问题。长期用奶瓶而没有适时训练使用吸管喝东西，会造成嘴唇紧闭的稳定性不足。食物太过精细而使口腔小肌肉得不到咀嚼锻炼，则会影响说话的早晚和清晰度。

啃啃啃

宝宝1岁前处在“口欲期”，抓到什么都往嘴里送，啃啃咬咬。手和口这时就是他探索世界的工具。宝宝在口欲期如果没有得到很好的满足，成年后就有可能控制不了嘴巴，或胡吃海喝，或有烟瘾，或咬手，或说脏话。在宝宝吃手的时候，不要阻止，但要保证他的小手是干净的。你可以和他交流，如：“宝宝的手什么味道呀，好不好吃呀？”你也可以给他递上一个牙胶让他啃咬。

这个互动可促进宝宝口腔发育，提升宝宝对自我和外部世界的认知，对于长牙期的宝宝还可缓解其出牙痛苦。适合1岁前宝宝的牙胶，以无法塞入嘴部过深为宜。形状、颜色各异的牙胶还可促进宝宝视觉的发展。有些牙胶有突触设计，可刺激宝宝触觉发展。

打转转

如果你的宝宝可以以小肚子为支点原地打转了，恭喜你，你的宝宝要开始练习爬行啦！这时，他身体双侧运动能力还不是很协调。你可以在宝宝打转的反方向，用玩具和声音吸引宝宝，让宝宝努力向该方向转动。

这个游戏可帮助宝宝加强控制身体的能力，促使全身协调性发展，为正式爬行做准备。爬行有助宝宝消化和睡眠，帮助宝宝长大个儿。宝宝在会走之前经过足够时间的爬行练习，全身协调能力和空间感会更好，有助于今后学习对身体控制要求较高的活动，如体操、游泳、舞蹈、画画、写字等。

向前爬

宝宝开始有向前爬行的意识的时候，往往可能会一直向后退，这是因为他上下肢还没完全协调。你可以顶着宝宝脚底，向前推宝宝，帮助宝宝掌握向前爬的技能，在此过程可配合有节奏的言语或儿歌，如："一二一，向前爬。"

这个游戏可加强宝宝全身肌肉的力量，并使其上下肢协调性进一步发展。你千万要有耐心，但不要累着宝宝。毕竟，这是游戏，而不是任务。通常宝宝在8个月后就能爬得很好了。

一起吃饭喽

通常 6 个月的宝宝能坐在餐椅上吃饭了。这时，可以为他添加辅食了。到了 7 个月的时候，很多宝宝已经不满足于被动地接受大人喂食，小手会乱抓。这时候的辅食性状以泥糊状最为合适。不妨在宝宝面前的餐盘中放入各种泥糊状食物，让他抓握探索，尝试着给自己喂食。你只需要保证宝宝安全，事后做好清理工作。在宝宝探索食物的过程中，你们可以有言语的互动，如为他介绍食物、询问他的感受。

这种互动可促使宝宝手部精细动作、手眼协调能力、生活自理能力的发展，提升宝宝对食物的认知，甚至帮宝宝养成良好的饮食习惯。

游啊游

宝宝出生后就有游泳反射，进到水里时，会有游泳式的动作。如果错过头 6 个月的游泳反射期，把他放到水里，他会极不适应，会大力挣扎。对于 1 岁前的宝宝，可以尝试亲子游泳，目的主要是让宝宝玩玩水、不怕水，并不是要让他学会游泳（正规游泳训练 4 岁后方可进行）。具体做法是，在家中的浴缸或干净的泳池，你用一只手托住宝宝的胸部，用另一只手托住宝宝的腹部，让宝宝感受水并尝试做各种动作。每次的时间控制在 10 分钟内为宜。

这个游戏可增强宝宝的身体感知力和对人的信任感，可使全身骨骼、肌肉和神经系统得到更好的发育，甚至提升抗病能力。很多专门的婴幼儿游泳机构会让 1 岁前的宝宝戴脖圈游泳，这实际上存在很多安全隐患。宝宝 1 岁后可以用相对安全的腋下圈。

语言游戏

叫人、认物

对于小宝宝而言，有意识地教他说话很有必要。宝宝会鹦鹉学舌，而且一般从名词开始学起。多让宝宝认人、叫人，宝宝的词汇库就能得到扩展。通常宝宝叫人叫的第一声是“爸爸”或“妈妈”。宝宝会叫“爸爸”之后，可从与“爸爸”的“音”相近的词开始，教宝宝发更多的音。相对于“爷爷”“奶奶”“爸爸”“妈妈”而言，“外婆”“外公”词汇结构较复杂，可以先教宝宝叫“婆”“公”。当宝宝注意某件物品时，可用简单的词告诉他物品名称。出现频率高的词汇更能让宝宝留下印象，也许某个时刻他就会张嘴说了。

啊呜……啊呜……

面对宝宝，你先张大嘴，再噘着嘴，发出“啊呜——啊呜——”的声音，让宝宝注意你的口型变化，努力模仿你发声。这个游戏可锻炼宝宝下腭稳定性，帮助宝宝清楚发音，尤其适合还在吃泥糊状辅食、咀嚼能力无法得到锻炼的宝宝。

肢体语言和相关儿歌

肢体语言全世界通用，即使人们说的不是一样的语言。对于宝宝而言也是这样，在他会说话前，教他简单的手语，用肢体语言和他沟通，他很快就能学会。比如，每次要睡觉的时候，双手合十，放到一侧耳边，头侧一下，靠在手上；每次要喂奶的时候，头后仰，单手握空心拳，放到嘴边，手掌一张一合像挤牛奶一样；要示意保持安静时，可将一手食指竖起，放到嘴唇上，发出“嘘——”的声音，并做出轻手轻脚的动作；表示“没有”，可两手手掌上翻，摊向两边，同时耸肩歪头。不局限于形式，你可以自编手语，只要你和宝宝都懂就行。

在喂宝宝吃饭的时候，边喂边做相应的动作，能让宝宝将注意力集中到吃饭这件事上来。你也可以一边给宝宝喂饭，一边念儿歌给宝宝听，比如右边的《吃饭儿歌》。在宝宝着急吃太烫的食物时，这首儿歌能帮你更大的忙。真实场景和肢体语言可帮助宝宝更好地理解儿歌的语义，不久之后宝宝也许自己就会说了。

给宝宝洗澡也比较麻烦。你可以自己编一支儿歌，在给宝宝洗澡的时候念。他也许会更配合你，好好洗澡。当然，你也可以直接使用右边的《洗澡儿歌》。

给宝宝穿套头衫更是个麻烦事儿。宝宝往往不能很好地配合。你常急得满头汗。而你越是着急，宝宝越不愿意穿，会哭闹，甚至手舞足蹈地抵抗。如果有一首儿歌，你边念边给宝宝穿衣服，宝宝的配合度可能会高些，比如右边的《穿衣儿歌》。将领口撑开，给宝宝套头时，你一边念儿歌一边操作，会让宝宝觉得这是个好玩的游戏，可能就不会害怕、哭闹；你卷起衣袖，将自己的手伸进去，一边念儿歌，一边抓住宝宝的手并拉出来，另一只手配合拉衣袖，可能就不会出现怎么也穿不进去的窘境。

吃饭儿歌

东风凉
西风凉
凉到宝宝口中央
宝宝吃了快快长

洗澡儿歌

我爱洗澡
小脸擦擦，小手搓搓
上擦擦，下搓搓，流水哗啦啦
滴答，滴答，头发下雨啦
擦擦干，擦擦干，全身擦擦干
洗好啦

穿衣儿歌

钻山洞啦，“嗡”的一下钻出大山洞
小手弯弯，钻山洞
左手钻进左山洞，钻出来啦
右手钻进右山洞，钻出来啦

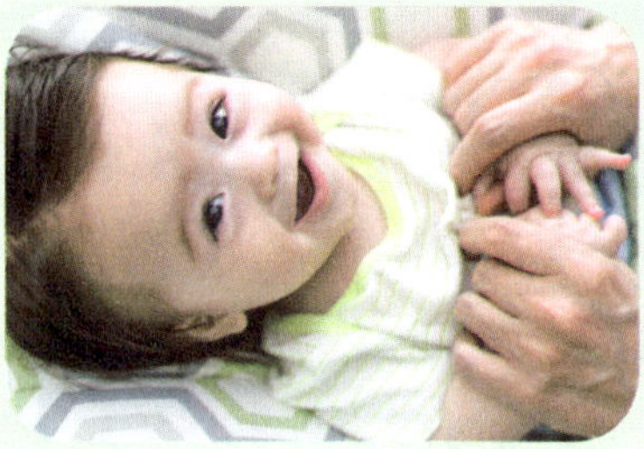

送物、取物

给宝宝发出简单指令，让他把某件物品给某个人，或者从谁那里取回什么东西。人和物要近在眼前，方便宝宝理解和执行。并且，刚开始的时候，你要在一旁示意协助。宝宝再长大些，才能执行远程操作指令。这个游戏可让宝宝感受语言的力量，明白语言的实际运用。

认识新事物

除了让宝宝了解家庭环境中的各种事物，还要多带宝宝出去走走、玩玩，在各种环境中认识新事物、学习新词汇，感受语言的交流和运用，不断告诉宝宝这是什么、那是什么、他们在干什么……另外，主要抚养人的唠叨也能帮宝宝扩充词汇量。时间长了，宝宝自己能说的时候就会有更多的词汇可用了。

用英语指物

这个时期，可以让宝宝接触第二语言了。你不会说或者说不好也没关系，学几个简单的英文名词应该不算什么难事，比如身边经常出现的"dog""cat""car"……指给宝宝看，并用英文告诉宝宝那是什么。即便你已经告诉过宝宝那是"汪汪""喵喵""嘟嘟"，宝宝也不会混淆，他知道一个事物可以有好几个叫法。

亲子阅读

布书

在宝宝还无法看真正的书之前，柔软、撕不烂的布书是最好的选择。你可以将宝宝搂在怀里，拿布书在他面前翻阅，给他讲书中的内容。很快宝宝就会自己坐在地上“研究”布书了——大幅度翻来翻去，放进嘴里咬，直到能慢慢地翻页。有些布书有发声设计或粘贴扣，他也会慢慢地学会怎么摆弄。

拉拉布书

低幼感统玩具书

触摸书

触觉的发育有助于宝宝的认知发展。这个阶段的宝宝是用手在探索世界，让他玩一玩触摸书，感受不同材料的质地，可促进大脑发育。你在介绍书中内容的时候，抓着宝宝的小手去摸一摸书中各种特殊的材料，比如绵羊软软的羊毛、刺猬硬硬的刺……也可将内容拓展到生活中，如妈妈丝滑的秀发、爸爸硬硬的胡子、小枕头软软的、石子路的凹凸不平等等。

艺术游戏

莫扎特·《G大调弦乐小夜曲》

此曲由奥地利作曲家莫扎特1787年创作于维也纳，是18世纪器乐小夜曲的典范，曲调充满乐观情绪，富有激情和活力，表现了对美好社会、光明和正义的追求。在这美好的音乐氛围中，你抱着宝宝翩翩起舞，随着旋律的起伏，你的身体也随之摇摆、起落、旋转，让宝宝感受不同的节奏、韵律。注意，动作不宜过于剧烈，避免宝宝发生摇晃综合征。

巴赫·《G弦上的咏叹调》

传说，在一次宫廷舞会上，德国作曲家巴赫的大提琴被人动了手脚，除了G弦之外，所有的弦都断了。有人想看巴赫出丑，而巴赫仅用一根G弦即兴演奏了一曲。100多年后，德国小提琴家威廉密将其改编为小提琴独奏曲，于是有了现在很多小提琴家都钟爱的曲目《G弦上的咏叹调》。该曲曲调充满诗意，神圣的旋律此起彼伏，仿佛在祈祷、祝福。让宝宝靠在你身上静静地感受这华美的曲调吧！期间你可以做出拉提琴并沉醉于音乐的动作，也可以挥舞双手像个指挥家一般和宝宝互动。

古筝名曲·《高山流水》

传说先秦琴师俞伯牙某次在荒山弹琴，樵夫钟子期听见了，竟能领会琴声中传达的意境。钟子期死后，俞伯牙将琴摔断，终生不弹，因此有了“高山流水觅知音”一说。聆听这旋律典雅的乐曲，可增强宝宝的音乐感悟力。

二胡名曲·《二泉映月》

旋律时而深沉、时而激扬，扣人心弦、催人泪下，表达了作曲家内心的豁达和对生活的热爱。此曲由生活在旧社会底层的盲人音乐家阿炳所作，是他生活的真实写照。伴随着意味绵长的曲调，你在宝宝面前跳一支舒缓的舞，用肢体动作表达你当下的心情，宝宝也会跟着你手舞足蹈。

琵琶名曲·《月儿高》

曲调华丽缠绵，描写了海上升明月到月落西山这一过程的景色和意韵，极具画面感，和唐玄宗所作《霓裳羽衣曲》近似。配合音乐，傍晚之际抱着宝宝看向窗外，感受夜幕降临、月亮出来这一过程；如果是在白天，你可以挥动纱巾跳舞给宝宝看，让宝宝感受中国传统乐器琵琶那“大珠小珠落玉盘”的独特之美。

儿歌·《春雨》

下雨的时候，给宝宝唱这首儿歌，并让宝宝感受雨滴落下的过程，可以撑把伞带他出门，用手接一接雨，体验雨落在手上的感觉；还可以在他洗澡的时候，让水从你指间滑落，模拟下雨时“滴答——滴答——”的声音和情状；玩水发出大声响的时候，还可以说：“哗啦啦，下大雨啦！”艺术源于生活又高于生活，带宝宝进行各种艺术探索吧！

春雨

滴答，滴答，
下小雨啦……

种子说：
“下吧，下吧，
我要发芽。”

梨树说：
“下吧，下吧，
我要开花。”

麦苗说：
“下吧，下吧，
我要长大。”

小朋友说：
“下吧，下吧，
我要种瓜。”

儿歌·《拔萝卜》

这首伴随很多人童年记忆、被广为传唱的儿歌，可以为你和宝宝制造很多好玩的互动机会，比如将宝宝从餐椅上或婴儿车里抱出来的时候唱；或是当宝宝坐在地上的时候，将宝宝当作那个“萝卜”，爸爸妈妈轮流去做拔萝卜的动作。表演是综合的艺术创作形式，让宝宝从中感受艺术的魅力吧！

拔萝卜

拔萝卜，拔萝卜。
嘿呦嘿呦，拔萝卜，嘿呦嘿呦，拔不动。
老太婆，快快来，快来帮我们拔萝卜。
拔萝卜，拔萝卜。
嘿呦嘿呦，拔萝卜，嘿呦嘿呦，拔不动。
小姑娘，快快来，快来帮我们拔萝卜。
拔萝卜，拔萝卜。
嘿呦嘿呦，拔萝卜，嘿呦嘿呦，拔不动。
小黄狗，快快来，快来帮我们拔萝卜。
拔萝卜，拔萝卜。
嘿呦嘿呦，拔萝卜，嘿呦嘿呦，拔不动。
小花猫，快快来，快来帮我们拔萝卜。

儿歌·《拍手歌》

和宝宝面对面坐着，边念歌词，边和宝宝互动，比如，念第一句的时候，用你的右手拍宝宝右手，左手拍宝宝左手，念到“穿花衣”的时候两手做出孔雀开屏的样子；念第二句时，每只手各拍两下……这样的互动随时可以停下来或变换花样。当然，自编一支拍手歌也完全可以。

拍手歌

你拍一，我拍一，一只孔雀穿花衣，
你拍二，我拍二，两只小猫画画儿，
你拍三，我拍三，三只小羊爬上山，
你拍四，我拍四，四只小兔学写字，
你拍五，我拍五，五只小猪挖红薯，
你拍六，我拍六，六只小猴拍皮球，
你拍七，我拍七，七彩花儿真美丽，
你拍八，我拍八，八只青蛙叫呱呱，
你拍九，我拍九，九只小狗啃骨头，
你拍十，我拍十，十只鸭子下水池，
一头扎进水里面，寻来寻去抓鱼吃。

小小音乐家

和宝宝一起玩音乐玩具，比如电子琴、沙锤、摇铃、小鼓、木琴等，让宝宝一一感受各种乐器的美妙和不同，甚至“创作”自己的乐曲。这个时候的宝宝或许还无法用正确的方式玩儿，但这种随性的自由探索可以让他对乐器产生兴趣，还能发展精细动作能力。你不会演奏正式的曲目也没关系，只要加入他的演奏，奏出你感觉舒服的、有节奏的声音就可以。

看画展

从现在开始，保持不定期带宝宝去艺术馆看画展的习惯。艺术审美要从小培养，而你自己也将和宝宝共同成长。喜欢艺术的女孩子都会有些迷人的气质，喜欢艺术的男孩子都会有些不一样的思维。在欣赏艺术佳作的过程中，和宝宝多交流，能促进他的认知和语言能力的发展，还能让他在潜移默化中养成观展礼仪。等宝宝 3 岁后，你们之间将有更多关于绘画作品的双向交流，要多鼓励他表达自己的想法、感受，并将一些绘画方式运用到自己的画作中，还可以带着纸笔到展馆现场作画。

社会性游戏

照镜子

让宝宝看看镜子里的人，你边做动作边用语言和他交流，比如“这个是宝宝，这个是妈妈”“笑一笑”“这是宝宝的眼睛，这是宝宝的鼻子……”“摸摸镜子”等，增强宝宝对自我以及身体各部位名称和功能的认知，让宝宝了解各种表情。在他哭的时候把他带到镜子面前，说“快看快看，镜子里谁在哭”，有时候有止哭效果。在这个过程中，宝宝对表情和情绪的理解也将更加深刻。

看相册

你将宝宝抱在怀里，或者和宝宝一起坐在地上，面前摊开家庭相册，用手一一指给宝宝看，边指边介绍相册中的家庭成员，刚开始语言要简单——“这是爷爷”“奶奶”“外婆”“外公”……多次这样介绍后可以说得更详细些，比如“爷爷，爸爸的爸爸”……逐渐加深宝宝对家庭人物关系的了解。宝宝会叫人后，很快就会熟练使用这些称呼了。

躲猫猫

刚开始，你可以双手捂脸再摊开，同时发出“哇”的声音，这是最初级的躲猫猫游戏。你也可以这样玩，用一个物件先挡在你面前，然后放下。这个游戏可加深宝宝对“物体恒存”的理解，物体暂时离开视线也还是存在的。宝宝有了这样的概念之后，你的暂时离开就不会再让宝宝过度焦虑了。宝宝从小到大都会对这个游戏乐此不疲。

亲近自然和社会

社会能力要在社会大环境中才能得到更好发展。如今的孩子多被“圈养”在单元式住房中，亲近大自然的机会大大减少。父母要有意识地多带孩子去大自然中走走看看，欣赏自然的美景，感受季节的变化，观察各种小动物。这有助于孩子形成乐观开朗、喜欢探究的性格。如果小区环境不错，或是有很多小朋友，也可以经常带孩子出去，让孩子在互相的观察模仿中提升社会能力。

逛超市

你去超市购物的时候，把宝宝也带上，不要怕麻烦。逛超市是不可错过的早教机会。超市有活生生的实物教材——琳琅满目的商品，比各种认知图卡要丰富得多。超市里人与人之间的交流互动也多，从挑选商品到结账付款，宝宝将会学到很多。等宝宝再长大些，逛超市时还可以进行数学启蒙、语文启蒙、财商训练、社交练习等。

7个月~1岁

宝宝发育情况自查表

五感和认知	对形状的识别能力开始增强，总是试图让任意形状的物体穿过任意孔洞，逐渐意识到如何才能正确通过，对圆形和方形的识别要比三角形早。如果宝宝对父母的声音或其他声响没有反应，需要做个听力测试。逐渐适应粗糙的辅食，部分宝宝长了牙齿，这有利于咀嚼功能的锻炼，为学说话做准备。 随着活动能力的增强，**注意力**不仅仅限于视觉方面，更多表现在操作和运动方面。8个月时注意时间可能只有2分钟。10个月左右开始出现**共同注意**，即孩子会和成人注视同一个事物，这一能力的发展水平可预测语言和社交能力的发展。到1岁时，如果正在玩一个有意思的玩具或游戏，或许能安静坐上十几分钟；**记忆**时间比之前更长，提到物品名字时会看向正确的物品；并有了简单的**思维**能力，可以去寻找藏在某处的物品；开始用扔、敲打、摇晃等方式探索物品；开始模仿大人的行为；可以较正确地使用物品，如开开关、用梳子梳头、打电话，但由于手部力量发育不足，开关或许并不能真正打开，梳子也不能梳到头顶；意识到自我存在（镜子里的是自己，不是游戏伙伴）。
动作 （大动作、精细动作）	能熟练地自己坐起。开始用双手及双膝爬行，开始时行动缓慢，方向也可能不对，逐渐地就能爬得很快。爬行有助于建立手部向前支撑的记忆，使他能在直立行走后摔倒时用手臂支撑而不是脸部先着地。爬行可让孩子更积极主动地探索世界。从能扶着东西站起来到走几步，再到不扶也能走几步，开始蹒跚学步的旅程。独立行走在11个月到1岁半都为正常。在外为了保护脚需要穿合适的鞋，室内尽量光脚有利于学走路。刚开始学站立，可能不知如何坐下，需要大人示范。 手部精细动作突飞猛进，9个月左右就能用拇指和食指对捏捏取细小的物体；能通过手势（如食指）示意他需要什么；会用食指玩弄东西；手眼协调进一步发展；从手抓食物喂自己吃，发展到会用勺子、用杯子；能一手拿一个物体相互敲击；会玩互动游戏，如跟着你拍手、挥手表示再见、将物品向你扔过来、把物品放进容器等。
语言	在言语发生期，大多数宝宝开始叫第一声“baba”或“mama”，最初或许只是想要某件东西，或是练习发声。大人积极的回应能促使宝宝语言发展，多主动和他说话也有利于宝宝语言的学习。从名词到动词，一个字两个字往外蹦；发音从模糊不清到逐渐清晰；对语言的理解能力发展得比表达能力更快速，知道“不”“再见”的意思；有时会说出一长串大人听不懂的“火星语”；会用点头、摇头等身体语言交流……这都是言语发生期宝宝的常见表现。日常简单用语有时候用第二语言有利于宝宝双语学习。
情感和社交能力	明白镜子里的影像是自己，开始有自我意识；面对陌生人开始感到焦虑，更喜欢经常照顾他的人，分离时会哭闹；能配合大人洗澡、穿衣；会察言观色；喜欢模仿；面对小伙伴，更多用手部动作交流，在大人眼里就是打人、推人、抓人等“不好”行为；喜欢重复一些动作或声音吸引关注，如反复扔东西让大人捡；常试探父母或主要抚养人对他的行为的反应，如大声哭闹、耍赖、做大人不允许的事情，需要大人帮他建立规则。

注：孩子发育个体差异很大，快慢不一，特别需要关注的问题参见《0 ~ 6岁早教游戏育儿计划：高效能父母陪玩手册》中的相关内容。

适合的玩具和图书

镜子；纸板书、洗澡书、洞洞书、低幼绘本；捏响玩具；会移动的物体，如推拉车或有按键控制的自动爬行玩具；可以扔的轻软物品，如沙包；积木；插孔玩具；套环；玩具电话；水；洗澡玩具；玩具娃娃；柔软的纸；各种球；家中不会伤到宝宝且不易打破的任何物件，特别是纸盒子、塑料碗等能盛放东西的物品。

柔软的纸

捏响玩具

玩具电话

玩具娃娃

球

塑料碗

积木

肢体运动游戏

翻山越岭

爬行是这个时期宝宝最快乐的运动。宝宝能熟练地在平地上爬之后，就会挑战更高难度的动作。比如，看到你的腿放在地上，他就会往你的腿上爬，翻到你腿的另一侧。刚开始的时候，你可以协助一下他，推推他的小屁股，帮他降低点儿难度，增加点儿信心。很快，他就能熟练地在你腿上或者身体其他部位爬来爬去了。你也可以在他面前放些柔软的小枕头、小被子，让他攀爬。

这个游戏可促进宝宝全身力量和协调性的发展。慢慢地，他就会攀爬更高的物体，向直立行走迈进。

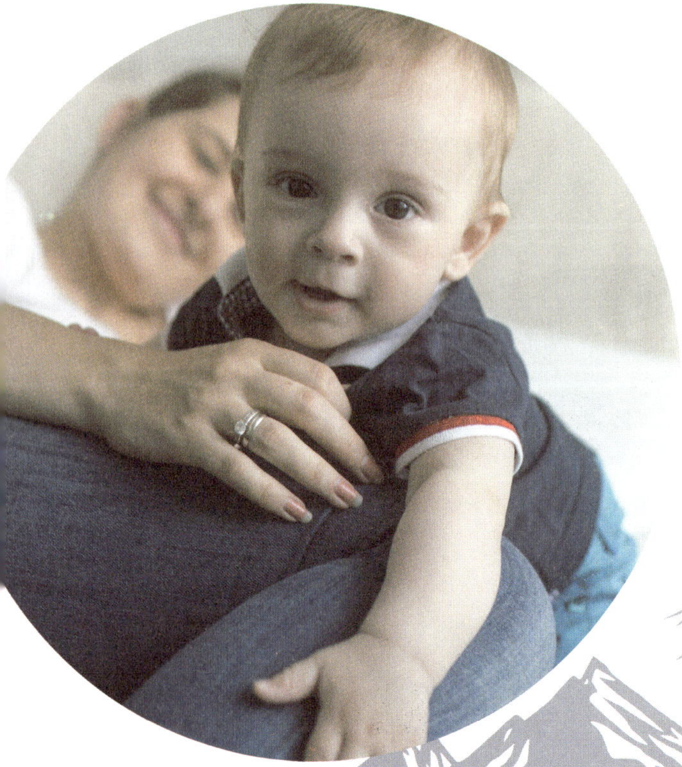

钻山洞

孩子在成长过程中有很长一段时间喜欢钻到桌子底下，往沙发缝里面挤，或者干脆躲进柜子里。这是孩子空间能力不断发展的结果。你要给他提供机会去帮助他发展这项能力，比如将地垫卷成筒状，或者将纸板箱两头打开，让孩子钻过去，你可以在另一头逗引孩子钻过来。

这个游戏可促进孩子空间感、本体感、肢体协调能力的发展，特别是深度知觉的发展。这些能力发展得好，孩子在今后能更好地进行球类运动、画透视图等对立体空间感要求较高的活动。本体感就是对自己身体的感知。很多剖腹产的宝宝出生时没有经过产道挤压，长大后有些可能会表现出本体感不足的问题，比如对自己身体控制能力不够、笨手笨脚等。这个游戏可对此进行弥补。

滑滑梯

你坐在椅子上，双腿伸直放在地上，双手扶着宝宝，让他背对着你，从你的大腿滑到小腿，也可以让你的育儿搭档面对面扶着宝宝从你腿上滑下去。你还可以坐在地上，弓起双腿，让宝宝面对面从你的膝盖滑下。宝宝对这个游戏感兴趣的话，就可以带他去尝试真正的滑梯。先从低矮的滑梯开始，注意用手扶着宝宝，逐渐放手，慢慢地让宝宝自己滑。你要在滑梯底部接着宝宝。在宝宝会走路、会爬楼梯之后，他就能自己去滑滑梯了。

这个游戏可促进宝宝平衡能力和空间感的发展。专为小宝宝设计的低矮的攀爬式滑梯，还可锻炼宝宝全身肌肉和协调性。

洗刷刷

大多数孩子都喜欢玩水。这个时期的宝宝，你给他洗澡时，他已不再那么老实了，会用手拍水，来回抓毛巾，甚至尝试各种花样把水洒得到处都是。不妨往水盆里放些海绵、丝瓜络、软毛刷，让宝宝观察和摆弄这些物件，让他往自己身上擦，感受触觉刺激。

这个游戏可促进宝宝手部精细动作、手眼协调、触觉和认知的发展，也会让他对“水”这种没有固定形态的物质有进一步的探索欲望。这也是早期的科学启蒙。

倒来倒去

从某个时刻开始，宝宝喜欢将东西从一个容器倒出来，然后再放进去，这是他在对空间进行探索。你不妨多给他准备一些打不破的瓶瓶罐罐或各种纸盒子，再给他一些大小、形状和颜色不一的小物件。注意，这些小物件大小最好以宝宝不会塞到嘴里吞下去为宜，安全很重要。然后，让他尽情发挥，使劲儿折腾吧！你可以在旁边对他正在干的事情进行实况解说，在他需要帮助的时候协助他。

这个游戏可提升宝宝对空间的感知力，对大小、形状更有概念，还能锻炼他手部的精细动作能力和手眼协调。当他玩这个游戏的时间越来越短，你可以给他增加任务，比如给他一些瓶子和盒子，以及这些瓶子和盒子的盖子，让他配对盖上。如果他捣鼓一阵还是不明白如何配对，你可以演示给他看。这能帮助他形成关于形状配对的初步的空间概念。

扔来扔去

当宝宝开始表现出喜欢扔东西的时候，你千万不要烦躁，这也是宝宝对空间和手部功能的探索。你可以和他一起玩儿，比如扔球、扔沙包、扔软积木……并鼓励宝宝去捡、去接，然后向你扔过来。

这个游戏可提升宝宝的空间感、手部精细动作能力、手眼协调、上肢力量、空间定位能力和对身体的控制能力。宝宝刚开始玩的时候，可能会出现想往前扔，东西却往后掉的情况，也可能会有扔不远、掉在身边的情况，这都是正常的。

进去啦

将容器（桶或脸盆）放在宝宝面前，让宝宝尝试将物件扔进去。将东西扔进去若能发出响声，更能引起宝宝的兴趣。你先示范扔一个，宝宝会模仿。玩的过程中逐渐拉远容器和宝宝的距离。

这个游戏在“扔”的基础上增加了难度，对宝宝手眼协调性和空间定位能力要求更高，也会增强宝宝对因果联系的理解。

开车啦

准备一些可以在平地上移动的玩具或物品，如带轮子的推拉玩具、重量较轻的纸箱子。和宝宝一起摆弄这些玩具，用手推，用手抓着在地上滑行，就像在开车。你可以用语言大声逗引宝宝："宝宝，开车啦，开到妈妈（爸爸）这里来。"或许宝宝会注意到，有轮子的滚得快，有棱角的箱子移动慢。

轮子转起来

你将小车子倒过来，用手滑动车轮——车轮转起来了，宝宝也会学你的样子动手去摆弄、研究。你将家里的旅行箱推到宝宝面前，宝宝也会去推，他还会发现，这个方形盒子貌似比纸箱子移动得快，原来它有轮子，他会尝试用手去拨弄轮子。这时候你可以把旅行箱放倒，让宝宝去把玩轮子。宝宝会发现，轮子不仅在一个方向上转，而是会往两边转，他也许会玩上好一会儿。

这个游戏让宝宝对“滚动”背后的原理有了一定了解。你还可以将游戏在这一个方向上深入拓展，进而和宝宝玩下一个游戏——“滚来滚去”。或是换一个方向，将旅行箱开发出更多玩法，比如把箱子打开，让宝宝爬进爬出（软布材质的旅行箱较安全）；或是待在箱子里感受这个空间；还可以将玩具、书放进箱子里，让宝宝在里边玩儿（箱子足够大的话）。

滚来滚去

将家里的瓶子、圆形瓶盖和球都放到地上，引导宝宝去摆弄，并从中发现这些物体和轮子的相似之处；如果宝宝长时间呆愣着不知如何是好，你可以一一示范，玩给宝宝看。很快，你会发现，宝宝就像贪玩的小猫一样，很喜欢这些能滚动的物体，将其滚到一边，然后快速爬过去，再将其滚到另一边。

这个游戏能让宝宝对“会滚动”的物体有一个科学的认识，对“圆”的概念有更深刻的理解。

拉大锯

这个时候的宝宝已经能坐得很稳当了。你和他面对面坐着，你的双脚脚底板抵着他的双脚脚底板，探身用双手拉着他的双手，将其轻轻往你的方向拉，停一下，再推回去，边拉边念“拉大锯，扯大锯，你推我拉，我推你拉”。

这个游戏可锻炼宝宝的腰背部和四肢肌肉。为了降低难度，刚开始可以不用抵着脚，双腿岔开对坐即可。慢慢地，你可以弓起双腿抵着宝宝脚底板，然后尽量把腿伸直，做不到也不要勉强。推拉幅度要适度，不要猛然用力，否则容易伤到宝宝。

推倒、叠高

在宝宝面前将一个物体叠放在另一个物体上边，可以适当叠放好几个物体。宝宝会对推倒你的杰作很感兴趣。你堆得越高，他推倒的兴致就越高。在你眼里，他也许是个破坏大王。这是他在研究呢。不久，他就会自己有意识地将一个东西放到另一个东西上边，并努力不让它掉下来。当然，他的堆高技能还有待进一步提高。

这个游戏可帮助宝宝发展视觉空间能力，分辨大小、形状的能力，掌握平衡的能力，还可锻炼宝宝手部精细动作和手眼协调。

什么东西在响

你在宝宝的一边捏响玩具，他会马上转过头来看你，一副探究的表情。当他发现你手里的玩具，他会马上向你索取、研究。这时候他手部力量已经比之前有了较大长进，可以捏响相对柔软的玩具，一旦他发现自己的这个新技能，就会一遍遍尝试。你可以再捏响另一个玩具，逗引他多研究不同的玩具。

这个游戏对宝宝的抓握能力、手部力量有很大提升。不久你就会发现，原先按电灯开关使不上劲儿的他，慢慢地就能开关自如了。为了这个游戏，可以多准备一些不同材质的捏响玩具。

抠抠、按按

你会发现，这个时期的宝宝喜欢抠各种洞洞、按各种开关。这是宝宝在发展自己的手指精细动作，尝试解锁更多新技能。你可以带他探究家中的各种孔洞、开关（注意安全和卫生）。开开关，灯就亮；关开关，灯就灭，这种直接、强烈的因果联系会令宝宝百玩不厌。他手指往前用力的技能也会因此不断精进。接下来的游戏“开门、关门”可帮助提升手指往后用力的技能。

开门、关门

宝宝看过很多次大人开门、关门之后，就会对此产生兴趣。刚开始的时候，你可以将门虚掩，抱着宝宝，引导他伸手往回拉门把手，然后一起后退几步，借助你的身体动作帮助他用力。门慢慢打开后，引导宝宝扶着门往回用力，将门开得更大些，然后再引导宝宝用手往前推，合上门。通常，宝宝会要求反复尝试开门、关门。

这个游戏可增强宝宝手指的灵活性和手部小肌肉的力量。要不了多久，你就要给家里的各种柜门上锁了，因为他会一一打开探索。

撕撕撕……

你想培养宝宝看书的好习惯，又担心他撕坏书页，不如给他一些柔软不会伤到手的纸让他撕个够，或者让他撕菜叶子。这样他的手指精细动作能得到更好发展，慢慢地他就会一页页翻书了。有些宝宝偶然看到家里的卫生纸或抽纸，会将其拿到手上撕得不亦乐乎。不要阻止他，给他几张纸，其余的收好，甚至可以加入他的撕纸大行动，正着撕，反着撕，撕成一片片或是一条条，撕完了将其揉成纸团，扔来扔去玩，玩够了扔到垃圾桶里。

打哇哇

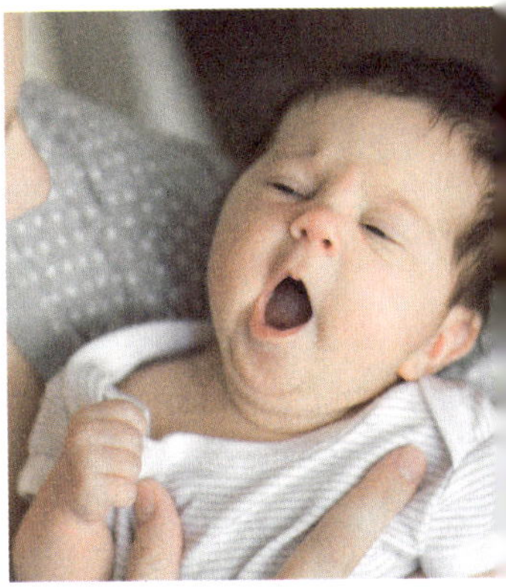

你用嘴连续发出“啊——”的声音，同时用手轻轻拍打嘴巴，这时就会连续发出“哇哇……”声。宝宝会被逗乐，也会尝试模仿你的动作。如果宝宝没法做到，可以帮他一下，抓着他的手轻轻拍打他的小嘴巴，并引导他发出声音。

这个游戏可加深宝宝对声音和发音的理解，也有助于手眼协调能力的发展。

用小勺吃饭

喂饭的时候，若宝宝抢你手中的勺子了，那就另外给他一把勺子，他会仔细摆弄研究，并尝试喂自己吃。将食物盛到不易打翻的碗中，不要太满，可先给性状较黏糊、较少汤汁的食物，比如土豆泥，晾到不烫嘴，让宝宝自己用勺子从碗里舀取食物，喂自己吃。刚开始他也许只是在碗里捣捣捣，或是拨撒得到处都是，所以要让他穿好吃饭罩衣，并做好协助工作，比如你可以先帮他把食物盛到勺子里，再由他自己送入口中。

关于“玩食物”尚存争议，有人认为这不利于宝宝建立良好的饮食习惯，还有可能养成不爱惜食物的坏毛病；有人认为这也是对食物的一种探索，而且是锻炼宝宝手眼协调很好的方法。我们只要记住一点，尊重孩子，并帮助他发展自己的各种能力。对于小宝宝，可以让他适度尝试，大部分时间还需要大人喂食。通常到了1岁后，宝宝就能自己用勺子将食物准确送入口中了。

喂喂喂

你拿个空杯，将嘴巴凑到杯口，用杯口边缘包住嘴巴，然后不断朝里边发出“喂——喂——”的声音。沉闷的回声马上能引起宝宝的兴趣。他也会模仿你，拿起杯子，朝里边发声。或许刚开始他还对不准，你可以帮他一下。

这个游戏可促进宝宝对声音和发声的了解。宝宝会调动多个感官进行协调探索，并主动发出“喂”的声音，探究因果，实践验证。小小科学家诞生啦！这个游戏还可帮助他更快学会自己拿杯子喝水。

手指操

根据下面的手指操口诀以及配图和宝宝一起玩起来吧！

一个手指点点
（伸出一个手指轻点宝宝）
两个手指敲敲
（伸出两个手指轻敲宝宝）
三个手指捏捏
（伸出三个手指轻捏宝宝）
四个手指挠挠
（伸出四个手指轻挠宝宝）
五个手指拍拍
（一只手张开轻拍宝宝）
五个兄弟爬上山
（五个手指协作，从宝宝下肢爬到肩头）
叽里咕噜滚下来
（从肩头往下边滑边挠）

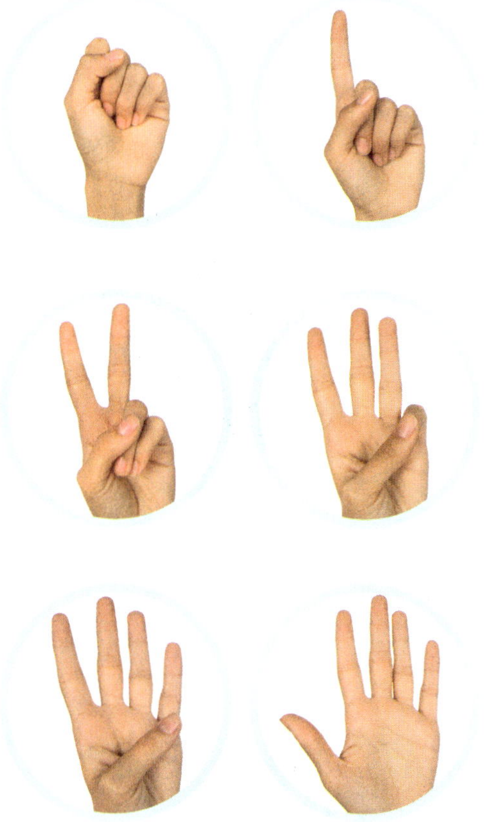

语言游戏

指认五官

用手分别指着宝宝的五官，一一告诉他“这是什么”，然后指着自己相应的五官，告诉他一样的称呼，这可让宝宝知道“这个东西的名称是什么，不仅我有，爸爸妈妈也有，而且称呼统一，不像名字，每个人不一样”。再拓展拓展，你可以指着动物玩偶的五官一一告诉宝宝。宝宝也许就会知道，不仅人有，小动物也有。你还可以对着宝宝眨眨眼睛、吸吸鼻子，边做这样的动作边指认，在好玩的互动中提升宝宝参与的兴趣。

描述物品

在此前只告诉宝宝物品名称的基础上，给宝宝简单描述物品的颜色、形状、用途，注意语句要简短，如“红色的大脸盆，是宝宝洗澡用的，圆圆的，骨碌碌滚”，可以边说边将脸盆侧放在地上滚动，帮助宝宝加深对物品的了解，接收更多新词汇，熟悉语言的用法。也许当下他还无法将这么多词汇说出来、说清楚，但在他 2 岁后的语言爆发期，你就会发现这么做的好处了，他就不会有“词到用时方恨少”的问题了。

动物模仿秀

在给宝宝介绍动物的时候，发出相应动物特有的叫声，马上能吸引宝宝注意，也会帮助宝宝加深对相应动物的印象。多次尝试之后，或许宝宝还不能说出动物的名称，却已经会模拟动物的叫声了，毕竟“汪汪”比“狗狗”更容易脱口而出。

好玩的拟声词

除了动物的叫声，生活中很多拟声词都可以成为启蒙宝宝说话的素材。小宝宝对拟声词特别敏感，所以十分感兴趣，也能更快学会。很多拟声词有清晰的元辅音，利于宝宝早期学习语言，比如打鼓——“咚咚咚”，气球破了——“嘭”，开关——“咔嚓”，下小雨——“滴答滴答”，下大雨——“哗啦啦”，吃东西——“啊呜啊呜”，喝水——“咕咚咕咚”，东西在地上滚——“骨碌碌”，打雷——“轰隆隆”，风吹来了——“呼呼”，汽车开动啦——“滴滴叭叭，呜呜呜”等等。

有和没

当宝宝将东西从餐椅上扔下，你告诉他“没”，接着帮他捡起来放到他面前，再告诉他“有”；当他将球滚到视线范围之外，告诉他“没”，帮他找出来，展示给他看，告诉他“有”，这会帮助宝宝加深对“没”和“有”的理解。某个时刻，当他再次将东西弄没了，他就会主动告诉你“没”。

大和小

当有两个大小不同，形状相同或相近的事物出现在宝宝面前，你有意识地告诉他哪个“大”、哪个“小”。比如有两个大小不同的球，你可以先给宝宝一个小球，告诉他“小球”；再给他大球，告诉他“大球”，并让他自己抓在手里感受。再进一步拓展，你将自己的脚穿进你的鞋子，让宝宝的脚穿进他自己的鞋子，边穿边告诉宝宝“大人穿大鞋”“小孩穿小鞋”。一定要让宝宝有直接的身体感受，逐渐地宝宝就会对“大”和“小”有形象的理解了。

多和少

“多”“少”的数量关系是生活常识，也是初步的数学概念。这么小的宝宝，只需对模糊的“多”“少”有印象即可。“多”和“少”在直观形象上的差异越大，越方便宝宝理解。比如在宝宝面前放两堆积木，一堆只有两块，另一堆越多越好，然后指着那两块积木和宝宝说“积木，少”，指着另一堆说“积木，多”；再将那两块积木叠高，边比画边说“少，只能这么高”，另一堆同样叠高，则说“多，能到这么高”。

相对于“大”“小”的概念，“多”“少”的概念接受起来会难一些，这和宝宝的认知发展有关。2岁前的宝宝在动手操作过程中更易理解某些抽象概念，你只需将其作为好玩的游戏即可。放轻松，不要太刻意，这不是教学。

轻和重

当宝宝尝试拿起一个较重的物体，比如一个装满水的矿泉水瓶，你做出夸张的表情说“啊，好重好重”，再给他一个较轻的物体，比如一个空的瓶子，跟他说“好轻好轻”，让宝宝边感受不同物体在他手中的重量，边加深对“轻”“重”的理解。宝宝会走路后，会对“用手拿起各种重物”非常着迷。在做好保护工作的同时，可以适时给他灌输“轻”“重”的概念。

里和外

在宝宝对空间探索特别感兴趣的时期，告诉他“里”和“外”这两个简单的空间概念吧，比如和宝宝躲猫猫的时候告诉他“宝宝在箱子里，妈妈在箱子外”。相对于“大小”“多少”“轻重”等直观的感受，“里”和“外”这种立体空间概念对于宝宝来讲更难些。你可以多找些生活中有关“里”“外”的场景和宝宝玩儿，比如宝宝的手伸进、伸出盒子的时候，宝宝穿鞋子、穿袜子的时候，宝宝吃东西的时候。

儿歌

儿歌是最好的早教素材，更是最好的语言启蒙素材。以下几首儿歌都提供了玩法，尽情和孩子玩起来吧！

五指歌

一二三四五，
上山打老虎，
老虎不在家，
遇到小松鼠。
松鼠有几只？
让我数一数，
数来又数去，
一二三四五。

这首儿歌富有韵律，朗朗上口，首尾呼应。可以在和宝宝一起上、下楼梯的时候念这首儿歌，走一级楼梯喊一个数。宝宝会听得很认真。上、下楼梯不再是单调的身体动作了，有了节奏感，简直成了好玩儿的游戏。

小兔子乖乖

小兔子乖乖，把门儿开开，
快点儿开开，我要进来。
不开不开，我不开，
妈妈没回来，谁来也不开。

小兔子乖乖，把门儿开开，
快点儿开开，我要进来。
就开就开，我就开，
妈妈回来了，这就把门开。

边唱儿歌边用双手做如图一样的“打开、合上”的动作，很容易引发孩子的兴趣。这首儿歌将安全意识也融入了歌词中。

小老鼠上灯台

小老鼠，上灯台，
偷油吃，下不来。
喵喵喵，猫咪来，
叽里咕噜滚下来。

这首儿歌在押韵的同时有很多拟声词，你可以边表演动作边念儿歌给宝宝听。看到你满地打滚儿，他一定会哈哈大笑。

你拍一，我拍一

你拍一，我拍一，一个宝宝叫 × ×
（叫宝宝名字，竖起一根手指头，
摸摸宝宝的脸）

你拍二，我拍二，加上妈妈就两个了
（指指自己，竖起两根手指头）

你拍三，我拍三，爸爸在家就三个了
（指指爸爸，竖起三根手指头）

这是拍手歌的升级版，可边念边拍宝宝小手。可以逐渐提高难度，并邀请家里其他成员加入。

英文童谣

Brother John

Are you sleeping, are you sleeping, Brother John?Brother John?

Morning bells are ringing. Morning bells are ringing.

Ding, ding, dong. Ding, ding, dong.

用儿歌《两只老虎》的旋律轻轻地哼唱，孩子说不定也会和着你的哼唱有节奏地动起来。

One Little Finger

One little finger, one little finger, one little finger, tap tap tap!

Point to the ceiling, point to the floor,

Put it on your nose.

One little finger, one little finger, one little finger, tap tap tap!

Point to the ceiling, point to the floor,

Put it on your eye,

One little finger, one little finger, one little finger, tap tap tap!

Point to the ceiling, point to the floor,

Put it on your ear.

One little finger, one little finger, one little finger, tap tap tap!

Point to the ceiling, point to the floor,

Put it on your mouth.

当你唱到某个五官部位时，可以将食指放到自己相应的五官上面，再指一指宝宝相应的五官，如唱到“nose”，先点点自己的鼻子，再点一点宝宝的鼻子。

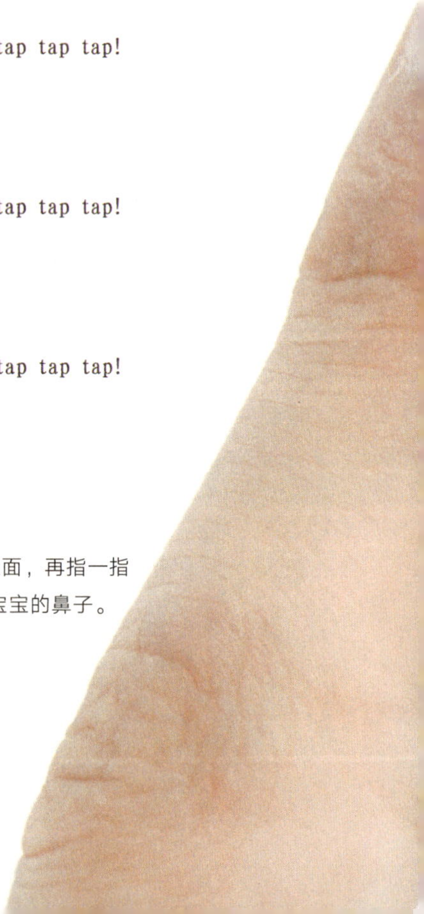

亲子阅读

《好饿的毛毛虫》

可以说，没有孩子不喜欢这本书。本书画面很简单，有很多好吃的，还能用手抠洞洞，简直是小宝宝的最爱。可以引导孩子调用多个感官去感受书中内容，比如你可以伸出一根手指模拟毛毛虫爬行的样子，“爬”到孩子身上，会逗得孩子咯咯笑；还可以将“毛毛虫吃东西的样子”“变成蝴蝶飞舞的样子”演给孩子看，不用局限于书中的文字，可以多加些拟声词。

多次阅读之后，可以将书中提到的事物一一指给孩子看，让孩子将名称与事物一一对应起来；还可以将绘本内容延伸到生活中，比如在花园里看到蝴蝶就跟孩子说：“快看，蝴蝶飞来啦，毛毛虫变的哦。”某天辅食里有苹果就跟孩子说：“毛毛虫吃了一个苹果，今天我们也吃苹果吧。”宝宝不愿擦手，先让他摸摸毛巾，然后跟他说：“这个毛巾毛茸茸的，好像毛毛虫。”

《猜猜我是谁》

这套洞洞书非常适合宝宝小手抓握、翻阅，纸板材质也不容易撕坏。他翻到哪页，你就给他介绍哪页的内容，可以带些肢体动作和拟声词，因为书本身文字较少。

《噗~噗~噗》

这是一本大人看不懂，孩子却乐在其中的书。全书只有 42 个字，全都是拟声词，比如“嘘”“噗”“啊呜”“吧嗒”“轰”等。你只需要一页一页慢慢翻给孩子看，并用夸张的语气念出书中的拟声词，不需要太多的阅读技巧。

《脸，脸，各种各样的脸》

小宝宝最喜欢看人脸。这个绘本可以帮助孩子加深对五官的了解，了解各种情绪，促进社会交往能力的发展。在看到某个表情时，你可以做相应表情给宝宝看——“妈妈哭了，呜呜呜……”“爸爸生气了，哼哼……”——并在生活中帮宝宝进一步了解各种情绪和表情。

“婴儿游戏绘本”系列（全 12 册）

这套书互动性很强，内容涵盖宝宝生活的多个方面，有助于宝宝从小养成良好的生活习惯。这套书一共 12 册，包括《你好吗？》《在这儿哪！》《再见啦！》《刷牙啦！》《我吃啦！》《洗澡啦！》《便便啦！》《睡觉啦！》《换衣服》《藏猫猫》《挠痒痒》《抱一抱》。这套书的阅读方式，重点在“玩儿”，不必一字一句按照书中文字往下讲。你也可以事先了解书中文字，在和宝宝亲子共读时，就更加胸有成竹了。

艺术游戏

贝多芬·《欢乐颂》

德国诗人席勒写了诗歌《欢乐颂》。后来德国音乐家、交响乐之王、维也纳古典乐派代表人物之一贝多芬为之谱了曲。再后来它成了欧盟盟歌。全曲庄严宏伟，充满神圣光芒。不妨在朝阳初升的早晨，和着曲调唱给孩子听。先来感受下最为人熟知的这一段：

欢乐颂

欢乐女神圣洁美丽，

灿烂光芒照大地！

我们心中充满热情，

来到你的圣殿里！

你的力量能使人们，

消除一切分歧。

在你光辉的照耀之下，

四海之内皆成兄弟。

舒伯特·《音乐瞬间》

出生在维也纳的奥地利籍作曲家舒伯特创作的钢琴小曲，后演变为钢琴曲的一种体裁，轻快活泼，带有民间舞曲风格。伴随这美妙的音乐，给宝宝跳一支快乐的舞吧！

古筝名曲 · 《春江花月夜》

《春江花月夜》原为琵琶曲，曲名《夕阳箫鼓》，后经多次改编成为古筝名曲。全曲婉转细腻、节奏多变，富有江南水乡之情调。在听这首曲子的同时，给宝宝吟诵唐代诗人张若虚的《春江花月夜》，一起体会其中美而不俗的意境吧！

春江花月夜

春江潮水连海平，海上明月共潮生。
滟滟随波千万里，何处春江无月明！
江流宛转绕芳甸，月照花林皆似霰；
空里流霜不觉飞，汀上白沙看不见。
江天一色无纤尘，皎皎空中孤月轮。
江畔何人初见月？江月何年初照人？
人生代代无穷已，江月年年望相似。
不知江月待何人，但见长江送流水。
白云一片去悠悠，青枫浦上不胜愁。
谁家今夜扁舟子？何处相思明月楼？
可怜楼上月徘徊，应照离人妆镜台。
玉户帘中卷不去，捣衣砧上拂还来。
此时相望不相闻，愿逐月华流照君。
鸿雁长飞光不度，鱼龙潜跃水成文。
昨夜闲潭梦落花，可怜春半不还家。
江水流春去欲尽，江潭落月复西斜。
斜月沉沉藏海雾，碣石潇湘无限路。
不知乘月几人归，落月摇情满江树。

二胡名曲 · 《月夜》

二胡鼻祖、中国近代民族音乐一代宗师、音乐教育家刘天华创作的二胡独奏曲。全曲将清静高远的月夜和作者忧国忧民的感伤情怀相互交融，婉转悠长中尽显思绪万千，清澈的音色又蕴含了积极的人生态度。夜幕低垂时，抱着宝宝静静地听上一曲，尽情感受其中复杂多变的情绪吧！

笛子名曲·《黄莺亮翅》

改编自山西梆子曲牌《大救驾》，曲调清亮悠扬，生动地描绘了朝阳下黄莺在枝头歌唱、在天空飞翔的情景。听这首曲子的时候，你可以模仿小鸟的样子，在宝宝周围飞来飞去；可以将手放在嘴巴前模拟小鸟的尖嘴，“叽叽喳喳”地叫；还可以将宝宝抱起来，让他感受小鸟般飞翔的感觉。

有趣的手影

在黑暗的房间，在墙上打好光，用你的双手模拟各种形象，然后借助投射到墙上的影子，和宝宝互动吧！在日常生活中可以多带宝宝玩类似的游戏。下面介绍几种：

螃蟹螃蟹横着走，
一二三四，五六七八，八条腿，
还有两个大剪刀，咔嚓咔嚓。

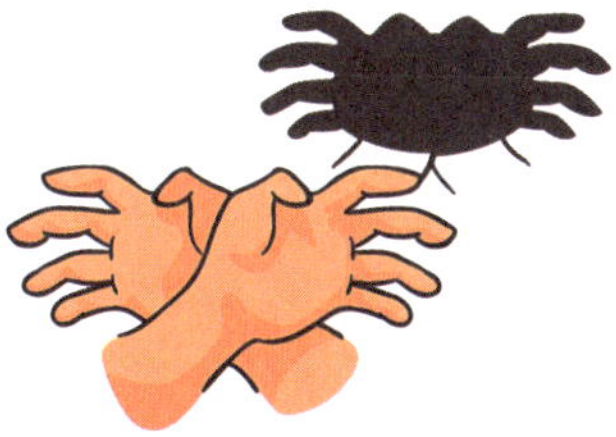

蜗牛蜗牛慢慢爬，
背着房子，慢……慢……爬。

小鸭子，嘴扁扁，嘎嘎嘎，
走起路来摇摇摆摆。

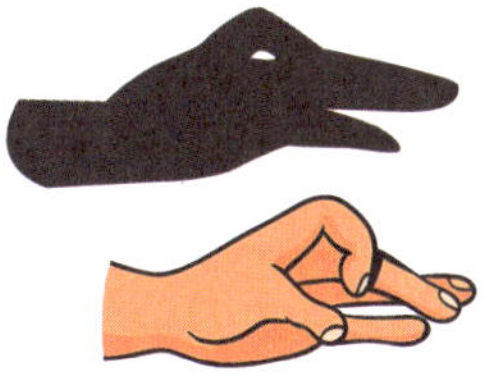

手指画

宝宝还不会用笔画画的时候，手指就是他最好的美术创作工具。可以用食用色素和面粉（淀粉也可以）给宝宝做可以吃的颜料，让宝宝在大张白纸上用手指蘸颜料自由涂画。若对于安全性还不放心的话，你可以不用市售食用色素，自己用菠菜、紫甘蓝、南瓜榨汁取色，自制颜料。怕麻烦的话，也可以给宝宝玩现成的番茄酱。对于这么小的宝宝而言，一种红色足矣。这个时期，关键是让他自己动手自由创作，感受自己留下的各种痕迹。

参观博物馆

虽然孩子还看不太懂博物馆中的展品，但陈列丰富的博物馆给他的视觉带来的冲击绝对是有益的。对孩子来讲，博物馆是有别于日常生活环境的另一个世界。参观博物馆不仅可以促进孩子认知和审美的发展，还可潜移默化地培养孩子的观展礼仪。孩子3岁以后，除了可以和他讨论博物馆的展品、参展的感受，还可以在回家后让孩子将自己印象最深的展品通过绘画形式表达出来，拓展孩子的记忆能力和想象能力。孩子4岁以后，可以让他对感兴趣的展品进行更深层次的探究，甚至让他口头陈述自己的发现。孩子5岁后，可以让他自己动手创办家庭小型展览并做好相关记录。

社会性游戏

自己的身体

给宝宝洗澡的时候，是让宝宝了解自己身体的最佳时机，而了解自己是社会能力发展的第一课。你动手给孩子洗澡的时候嘴巴也别闲着，可以边洗边说："宝宝，洗头啦，戴上洗头帽，水就不会到处乱跑。水跑进眼睛，跑进鼻子，跑进嘴巴，跑进耳朵，好难受！"边说边用手摸摸宝宝的这些部位；也可以多一些有意思的互动，以减少宝宝对戴帽子甚至洗澡的抗拒感，比如和宝宝说："洗洗宝宝的脖子，擦擦宝宝的小手，搓搓宝宝的小肚子，小屁股抬起来，从里到外洗干净，小脚丫洗一洗，从上到下都洗到，洗刷刷……洗刷刷……小毛巾擦擦干，洗好了，身体真舒服！"

参观动物园

如果宝宝对自己周围的小动物（如猫猫狗狗）十分感兴趣，可以带他去动物园看看其他动物，并有意识地向其灌输爱护动物的观念。这不仅能提升他的认知，还有利于他亲社会行为的养成，比如关心爱护他人他物、能与人良好地互动、较少的不良心理和行为、更好的控制力等。

“你好”和“再见”

“你好”和“再见”是人们见面、分别时的礼貌用语，全世界通用（即使语言不一样）。要经常带宝宝出去见见其他人，教宝宝学习这两个社交用语，可以加上肢体语言，说“你好”的时候让宝宝和对方握握手，说“再见”的时候让宝宝和对方摆摆手。你可以先做示范。重复多次后，宝宝就会了。宝宝通常先学会肢体动作。也可用英文“hi”“byebye”，简单的发音对宝宝而言更好掌握。不用担心宝宝会搞混，两种语言，宝宝都能学会。

这种富有仪式感的社交行为能帮宝宝赢得更好的人际关系，甚至缓解分离焦虑，比如：你要离开一会儿的时候，和宝宝说“再见”；他不舍得和一起玩的小伙伴分开的时候，让他向小伙伴说“再见”；在宝宝不肯入睡的时候，引导他向在场其他人说“再见”，可帮他尽快进入睡眠程序。

拉拉手，好朋友

宝宝还不知道如何正确表达情绪、解决冲突，动不动就靠手和嘴巴解决问题，因此会打人、抓人甚至咬人。作为家长，你要引导他，“打人不对，大家都不喜欢打人的人，拉拉手，好朋友”，拉着他的小手去和对方拉手。如果孩子还是要打，带他迅速从当前环境撤离；如果他打的是你，你离开他一会儿。

如果你的孩子被打，而对方是个小朋友且对方家长对孩子的行为无动于衷，你一再提醒小朋友及其家长还是无法阻止对方的“暴力行为”，你最好在保护好孩子的同时，对孩子说“打人不对，我们不和打人的小朋友玩”，然后带着孩子去找其他友善的小伙伴一起玩耍。时间长了，孩子就会逐渐明白，打人的人大家都不喜欢。

过不了多久，宝宝就会用“拉手”这一招解决矛盾和冲突了。记住，不要对孩子的不良行为有过度反应，否则只会强化他的不良行为。另外也不要让孩子将打人、咬人和玩闹混淆。比如，你和他玩耍的时候打他一下或用语言“教唆”他打别人，你实际上是在逗他玩，他也会觉得很好玩，但他可能会因为还分不清什么是玩耍、什么是打人，从而觉得打人的行为没有什么问题。这种情况我们要尽量避免。

打电话

宝宝经常看你打电话，他会模仿，因此可以经常和宝宝玩打电话的游戏。“喂，是宝宝吗？这里是妈妈。”用打电话的形式和宝宝聊天，不仅对其语言能力有促进，还可让他初步认识今后要用到的“打电话”这项社交技能。

“要”和“不要”

“宝宝，香蕉，要吗？”举起香蕉给宝宝看，“妈妈要，妈妈要，妈妈吃啦！”你点点头之后开始吃香蕉。“宝宝，梨子，要吗？”拿起梨子给宝宝看，“妈妈不要，妈妈不要，刚才吃了香蕉了！”你边说边摇头、摆手，把梨子放下。诸如此类“要”和“不要”的对比展示，会渐渐地让宝宝明白这两个日常用语的意思，并开始用肢体动作表达自己的意愿。

照顾娃娃

看到娃娃，很多宝宝会很自然地去抱，也有些宝宝会将娃娃乱扔。不管是女宝宝还是男宝宝，你都需要引导他爱护、亲近娃娃，教他学习将娃娃抱起来，拍拍，亲亲，就像你平时哄宝宝一样。这样，等宝宝再长大些，他就会学你的样子，给娃娃喂奶、换尿布了。这有助于他建立爱护、照顾他人的意识，甚至可影响他成人后为人处世的模式和亲密关系。

建构游戏

流动的水

可以说，没有孩子不喜欢玩水。水没有固定形态，每个孩子都能玩出很多花样。玩水能促进触觉能力发展，安抚情绪，还有科学启蒙的作用。

让宝宝感受重力——水往低处流。在宝宝洗手、玩水时，提醒他感受水的这一特性。还可以用手接点儿水，让水从你指尖流下，模拟下雨，“滴答……滴答……”引导宝宝观察感受。

让宝宝感受浮力。不同轻重的物体进入水里，有的会浮在水面，有的会沉下去。

让宝宝观察水在不同容器中的形态，并让宝宝自己尝试将特定量的水倒入不同容器，从中体验水的流动特性。

让宝宝用手蘸水，在水写布上画画，或用其他工具蘸水在画布上留下痕迹。

向冰冷的玻璃窗呵一口气，让宝宝用手在蒙了一层雾的玻璃上涂画。

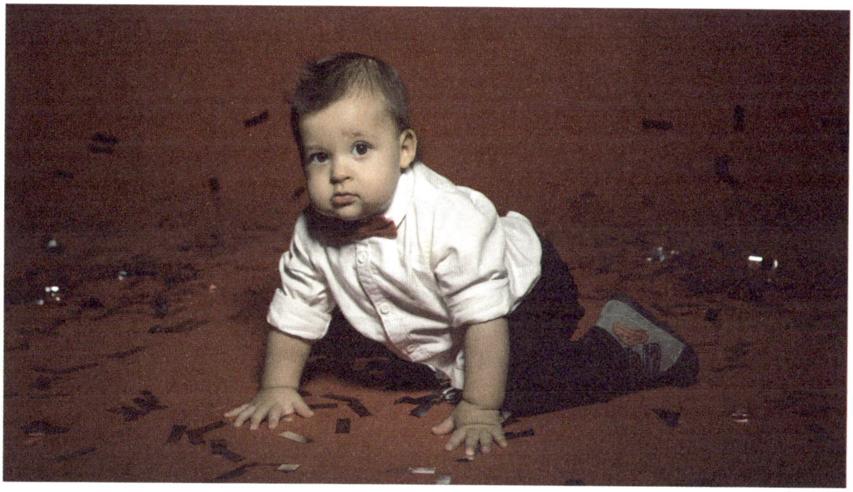

从冰箱拿出一小块冰，触碰一下宝宝的手。等冰块融化一点儿后，将冰和水的混合物展示给宝宝看。

在宝宝面前，将毛巾吸满水，再拧干。宝宝想要尝试的话，将毛巾递给他。洗澡的时候玩这个比较合适。

飘舞的“雪花”

这里的雪花指的是纸片。宝宝 2 岁左右才可以玩真正的雪。你会发现，不知从什么时候起，宝宝喜欢撕东西了，尤其是撕纸。那就准备好各种材质和颜色的纸让他尽情撕吧！注意，纸的硬度以不伤手为宜。然后，引导宝宝将撕好的纸屑，尽力扔向空中。宝宝会认真去感受“雪”落在脸上、身上的感觉。再将小纸片揉成一个个小纸团，扔向空中！哦，“雪”变成“冰雹”啦！还可以将所有纸团收到一起，揉成一个“大大的雪球”，和宝宝一起“滚雪球”！

玩“雪”可锻炼宝宝小手的精细动作、手眼协调、手部力量、方向感、观察力。纸的不同形态的变化和飘落时飘飘洒洒的样子可促进宝宝认知的进一步发展。

1~2岁

宝宝发育情况自查表

五感和认知	对颜色的辨别能力增强，并开始与相应名称相联系；能听懂日常言语，能较准确重复听到的简单词汇；在大人动作示范和语言提示下，闻到不好闻的气味会捂鼻；辅食可以添加盐、糖；味觉感受更丰富，有些宝宝开始表现出对食物的偏好；对有直接触觉感受的词汇会更早形成概念，如冷、烫、软、硬等。 集中**注意**时间可从2分钟发展到7分钟；**记忆**时间延长，能记住身边熟悉的事物和部分人的名字；开始有抽象逻辑**思维**，但仍以直觉反应为主；能按照大人指示调节行为；对某些事物产生害怕的感觉。 随着活动能力增强，对空间方位的认知逐步提升；太简单或太复杂的玩具都没法吸引他，对操作性玩具特别感兴趣；之前能用转移注意力的方式将他成功骗离哭闹耍赖的场景，此时这招逐渐失灵；越来越执着于上一刻自己想干什么；找藏起来的东西的本领越来越强；开始寻求大人帮助甚至指挥大人帮他做事情；开始玩假装游戏；有了一定的秩序感，能按一定规则摆放东西；仍缺乏判断力，需要大人告诉他危险的边界。
动作（大动作、精细动作）	从需要两手支撑才能站起来，慢慢发展到能熟练地站起、蹲下。开始走路时，手可能会半举空中以保持身体平衡，过一阵儿就能走得更顺畅，甚至能小跑几步。有的宝宝这时能踮脚、踢球。在大人引导下，可学会独自上、下床，在沙发旁爬上、爬下，上、下楼梯，单脚独立，双脚跳等。 小手更灵活，手眼协调增强，使用工具的能力逐渐增强，发展出更多技能，如用叉子吃东西、抓住运动中的物体、打开或盖上盒子、翻转容器倒出其中的东西、翻书页、转动门把手、插或拔笔帽、用笔涂画、扇扇子、往存钱罐投硬币、拼2块拼图、搭2~4块积木等。
语言	有意识地叫爸爸、妈妈及熟识的人，知道自己和亲近人的名字并能叫出。慢慢地能说简单的词组，最初可能只是重复听到的词，并且只会用叠词，比如把“苹果”叫成“果果”，然后才是“苹果”这个名词，再到“吃苹果”这个词组。男孩语言能力的发展通常比女孩慢。亲子阅读是促进孩子语言能力发展最好的方法。
情感和社交能力	自主意识增强，很多事情要自己做，如吃饭、脱鞋，对大人的控制开始表现出反抗行为，“不”字当先，但寻求独立的同时又希望玩耍时有父母在身边，或和父母有更多互动。模仿能力越来越强，擦地、做饭、看书、玩手机都想试一试，因此大人要特别注意自身的行为举止，给宝宝树立好的榜样。开始对小伙伴感兴趣，但仍以自我为中心，会争抢玩具、打人，因此还没法真正进行群体游戏。面对陌生人会害羞、躲闪。做成一件事或受到表扬后特别自豪，做错事会不安。

注：孩子发育个体差异很大，快慢不一，特别需要关注的问题参见《0 ~ 6岁早教游戏育儿计划：高效能父母陪玩手册》中的相关内容。

适合的玩具和图书

玩具书，绘本；相册；镜子；积木，拼图，七巧板，镶嵌玩具；厨房玩具；挖掘玩具（铲子、耙、水桶）；娃娃；动物玩偶；各种车；各种球；推拉玩具；哨子、木琴、电子琴、口琴、手鼓、摇铃等音乐玩具；画画玩具（蜡笔、毛笔、磁性画板、水写布）；玩具电话；玩水玩具（喷水壶、水枪、浮在水面或能向前游动的玩具）；吹泡泡玩具；家中不会伤到宝宝且不易打破的任何物件。

娃娃

画画玩具

厨房玩具

积木

各种车

动物玩偶

肢体运动游戏

上、下床

当宝宝的爬行能力越来越强，开始攀高，想扶着东西站起来，探身想从大床上下去，这个时候教会他自己上、下床很重要。在他想下床的时候，帮助他转动身体，让他脚冲着床沿，一点一点后退，往床边滑动，然后探身将脚慢慢往下放，直至手脚协作落地。上床的时候，让他手扶床沿使劲儿带动身体攀爬，可以给他一点儿帮助，协助他爬上去。慢慢地，他上、下床的技能就会越来越熟练。

注意，即便宝宝学会了自己上、下床，大人还是要看护好他，特别是在床太高的情况下。

走啊走

多数宝宝在 1 岁左右开始练习走路。在他练习走路期间，地面最好铺上防护地垫，用防护包角将家具棱角包裹好，以防伤到宝宝。

刚开始他会攀着你的身体或家里的家具站起来，试图走几步。这时候你可以双手各扶着他的一只胳膊，让他借着你的力一步步往前挪。等他能走很长一段距离后，你可以尝试让他自己扶着家具慢慢走。等他走得像模像样了，可以给他一只手推着会慢慢移动的凳子或其他物件，让他推着走。当他推得越来越快、走得越来越有样子的时候，给他一辆小推车让他推着走吧，你要在他周围看护好他。

当宝宝尝试双手放开依赖物自己走的时候，你最好站在他身后，或蹲在他对面几步远处，随时保护他，这会让他更有信心独自向前迈步。慢慢地，加大你和他之间的距离。即使他摔跤了，你也不用担心。他需要积累摔跤的经验——怎么摔不会伤到自己。他更需要知道如何去掌握身体平衡。最好不要使用学步车、学步带，否则会阻碍宝宝的学习。

当他走来走去，行动自如，并且要出门尝试他这项新技能的时候，给他准备一双学步鞋，保护好他的脚。

一二一，高抬腿

在宝宝能小跑几步的时候，他还是很容易摔跤，有时候是脚抬得太低被绊倒了。这时，除了提醒他走路要看路，你也可以和他一起玩这个游戏：原地高抬腿——“一二一”，高抬腿向前走——“一二一”。宝宝会很开心，会试图模仿你，但他可能还没法自由地伸腿，只是将腿伸直了，踢得很高，摇摇晃晃向前走，煞有介事，像极了在军训。

踩影子

阳光下，地面上出现两个影子，一个是你的，一个是宝宝的。他会很好奇，想走过去看。这时，影子动了。你踩一下他的影子，马上跳开。宝宝的兴奋神经立刻被你调动了，他也会来踩你的影子。你让他踩一下之后，赶紧跑开。这个游戏可以帮助宝宝发展身体协调性，使其下肢更灵活，有助于他之后学习小跑。

球类运动

这时，各种球可以派上用场了。你将球滚向宝宝时，宝宝会向球滚动的方向走几步，然后蹲下身子将球捡起来，向你滚回来。你在他面前拍球时，他也会尝试，虽然刚开始没法拍起来，动作却像模像样。宝宝的脚也更厉害了。刚开始，他可能需要扶着你，伸出一只小脚试图将球踢出去。慢慢地，他能独自站着踢，尽管很多时候会踢空。

宝宝的玩球功夫，会随着肢体协调性和手眼协调性的发展越来越灵活自如。玩球的过程也会促进他这些能力的发展。你还可以买一个大大的瑜伽球和宝宝一起玩儿，锻炼宝宝的平衡能力和全身协调性。

会飞的泡泡

你在宝宝面前吹肥皂泡，逗引他伸手去抓。他会小跑几步去抓飞到远处的泡泡，或者边走边抓。这可发展他的手眼协调性和控制身体的能力。你也可以让他自己尝试着吹泡泡，但这时他通常吹不好，能吹出一两个就不错了。

你扔，我捡

将球、沙包、小枕头等柔软不会伤到人的玩具向宝宝扔过去，要求他捡起来，给你扔回来；也可以让宝宝尝试用球拍将球打出来，你捡起来后再扔给他……这可帮助宝宝发展手眼协调性、肢体协调性以及四肢的力量，提升反应灵敏度以及与人互动的能力。

会飞的塑料袋

你在宝宝面前抛起一个塑料袋。塑料袋不会垂直落下，而是在空中飞舞一阵慢慢落下，而且每次飞舞、落下的样子都不一样。这会引起宝宝极大的兴趣。然后，让他自己拿一个塑料袋往上扔。塑料袋落到脸上时，他会被逗乐。再让他不断地体验往前扔、往后扔。他也许会变换各种姿势扔，还会拿着塑料袋摆弄一阵。在这个过程中，宝宝的上肢力量、手眼协调、观察力、专注力、科学探究能力都能得到良好发展。

跳舞吧

听到音乐，宝宝会扭动身体。你在他周围做出更多舞蹈动作，让他模仿你。换一首不同旋律的乐曲，让宝宝体验不同的节奏。要不了多久，宝宝不仅会摇摆，还能转圈、跺脚、前后舞动胳膊，说不定还能给你跳一支完整的舞。

水中芭蕾

带宝宝去游泳，你在一边逗引他，促使他摆手、蹬腿游起来。若宝宝能在水里转身了，你围绕他快速移动，并用言语和歌声引导他在水里转圈。一般来说，在地面转过圈的孩子这项技能发展得更快，而且会连续转圈，就像在跳水中芭蕾。这对他平衡感和肢体力量的发展很有好处。

爬楼梯

有些宝宝在爬行期间就手脚并用爬过楼梯了，这些宝宝很快就能扶着栏杆自己爬。不管宝宝有没有经过爬行练习，当他离开栏杆时，你都要扶着他两只胳膊，就像教他学走路一样，让他一步一步慢慢从头学“如何以直立方式爬楼梯”，直到他学会自己走楼梯。

刚开始的时候，或许他会整个人往前扑、往后仰，需要仰仗你给他力量，保持平衡。有时候，他还会双脚一起往下个台阶跳。你要及时纠正他的不良姿势。你要让他明白，没有你扶着，他是会摔跤的。你可以让他练习自己扶着栏杆往上、往下走几步，往下的时候要在前面接着他，防止他跌落。逐渐地，他只需要拉着你一只手就能爬楼梯了，但这时仍需注意防止他因踩空或重心不稳而摔跤。

宝宝在平地能行走自如后，当他不愿自己走的时候，可以和他玩爬楼梯的游戏。这可锻炼宝宝骨骼肌肉力量、身体控制能力、心肺功能，提升勇气、胆量和自信心。每天几分钟即可。过程中要适时给予鼓励。宝宝 2 岁以后就能双脚交替上、下楼了。

荡秋千

你和你的育儿搭档分别抓住宝宝一只胳膊（力气大的话，你自己一人也可以），将其悬空拎起，前后荡几下，再往前小跑几步，放下。宝宝会一再要求玩这个游戏。发现宝宝喜欢这个游戏时，你可以带他去荡秋千。如果你家附近没有秋千，可以自己买一个能随处安装的。宝宝坐在上面的时候，你将他轻轻摇摆。这是全身性锻炼的游戏，还会提升宝宝的胆量。

金鸡独立

面对宝宝，单脚站立，并做出各种动作。宝宝会试图模仿你，将一只脚抬起来一下，但马上就会放下。你换只脚再表演“金鸡独立”，引导宝宝学你，帮助宝宝加强腿部肌肉力量和对身体的控制能力。

蹦蹦跳跳

你在宝宝面前双脚一起跳，原地跳，向远跳。宝宝会觉得很有意思，想学却又没法一次跳起，只能做些半蹲动作。你不妨托着他的腋下，让他借力跳跃，也许在某个时刻他就会自己跳了。2岁后，他就能跳得很好了。

爬行比赛

当宝宝已经走得很好了，你若和他来个爬行比赛，他会十分乐意。现在，他已经会标准的“手膝爬行”了。不管他是否爬得比你快，都让他赢一把。他会很得意呢，会经常找你比赛爬行，他终于有个项目能赢过大人了。

做家务

这个时候的宝宝模仿能力很强，看到你拿着一块布擦桌子、擦地，拿着扫把扫地，拿着拖把拖地，用晾衣竿晾衣服，他都想跟着做。不妨给他一块布，或是把扫把弄干净了给他。他会学得像模像样。在这个过程中，自理能力、家务意识、观察力、专注力、全身协调性和肢体力量都会得到发展。但是，晾衣竿较危险，你可以藏起来不让他发现。

投硬币

家里要是有存钱罐，好好利用起来。你先示范如何将硬币投进存钱罐，再让宝宝自己抓硬币投进窄窄的投币口。刚开始他可能对不准，没法投进去，多试几次就会越来越熟练，并且会一再要求玩这个投币游戏。你可以多提供几种轻重、大小不同的硬币，让宝宝感受。这对其手指精细动作和手眼协调性的发展很有好处，也可提升宝宝对钱币的认知。注意不要让宝宝把硬币放入口中，并在游戏后洗干净宝宝的双手。

对此游戏进行拓展，让宝宝将吸管插入你事先已经开好口的杯子，将牙签从牙签盒上的孔中放入（注意安全，玩好就将牙签收起来，不要让宝宝拿着玩儿，以免戳到眼睛）。

欢迎，欢迎

有人来家做客时，你对宝宝说："欢迎欢迎，宝宝，拍拍手。"你做拍手动作，让宝宝跟着拍手，宝宝不会的话，帮他一下。这有助于宝宝五指张开协作、手眼协调。

石头剪刀布

手指分化工作能力对于孩子的成长来说，非常重要。这个游戏就是帮助孩子发展这项能力的。你面对宝宝，展示"石头""剪刀""布"的手势各是怎样的。虽然他还无法完全理解这个游戏的实质，但你可以引导他做出相应动作。石头和布的手势相对简单，剪刀的手势就难一些。很多宝宝很长一段时间里只能伸出一个食指。

打扑克

这时候的宝宝还不会真正地和你"打扑克"，更多的是拿着扑克牌随便玩儿。玩的是牌本身，一张张抓起扑克牌打出来，这对他手指精细动作是很好的锻炼。你也可以将扑克牌夹到他的脚趾头上，对他说"夹住别掉啦"。我们通常很关注孩子手部精细动作的发展，殊不知脚部也有精细动作。

掰菜

邀请宝宝加入你的厨房劳动吧。很多蔬菜不需刀切，用手就可处理成小块，比如豆角、生菜等。将蔬菜洗干净后，和他一起用手掰成小块。你做示范。宝宝很乐意跟随，而且“工作很认真”。比起那些塑料玩具，这可有意思多了！宝宝会玩得不亦乐乎！宝宝不仅发展了手眼协调和精细动作能力，还真正体验了生活。对于不爱吃蔬菜的宝宝来说，你可趁机引导他吃蔬菜：“这是宝宝自己掰的豆角，妈妈帮你选一块最漂亮的，张开嘴巴，啊……”

叉子吃面条

让宝宝练习自己吃饭。可是遇到面条时，勺子就不灵了，盛起来……掉啦！盛起来……掉啦！这样会严重打击宝宝的信心。不如给他一把儿童叉子。他可以用叉子缠住面条送入口中，也可以用叉子叉住一根面条送入口中。叉子还可以叉起小勺子难以盛起来的大块食物，比如肉丸子、小蒸糕。叉子柄可以用手握着、用手举着。

咕噜咕噜喝水

帮宝宝养成每天按时喝水的好习惯。可以先用吸管杯，再过渡到敞口杯，让宝宝练习自己拿着杯子喝水。刚开始，宝宝经常会被水呛到。用敞口杯的话，他可能还会洒出来很多，但慢慢地他会越来越熟练。

当他不愿意喝水时，你可以面对他，喝口水，然后鼓起腮帮子漱漱口——“咕噜咕噜”地吞下去，然后表现出很惬意的样子给宝宝看。这会引起宝宝的兴趣。他会模仿你，也许很快就能掌握漱口这个技能。每次你想让他喝水的时候，就对他说：“咕噜咕噜，喝水。”这也许会成为你们之间的魔法口令。

神奇的手指

下面是个很好玩的手指游戏，边玩边和孩子互动吧！孩子会十分配合，和你玩得不亦乐乎。

手儿搓搓
手指点点
（手相互搓搓，伸出食指点点宝宝）

一个手指头变成毛毛虫
（竖起食指）
爬呀爬呀，爬一爬
（模拟毛毛虫爬的动作）

两个手指头变成小白兔
（竖起食指和中指）
跳呀跳呀，跳一跳
（手一上一下做出蹦跳动作）

三个手指头，变变变
（竖起两手中间三个手指）
变成小花猫，喵喵喵
（放在嘴边模拟猫的胡子）

四个手指头，变变变
（竖起两手除拇指外的其余四个手指）
变成螃蟹，走走走
（在地上模拟螃蟹走的样子）

五个手指头，变变变
（两手五个手指都伸出来）
变成大老虎，嗷嗷嗷
（张牙舞爪模拟老虎的样子）

语言游戏

一边说，一边做

研究发现，当你说一个动词的时候，若伴随着相应动作，宝宝更容易理解并掌握，也能更快学会表达。比如，你把东西递给宝宝的同时说“给”，用手拍拍凳子然后坐上去说“坐”……用身体动作语言辅助口头语言。比如，你带宝宝看过别人打篮球后，当宝宝某次做出手向下拍的动作，嘴里还不停发出“拍……拍……”的声音的时候，你就要明白他是在跟你说拍球呢！

小鱼游游

经常带宝宝看水中游动的鱼，经常跟他说“小鱼游，游来游去”。如果宝宝有游泳的习惯，在他游泳时也可以说“像小鱼一样，游啊游”。过不了多久，他就会说“鱼”和“游”这两个单字了，再过一些时间就会说“游啊游”。高频度出现的词汇会强化宝宝的记忆、理解、表达，所以你可以找找周围的高频词汇，说给宝宝听，多多益善。

一起说句子

宝宝说话之初一般是从一个字、两个字、三个字往外蹦，然后才是单个的词，可能很久都无法进行词语组合。能组词之后，距离说短句也就不远了。日常生活中，你要多引导他说一些完整词组，不要总是按照成人的交流习惯对他说长句，并且在他用单个词表达一个复杂意思的时候——比如他可能会对你说“妈妈”，并指指面前的包示意你打开——你可以帮他说完整。

妈妈的包

我们都知道，多和宝宝聊天有利于宝宝学说话。可是即便你是聊天高手，每天也没有那么多话题可聊，更何况是和还不怎么会回应你的孩子。这时候你可以找些载体，去承载你们之间的话题。比如，你可以将你的包放到宝宝面前，打开，让宝宝一样一样往外拿东西，再放回去。你做现场实况播报，还可以介绍拉锁怎么拉开、扣子怎么扣上。总之，话题围绕包的相关内容展开。有了实物依托，比没话找话强多了。下次宝宝看到你的包，也许还会要求玩这个游戏。

举一反三，你可以多找些类似的话题承载物，让它们作为你和宝宝聊天的触发开关，一看到它们，就知道和宝宝聊什么了，比如蔬菜篮子、水果盘子、做饭玩具、某个小动物玩偶等。

软和硬

抓一抓宝宝的小枕头，并跟他说："小枕头，软软的。"再抓一抓宝宝的积木，并跟他说："积木，硬硬的。"可以多选几组软硬反差大的物件让宝宝感受，最好找宝宝熟知的、生活里常见的物体。慢慢地，他就明白"软"和"硬"的意思了。

凉和烫

为了宝宝的安全，要尽早让他明白什么是"烫"的，不能碰。比如，饭刚盛好的时候，抓住他的小手，碰下"烫"的碗，告诉他要"吹吹，凉了才能吃"，并做出吹食物的动作。他不小心吃到烫的食物，马上会吐出来，此时更容易加深他对"烫"的印象。这时，你要告诉他："宝宝，烫吗？吹吹，凉了就能吃。"

上下左右

在生活中随时给宝宝灌输"上下左右"的方位概念，是非常好的启蒙方式，最好能结合动作，比如："宝宝，我们上楼了。""宝宝在桌子下。""宝宝，穿鞋了，左脚穿，穿好了；右脚穿，穿好了。"你也可以和宝宝多玩下面这个游戏，边唱边做体操，"上拍拍、下拍拍，左拍拍、右拍拍；上看看、下看看，左看看、右看看。"

高和低

或许是坐腻了餐椅，或许是想得到“我终于高过你们了”的体验，有段时间宝宝也许会经常从餐椅上站起来。你怎么阻止他都没有用，不妨适时让他了解“高”和“低”的概念，并逐渐引导他坐下。“宝宝，站得这么高，比我们都高。”你边说边用手比画下“我们比你低”。“高高的，会‘嘭’地摔下来；低低的，才能坐得稳稳的。”你边说边做夸张的动作，让宝宝有个直观感受，然后引导他坐下。

当生活中出现“高”“低”对比时，也可以适时让宝宝注意和感受，比如：“妈妈站起来高高的，碰到开关了；宝宝站起来低低的，碰不到。来，妈妈抱，宝宝也高高的了，能碰到开关了。”

远和近

和宝宝玩球的时候，是帮宝宝了解“远”“近”概念的最好时机。比如，你可以和宝宝说：“哦，爸爸的球‘骨碌碌’滚得远远的，宝宝的球‘骨碌’滚得近近的。”你边说边指给他看。再比如，“奶奶，远远的；爸爸，近近的”，你边说边指指站在远处的孩子奶奶，再指指站在近处的孩子爸爸。在生活中多找些这样的对比，宝宝逐渐就有“远”和“近”的概念了。

快和慢

“快”和“慢”的概念相对不那么直观。日常生活中可以多让宝宝观察周围快慢反差较大的事物或情境。你也可以表演给宝宝看，比如“跑得快，跑得慢”“走得快，走得慢”“吃得快，吃得慢”等。你的表演越夸张，宝宝越容易明白。此时，还可以适时给宝宝灌输“慢慢吃，细嚼慢咽，不着急”的观念，有助于他养成良好的饮食习惯。

儿歌

这几首儿歌可以边唱边表演，第一首非常适合宝宝每天吃水果的时候，第二首适合宝宝参与集体活动的时候，第三首适合宝宝在墙上乱涂乱画的时候。

排排坐，吃果果

排排坐，
吃果果，
你一个，
我一个，
爸爸出门留一个。

找朋友

找呀找呀找朋友，
找到一个好朋友，
敬个礼呀握握手，
你是我的好朋友。

我是一个粉刷匠

我是一个粉刷匠，粉刷本领强。
我要把那新房子，刷得更漂亮。
刷了房顶又刷墙，刷子像飞一样。
哎呀我的小鼻子，变呀变了样。

英文童谣

Head, Shoulders, Knees and Toes

Head and shoulders, knees and toes, knees and toes.

Head and shoulders, knees and toes, knees and toes.

And eyes and ears and mouth and nose.

Head and shoulders, knees and toes, knees and toes.

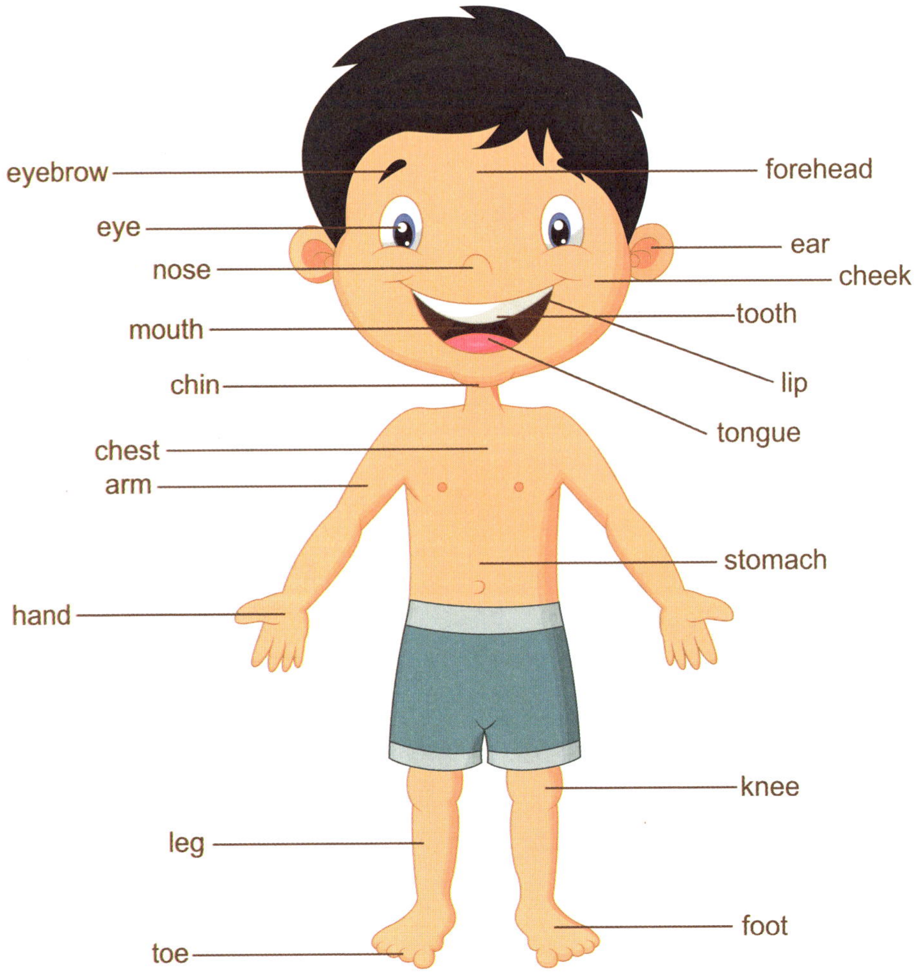

If You' re Happy and You Know It

If you're happy and you know it, clap your hands.
(clap! clap!)
If you're happy and you know it, clap your hands.
(clap! clap!)
If you're happy and you know it, and you really want to show it.
If you're happy and you know it, clap your hands.
(clap! clap!).

If you're happy and you know it, stomp your feet.
(stomp! stomp!)
If you're happy and you know it, stomp your feet.
(stomp! stomp!)
If you're happy and you know it, and you really want to show it.
If you're happy and you know it, stomp your feet.
(stomp! stomp!)

If you're happy and you know it, shout hurray.
(hurray! hurray!)
If you're happy and you know it, shout hurray.
(hurray! hurray!)
If you're happy and you know it, and you really want to show it.
If you're happy and you know it, shout hurray.
(hurray! hurray!)

If you're happy and you know it, do all three.
(clap! stomp! hurray!)
If you're happy and you know it, do all three.
(clap! stomp! hurray!)
If you're happy and you know it, and you really want to show it.
If you're happy and you know it, do all three.
(clap! stomp! hurray!)

亲子阅读

《点点点》

法国绘本大师杜莱的书似乎有魔法，不仅互动性强，而且只是其中简单的图案变化就能让孩子为之着迷。《点点点》就是这样一本让孩子无法抗拒的书。你给孩子阅读这本书时，一定要多些夸张的语气和肢体动作，让书中变来变去的三原色红、黄、蓝点点们都生动起来，如：当点点们排成一排时可以说“点点排队啦，一二三，排成一条直线”；当点点们挤到书一边时可以说“点点乱跑啦，挤到一边啦，点点飞上天啦”，边说边用手摇一摇书，“越变越大，变成个大气球，‘嘭’破了，又变成小点点了”，边说边伸直胳膊比画出一个大气球的样子……

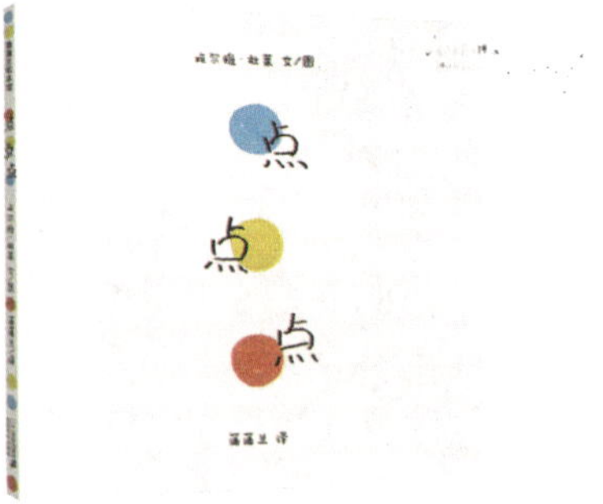

亲子阅读是最好的亲子游戏。绘本是孩子最好的玩具。像这种无字又好玩的书，多些临场发挥吧。说不定孩子会从绘本中的点点联系到自己衣服上的小点点。

《从头动到脚》

美国绘本作家艾瑞·卡尔用富有表现力的拼图画风格创作了很多图画书，这本《从头动到脚》是其中一本。本书展示了12种动物的招牌动作，比如大猩猩捶胸、长颈鹿弯脖子、野牛耸肩等，重复出现的“我会……你会吗？”和“这个我会……”的句子，邀请孩子一起来做相应动作，特别适合1岁多已经会走路、浑身动个不停的孩子。本书的开本大小也非常适合家长单手抓握，与孩子互动。通过这样的游戏，可以培养孩子的专注力、听指令做出正确动作的能力，从而为学习舞蹈、体操等复杂的运动技能打基础。

《猜猜看推拉玩具书》（全 6 册）

《婴儿游戏绘本》的作者、日本高产绘本大师木村裕一非常擅长创意手工，给小朋友们创作过不少互动性、游戏性很强的玩具书，《猜猜看推拉玩具书》就是这样一套书。本系列在日本销量过百万册，包括《咦，那是谁呀？》《嘿，做鬼脸！》《猜，谁的家？》《呀，什么礼物？》《啊，真好吃！》《哇，长大了！》6 个分册，十分贴近孩子的日常生活。你可以在一推一拉中将书的内容展示给孩子看，让孩子猜下一页会出现什么变化。孩子将在一个又一个惊喜中被书吸引。你也可以让宝宝自己动手推拉玩儿，在他拉不动的时候帮助他一下。

《偷偷看里面》（全 8 册）

这是英国排名第一的童书出版品牌尤斯伯恩（Usborne）设计的一套玩具书，曾荣获英国学前教育实践金奖。全书以挖洞和翻页的形式为孩子创造惊喜，满足孩子动手探索的欲望，并在游戏中提升孩子的认知。这套书包括《动物园》《动物的家》《农场》《夜晚》《恐龙》《花园》《太空》《城堡》8个分册，没有故事情节，很适合2岁左右的孩子。

《奇思妙想立体玩具书》（全 4 册）

一套构思新颖的玩具书，在激发宝宝动手能力的同时，可促进他发散思维的发展。比如，《小洞的故事》中，洞洞变得越来越小，可让宝宝见识各种不一样的洞，如火山的洞口、冬天河面的冰窟窿、泥土上被虫子钻出来的洞、苹果被咬了一口的洞、我们每个人身上的肚脐眼等。而《和我在一起的一天》可以让宝宝边翻书边观察人物的各种表情变化。若你能将表情与相应场景匹配，帮助宝宝理解什么情况下会出现什么表情，对宝宝情商发展很有好处。

《我妈妈》《我爸爸》

国际安徒生奖插画奖得主、英国绘本大师安东尼·布朗创作了《我妈妈》《我爸爸》。这两本图画书是帮宝宝了解爸爸妈妈、增进亲子感情的经典之作。书中有趣的联想、夸张的画面，大人看了也会会心一笑。适合家长搂着孩子一页页讲读。你也可以和孩子面对面手舞足蹈地扮演。你就是书中让孩子崇拜的爸爸妈妈！

《抱抱》

爱是永恒的主题，抱抱是最温暖、有力的爱的语言。绘本里的小猩猩在森林里一路走过，不断看到其他动物的亲子拥抱，有了想让妈妈抱抱的渴望，最后如愿以偿。安全感充足的孩子更自信，更勇于探索。皮肤接触可帮助孩子建立良好的安全感，这对于 3 岁前的孩子尤其重要。经常对你的孩子表达你的爱，经常抱抱他、亲亲他吧！抱着孩子共读《抱抱》，特别是读到“抱抱”两个字的时候，张开双臂好好地抱抱你的宝宝，让他从中感受你浓浓的爱！

《数一数，亲了几下》

很好的睡前读物，可让宝宝在爸爸妈妈浓浓的爱意中入睡，可帮助宝宝了解身体部位，也是很好的数字启蒙读物。共读这个绘本的时候，说到某个动作，你就照着做，比如依次亲亲宝宝的小脚趾、小脚丫、小膝盖……有时候你也可以脱离绘本，和宝宝玩这个亲亲游戏。

《好饿的小蛇》

日本绘本作家宫西达也创作了很多个人风格鲜明的绘本，画风在绘本界独树一帜。作为 4 个孩子的爸爸，他深谙讲故事的技巧。《好饿的小蛇》中，小蛇在扭来扭去、漫不经心散步的过程中，“啊呜——咕嘟”吃掉一个又一个食物，而且吃的方式都很出人意料。官方阅读建议是 2 岁以上。阅读实践中我发现，本书对于 1 岁多还处在口欲期的宝宝也有着很大的吸引力。给宝宝讲读本书时，你可以模仿那条小蛇，用夸张的语气、表情、动作和宝宝互动。

《我最喜欢车子》

带宝宝看过真实世界中的各种车子后，不妨适时和他一起玩这个有关车的玩具书，以加深他对车和车轮的理解。书上有各种大小不一的洞洞，可以让宝宝用小手抓抓、戳戳。也可以给他大小不一的各种球，让他尝试将球从各种洞洞里钻过去；球比洞洞大，钻不了的话，再试试其他形状的物体，有助于宝宝空间概念的发展。还可以将书立在地面，举行一场有趣的家庭版高尔夫球赛。

《10 只小猴，加油》

画面简单、主角突出、韵律感强的文字和重复的语句，且主题与吃有关，这些都是这个绘本吸引1岁多宝宝的元素。本书还能在实物和声音的对应中培养宝宝的数感。等宝宝3岁后再给他读这个绘本，能更快在他脑中形成数学思维。

《中国童谣》（全 8 册）

人类很早就用儿歌、童谣的形式来给孩子进行语言启蒙，借助富有韵律的节奏、朗朗上口的文字，以孩子喜欢的形式帮助他培养语感。《中国童谣》就是这样一套富有中国文化底蕴的童谣图画书，一套 8 册，分别是《四季儿歌·春》《四季儿歌·夏》《四季儿歌·秋》《四季儿歌 · 冬》《传统童谣 · 小老鼠》《传统童谣 · 不倒翁》《传统童谣 · 开城门》《传统童谣 · 放风筝》。

和宝宝一起欣赏优美的图画。你给他念时，注意节奏感，可以让宝宝接受语言和艺术的双重熏陶。还可以春天带着《四季儿歌 · 春》和宝宝一起去踏青，冬天带着《四季儿歌 · 冬》去观雪，让宝宝感受不同季节的特点。

《蝴蝶·豌豆花》

全书精选中国 30 位著名诗人的经典童诗，插画来自 10 位知名儿童文学插画家，可让宝宝在诗情画意中感受中国童诗的意蕴。在宝宝 5 岁左右时，本书又是很好的幼小衔接读物。

The Wheels on the Bus
Down by the Station

The Wheels on the Bus 是由英国一首耳熟能详的童谣改编成的。你还可以找一下相关动画资源，不管你的英文水平如何，都可以和宝宝一起先看看 3 分钟左右的动画短视频。画面中，车轮转动时珲来的强烈的感官刺激和动感的旋律会迅速吸引宝宝。你可以默默地学习童谣的旋律，下一次和宝宝边看绘本边用英文哼唱给他，让宝宝同时用视觉和听觉接受英文启蒙。

Down by the Station 也是律动和画面感很强的儿歌，各种交通工具来来去去，同时发出各种声音。可以说，本书和 *The Wheels on the Bus* 属于同一类别，也是对其的拓展。为了让宝宝更高效地接受相关启蒙教育，多带他出门看看各种交通工具吧！

注意：出于对宝宝视神经健康发育的考虑，美国儿科学会建议，18 个月以下的孩子不要使用电子产品（和家人打视频电话除外），18 ~ 24 个月的孩子可以和家长一起看有益身心的视频内容，2 ~ 5 岁的孩子每天看视频总时间不宜超过 1 小时（一次连续观看时间更不宜过长）。

Five Little Ducks
Five Little Monkeys Jumping on the Bed

这两个英文绘本都是以萌萌的动物吸引孩子。简单的英文词汇不断重复，朗朗上口，可以帮助孩子了解从 1 到 5 的数字概念。英文、数学双启蒙，一举两得。你可以先将语句自己读顺畅了，再给宝宝读或者唱，还可以配合动作表演。

Dear Zoo

这本书画面简单，一页一种动物，共 8 种动物。精巧的设计，可以让宝宝对各种形容词形成初步的概念，如 big（大的）、tall（高的）、perfect（完美的）等。在玩这个英文绘本期间，最好带宝宝去动物园看看真实的动物，让宝宝有更直观的感受。

Goodnight Moon

很适合睡前进行亲子阅读的英文绘本。画面从彩色慢慢过渡到灰白的处理，像极了夜晚从开灯到熄灯的家居环境；随着时间的推移，月亮角度也有变化。你可以节奏缓慢地将绘本内容读给宝宝听，引导宝宝注意画面细节，在最后不断地道晚安（Good night）中帮助宝宝快速入睡。宝宝不再是小婴儿之后，离开了奶睡、哼唱儿歌、抱抱拍拍，这或许会成为宝宝新的睡眠仪式。

艺术游戏

贝多芬·《月光奏鸣曲》

据说这首曲子是贝多芬为当时的热恋对象创作的。贝多芬自己说这首曲子“好像幻想曲一样”，德国诗人路德维希·雷尔施塔布则形容它“如瑞士琉森湖那月光闪耀的湖面上的一只摇荡的小舟一样”。全曲从矛盾伤感的情绪慢慢转向激情和斗志，反映了音乐大师积极的人生态度，如耳疾、贫苦、一次次与爱情失之交臂都没能打垮他。

和宝宝一起静静欣赏这首举世闻名的钢琴奏鸣曲，感受黑白键间铿锵有力的节奏及起起落落的情绪吧。

舒伯特·《鳟鱼》

“歌曲之王”舒伯特为德国诗人舒巴特创作的诗《鳟鱼》谱的曲，后经变奏成为《鳟鱼五重奏》其中一个乐章。乐曲生动地表现了鳟鱼在小溪游动的景象。伴随音乐，把这首诗念给宝宝听。

明亮的小河里面，
有一条小鳟鱼，
快活地游来游去，
像箭一样。
我站在小河岸上，
静静地朝它望。
在清清的河水里面，
它游得多欢畅。
那渔夫拿着钓竿，
也站在河岸旁，
冷酷地看着河水，
想把鱼儿钓上。
我暗中这样期望，
只要河水清又亮，
别想用那钓钩
把小鱼钓上。

但渔夫不愿久等，
浪费时光，
立刻就把那河水弄浑。
我还来不及想，
他已经提起钓竿，
把小鳟鱼钓到水面。
我满怀激动的心情，
看鳟鱼受欺骗。
风华正茂的年轻人，
站在金色泉水之边，
你们应以鳟鱼为戒！
看见危险，就得拔腿快跑！
姑娘们啊，你们多个心眼儿，
你们容易受骗上当，
定要看清引诱者拿着的钓竿！
否则，你将后悔莫及。

肖邦·《小狗圆舞曲》

波兰作曲家、钢琴家肖邦创作了这首欢快的圆舞曲。据说，他当时是应他情人要求，将“小狗打转”的情景表现在了音乐上。在急促的音乐背景下，不妨和宝宝来玩个你追我赶的游戏吧！

二胡名曲·《光明行》

五四运动爆发，靡靡之音流行，刘天华创作了这首旋律明快大气的二胡独奏曲，驳斥那些认为二胡缠绵无力的论调，给民族音乐注入了活力。伴随音乐，给宝宝跳一支柔而有力的舞，让宝宝感受其中的气势，手舞足蹈地模仿。

古筝名曲 ·《平湖秋月》

《平湖秋月》由广东音乐大师吕文成改编创作而成，乐曲描绘了杭州西湖十景之一“平湖秋月”湖平如镜、皓月当空的美丽景象。在听这首曲子的时候，不妨给宝宝创造条件看看水光月色，有机会的话一定要带宝宝去亲身感受“平湖秋月”的绝世美景。

我是小画家

1岁后的宝宝手眼协调和手部精细动作能力越来越好，可以尝试用笔涂画了。刚开始的时候，给他能一把抓住的蜡笔，颜色也不用多，一种到两三种皆可，让他在大张纸上随意涂抹；或者给他准备一面涂鸦墙、可用清水洗掉的颜料、防水罩衣，让他自由涂鸦。不要干扰“小画家”的“创作”。也可以为他提供些可辅助画画的物品，比如可以拓印的图章、准备丢弃的蔬菜根部，让他用图章或蔬菜根蘸颜料印在纸上，看看能留下什么图案。也可以让他尝试拿着毛笔作画，有水洗画布的话最好了，用毛笔蘸水就能“创作”。还可以让他将自己的小手印、小脚印印在画布上。

吹哨子

准备两个干净的哨子，你一个，宝宝一个。你示范给宝宝看——如何吹响哨子，然后让他自己尝试。作为宝宝的第一件“乐器”，哨子可以让他体验通过自己的“演奏”发出“乐音”，这是多么神奇的一件事情！嘴巴噘起吹气的动作还可帮助宝宝发展唇部稳定度，从而有利于他说话时发音更清晰。

社会性游戏

戴帽子

你和宝宝一起站在镜子面前，轮流戴各种帽子，还可以将其他东西当成帽子戴，如柚子皮、西瓜皮、塑料袋、塑料碗、小脸盆等。宝宝一定会被逗乐。你可以边戴帽子边给宝宝描述你们的帽子都有什么特点，从而提升宝宝的认知、语言能力和想象力。这也是在为将来的角色扮演做练习。

神奇的小毯子

你可以抓住小毯子的一角和宝宝躲猫猫，也可以将玩具藏到毯子里让宝宝找，还可以将你的宝宝放到毯子上面，然后和你的育儿搭档一起开启飞行魔毯——各拎起一边，带宝宝从一个房间“飞”到另一个房间。有时候，一条小毯子就成了宝宝的情感依恋物，去哪儿都要带着。这种过渡客体可以帮助宝宝和主要抚养人更好地分离。当你不在的时候，至少还有毯子安慰他。

我是一名小厨师

邀请你的宝宝做一天小厨师，拿出厨房玩具，让他给你做饭做菜。食材挑选和处理、烹调技法、摆盘手艺等都可以成为你们的话题。然后，你很开心地吃下宝宝亲手为你做的一餐，你也要对他的“厨艺”给予称赞。然后，再换过来，你假装做饭给宝宝吃，问他喜欢吃什么。做饭这个很重要的家务技能一定要让宝宝尽早接触。这样，宝宝长大后走到哪儿都不会亏待自己的胃。

美妙下午茶

和宝宝来个下午茶之约，将各色水果点心玩具拿出来，询问宝宝喜欢吃什么，示范如何切水果。注意就餐礼仪，将优雅女士或是礼貌绅士的举止表演给宝宝看。

大马桶、小马桶

这时候很多宝宝开始如厕训练了。你要一再提醒他想尿尿或排大便一定要去找小马桶，并给他示范在大马桶尿尿和排大便的程序。一段时间后，有些宝宝就会模仿你用卫生纸擦屁股的举动了，虽然只是拿着纸往屁股处虚晃一下。

游乐场

带宝宝去游乐场玩，让他在孩子聚集的公共场所多看、多听、多接触，体验给小宝宝设计的游乐设施。研究和实践表明，多和其他孩子接触，孩子的社会能力发展会加快，更善于与人交往，并能从模仿其他孩子的行为中提升自己的技能。

逛书店

多带宝宝去书店逛逛。一下子看到那么多书，宝宝一定感觉很新奇。你可以趁机买几本宝宝感兴趣的书，这样就不会有“你从网上购买回来的书宝宝不喜欢”的困扰。即便不买书，逛书店也会丰富宝宝的经历和视野。有些书店经常组织故事会或绘本游戏活动，不妨和宝宝一起参与一下。

万物有灵

宝宝有段时期会认为很多东西是有生命的、有思想情感的，比如他会对着月亮打招呼、他会用手拍他的娃娃……心理学家皮亚杰称这种心理为“泛灵心理”，即万物有灵。你可以利用孩子的这种心理培养孩子的同理心，比如：“那样摔娃娃，娃娃会疼的，哎呀，好疼呀，好疼呀，抱抱，亲亲，就不疼啦。”

升级版躲猫猫

随着孩子年龄的增长，躲猫猫的形式也要升级，可以来个远距离的躲猫猫，或者近距离的“捉迷藏”。这比起之前只是待在一个地方用东西挡一下，要高级得多。现在你可以走到另一个房间，让宝宝自己藏好，然后去找他。很多情况下，宝宝觉得自己藏好了，其实你一眼就看见他了，你不妨假装看不见，先找上一小会儿，然后再假装突然发现了他。

睡眠仪式

宝宝不再是小婴儿了，奶睡、抱睡、拍睡等各种睡前安慰方式越来越不管用了，适时帮他建立一个睡眠仪式吧！洗干净了，舒舒服服躺床上，窗帘拉好，灯光暗下来，放点儿轻音乐，用舒缓的语调给他讲故事……都是很好的方式。

爸爸妈妈的大鞋子

帮宝宝将他的两只小脚穿进爸爸（妈妈）的大鞋子里，让他“吧嗒……吧嗒……”像小企鹅似的走上几步，“哈哈，宝宝，你的小脚在爸爸（妈妈）的大鞋子里。”你用大脚轻轻碰碰宝宝的小脚，再把宝宝抱起来，让宝宝的小脚踩着你的大脚，你往前挪几步。这个游戏能帮助宝宝理解“宝宝小脚穿小鞋子，爸爸（妈妈）大脚穿大鞋子”。

人和人的不同特征

“爸爸有胡子，妈妈没胡子，宝宝没胡子；妈妈有头发，宝宝有头发，外公没头发。”从宝宝和周围人身体特点开始，帮助宝宝了解人与人的不同，男人与女人的不同，大人与小孩的不同。

谢谢
对不起
爸爸
再见

社交信使

宝宝的社交能力还处在起步阶段。你可以做他的社交信使，帮他搭建和其他人沟通交往的桥梁，把宝宝的话翻译给别人听，将别人的话翻译成宝宝更能理解的表达，并且提醒宝宝如何应对。比如，当宝宝从小区花园摘了朵蒲公英，你可以提醒他“好漂亮的花，你要送给 ×× 吗？他的小铲子给你玩了”；当他跑过去递给那个小朋友却不说话的时候，你可以帮他说“××，送给你”，并引导他亲口说出“给”。

说“谢谢”

让宝宝懂得一些社会交往的礼貌用语很有必要。每次别人给他东西吃或是对他友好示意，教他说“谢谢”。也可以在下午茶游戏中让宝宝反复练习说“谢谢”。诸如此类的礼貌用语还有“请”“早”“你好”“再见”“晚安”“对不起”“没关系”等。

家人的名字

让宝宝知道家人的名字并简单地说出，如了解“爸爸”是自己的“爸爸”，“爸爸”还有一个大家都知道的名称。这对他了解人与人之间复杂的关系很有帮助。

建构游戏

拼图入门

有底图的手抓板，无底图的手抓板，形状镶嵌类玩具，2块拼图，按照这个顺序，帮助宝宝从毫无概念到开始入门玩拼图。手抓板可防止宝宝误吞。图案可以选宝宝日常经常接触的，比如蔬菜、水果、汽车或是特别能吸引宝宝的小动物。在宝宝寻求帮助之前，你要放手让他自己摸索着玩。如果他因不知如何玩而转向其他玩具，你可以玩一下给他看——做个示范，不要表现出不耐烦或着急帮宝宝完成任务，否则会打击宝宝的积极性和探索欲。宝宝拼成功了，要及时给予鼓励。

6

积木入门

适合 1 岁多孩子的积木有磁力片、体积较大的泡沫积木。这个年龄段的孩子一只脚刚跨入搭建积木的大门，更多的是看大人搭建，并热衷于将其推倒，自己通常能搭起 2 ～ 4 块积木。磁力片轻薄、易组合的特性可让宝宝轻而易举变出许多花样。大体积泡沫积木方便宝宝搬运。宝宝处在口欲期和空间探索期，太小块的积木容易被他放入口中啃咬，或是随处乱扔。如果选择小块积木，以原木色的木制积木为宜。

你也可以就地取材，家中各种形状的盒子就可让宝宝当积木玩。建构游戏就是要灵活变通。

沙子工程

带上宝宝，带上玩沙工具（小桶、铲子、耙子、推土车等），去户外有沙子的地方，一起玩沙吧！挖沙、将沙子装进桶里又倒出来、修建公路、填土都可以。这个年龄段的宝宝还没法完成太复杂的建构活动，多带他看看大孩子是怎么玩的吧！

水的花样玩法

将水装到各种容器里（特别是透明容器），让宝宝观察、摆弄；往水里放入其他东西，让宝宝观察、摆弄；让宝宝自己将水从一个容器倒出（包括从喷壶洒出、水枪压出）;接一桶水，让宝宝依次放入其他玩具；还可以让宝宝给玩具洗澡；拿一块轻薄小布（比如眼镜布）让宝宝洗；让宝宝用手触摸、感受干毛笔和湿毛笔的不同……还有很多以水为介质的玩法，有待你和宝宝一起去发现。

2～3岁

宝宝发育情况自查表

五感和认知	不需要动手，通过在脑中想象就能解决一些问题；对数字、长短、时间有了简单概念，但仍要依托具体实物；能将实物和图片对应；可以按颜色、形状给物体分类；对因果联系有了更深的理解；可以组织更复杂的游戏，也更有逻辑性，而不是随意地玩完一个玩具然后扔掉换另一个，但这种复杂的认知还局限于日常熟悉的事物；对生老病死、结婚离婚等概念还不能正确认识；分不清想象和现实，会把大人的玩笑话当真。 **注意**时间可发展到9分钟左右，仍以无意注意为主；形象**记忆**优于语词记忆，仍以无意识识记为主。
动作 （大动作、精细动作）	能弯腰、单脚站几秒、跳远、试着跳高、从矮台阶往下跳，能两脚交替上下楼梯，能玩滑板车、三轮脚踏车，能更熟练地踢球、爬上爬下。 能脱裤子、脱鞋、洗手、擦手、拉拉链、打开或拧上瓶盖、将抹布挂在钩上、将面团捏成简单形状、穿珠子、一页页翻书、拼3～4块拼图、搭5～6块积木；能玩咬合性积木及较复杂的操作性玩具；绘画从凌乱的轨迹向简单的线条和封闭的圈圈发展。
语言	言语发展期开始了，能听懂简单的故事情节；能记住书中的概念和信息；词汇量爆发式增长，形容词词汇开始丰富，开始用代词“你、我、他”，开始用副词、连词；能说的句子从两三个词组成的简单句逐渐发展为多个词组成的复杂句；能说清自己的名字、性别、年龄；会问问题。 说话不多并不表示语言发展缓慢。有些孩子天生健谈，有些则喜欢安静。只要孩子词汇量在增长，沟通交流能力和描述复杂事物的能力一直在提升，就不用担心。朗朗上口的儿歌和童谣、有韵律的简短故事、假装游戏都可促进孩子语言能力发展。
情感和社交能力	大部分能自己大小便；爱表现以吸引别人关注；爱试探大人的底线，被阻止时有激烈反应，尤其会挑战所信赖人的底线，知道遇到麻烦自己也是安全的；在大人正确引导下逐渐有规则意识，知道什么可以做、什么不可以做，慢慢形成良好的日常行为习惯；喜欢听故事、看动画；喜欢模仿和玩假装游戏；能和别人一起做事；开始用语言进行社交活动；喜欢和一两个好朋友玩，能玩一小会儿，但还是以自我为中心，无法理解别人的感受，容易发生冲突；明白“我的”“你的”，开始有物权概念。

注：孩子发育个体差异很大，快慢不一，特别需要关注的问题参见《0～6岁早教游戏育儿计划：高效能父母陪玩手册》中的相关内容。

适合的玩具和图书

互动游戏书，有简单故事的绘本；可以骑的玩具，如滑板车、脚踏车；画画工具；拼图，积木；音乐玩具；可以分类的物件儿，如玩具小车、彩珠；纸；飘带；扣子；玩沙、玩水的工具；厨房玩具；娃娃家；动物玩偶；各种球；充气不倒翁；家中不会伤到宝宝且不易打破的任何物件。

脚踏车

音乐玩具

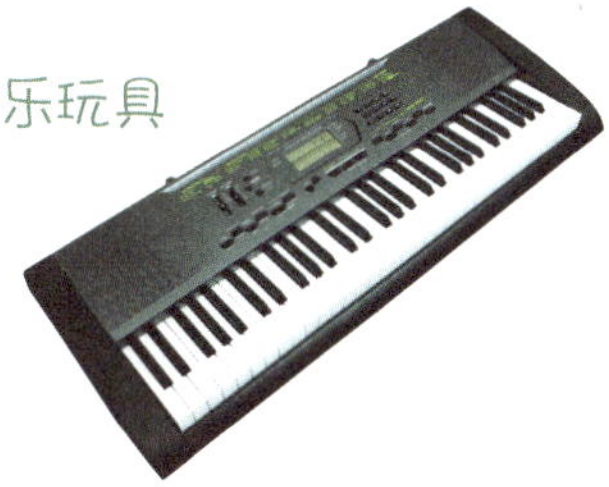

充气不倒翁

画画工具

滑板车

积木

可以骑的玩具

肢体运动游戏

抓住你啦

你追我赶，抓来抓去，很多孩子都喜欢，是很好的大运动锻炼方式。和宝宝来一场这样的热身运动吧！你佯装跑得慢点儿，然后加速，一把抓住或是一把抱住宝宝。宝宝会被逗得咯咯笑。游戏过程中要注意安全。

拔河

找根不勒手的带子，和宝宝一人抓一头。你轻轻拉带子，并大声喊："嘿呦嘿呦，拔河啦！"引导宝宝往与你相反的方向拉带子。这个游戏可锻炼宝宝的上肢力量和全身协调性。

彩带舞

让宝宝看着你。你拿着彩带跳舞，然后让宝宝模仿你。可以买市售带塑料杆的彩带，就像体操运动员用的那种。宝宝拿着杆子挥舞起来时很容易上瘾，会做出各种漂亮的动作。和宝宝一起玩吧！宝宝会模仿你的一些动作。你可以私底下看看体操运动员玩彩带的视频，先学几招。跳彩带舞可锻炼宝宝身体的灵活性、协调性及上肢力量。

牙齿游戏

面对宝宝，张开嘴，露出牙齿，上下牙连续碰在一起，引导宝宝模仿。这个游戏可提升宝宝下腭稳定性，有助于宝宝发音清晰，还能帮助宝宝学习咀嚼食物，促进口腔小肌肉发育，更有利于语言能力发展。

吹风车

准备一个小风车，引导宝宝向风车吹气，努力让风车转起来。玩之前，你可以先为宝宝做个示范。这个动作可锻炼宝宝腭咽肌肉力量，帮助宝宝更好地说话。风带动风车转的过程也是在给宝宝进行科学启蒙。

吹泡泡

买市售吹泡泡玩具，或者在家里用肥皂水自制一个吹泡泡玩具，然后和宝宝一起吹泡泡。吹泡泡也需要技巧，气流太大、太小都无法很好成型。在此过程中，宝宝的腭咽肌肉力量、手眼协调、对自身的控制力都将得到良好锻炼。

箱里箱外

拿一个没用的纸箱子，让宝宝自己爬进爬出；箱子够大的话，也可以让宝宝待在里边玩耍；还可以让宝宝用笔在箱子上涂涂画画，这对宝宝的肢体动作发展很有好处。

转圈

和宝宝手拉手转圈圈，可以伴随着音乐，脚步和手的动作可以多变换些花样，如：时而抬起左手，时而抬起右手，时而双手一起往中间……还可以迈大步、踩小步、踮踮脚。

青蛙跳

你模仿青蛙的样子，在宝宝面前下蹲跳起、下蹲跳远。宝宝会觉得很好玩。让宝宝模仿你跳，你也可以先让他从矮台阶往下跳或做原地跳远练习。这可加强他的下肢力量和身体协调性。

跳羊角球

你先示范，双手抓住球的两个角，坐在球上蹦蹦跳跳，然后引导宝宝模仿你。跳羊角球可锻炼宝宝的下肢力量、身体平衡能力、手脚协调性。羊角球还可以扔着玩、滚着玩、拍着玩。和宝宝一起探索更多玩法吧！

洗洗手

让宝宝跟你学习正确的 7 步洗手法：

1. 掌心相对搓搓搓；

2. 手心对手背搓搓搓；

3. 手指交叉搓搓搓；

4. 双手互捏揉搓手指；

5. 一手握住另一手大拇指旋转揉搓；

6. 指尖合拢在另一手掌心旋转揉搓；

7. 揉搓手腕、手臂。

本游戏可以帮助宝宝养成良好的卫生习惯，还可以锻炼其手部精细动作。

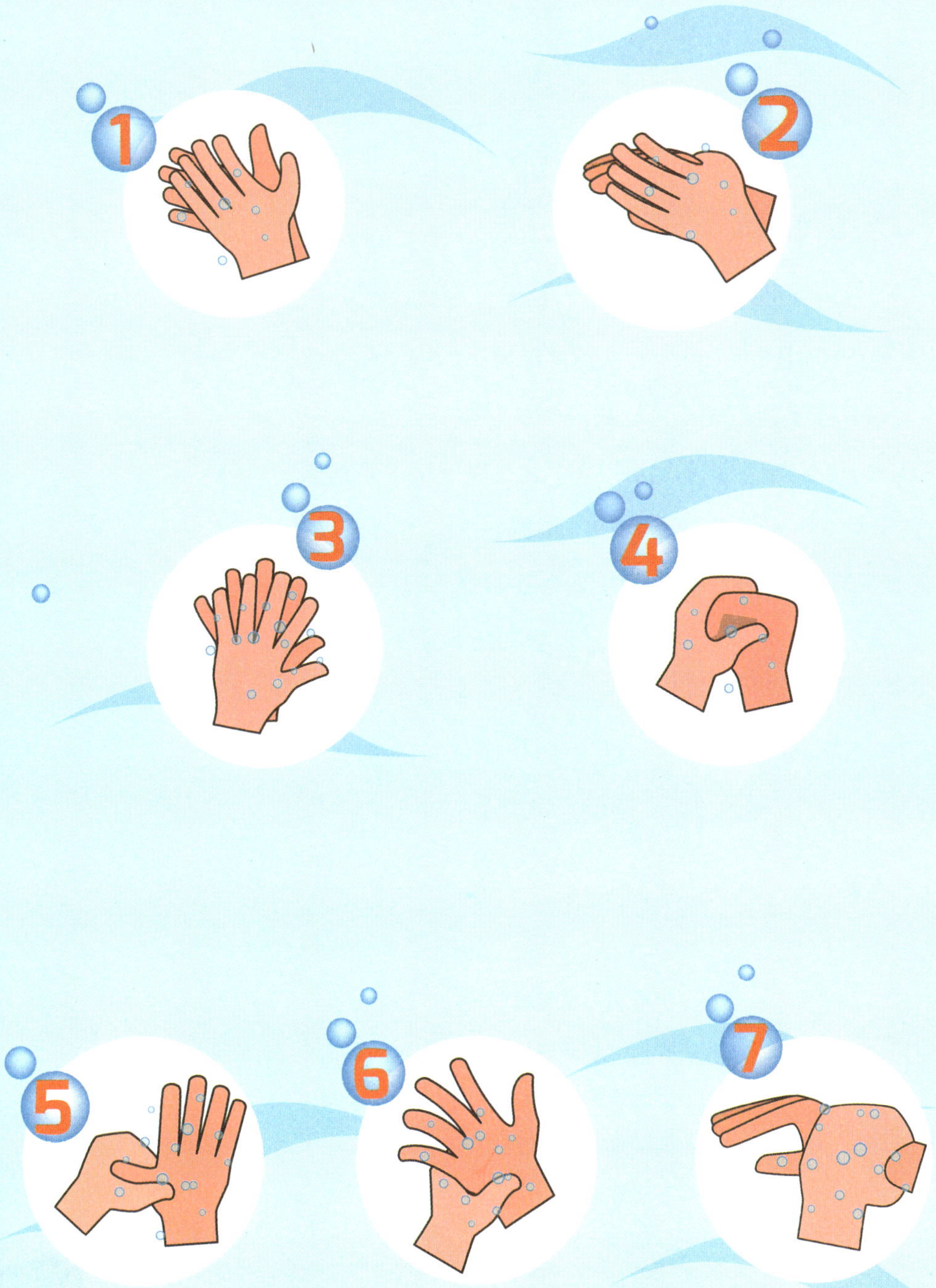
1
2
3
4
5
6
7

一起来刷牙

给宝宝买一把训练牙刷，让他自己学着刷牙。让宝宝从小看你刷牙，在他想要模仿的时候适时把小牙刷给他，让他有样学样。先不管他刷成啥样，主要还是你帮他清理口腔。这个 1 岁多就可以做，2 岁以后可以正式学习。刚开始的时候，你握着他的牙刷帮他刷，无须牙膏，蘸清水即可，让他感受牙刷是如何正确刷每颗牙齿的，并引导他模仿你漱口、吐掉水，但塞在牙缝的食物还是需要你协助清理掉。等 3 岁后，他就可以尝试用牙膏了。可配合以下儿歌：

小牙刷，拿拿好，
我们一起来刷牙。
上面牙齿往下刷，
刷刷刷，洗刷刷。
下面牙齿往上刷，
刷刷刷，洗刷刷。
里里外外都要刷，
大牙还要横着刷。
刷完了，
干干净净好舒服。

穿裤子、脱裤子

帮宝宝学会自己穿、脱裤子，既是为上幼儿园做准备，同时也可锻炼宝宝的动作协调性。可以配合儿歌，边说边做动作。先学脱裤子，较简单：

双手抓紧小裤腰，
一下脱到膝盖下。
再用小手拉裤脚，
最后还要摆摆好。
抓住大洞洞往下推，
抓住小洞洞往外拉，
拉好左脚，拉右脚，
宝宝的裤子没脱反。

宝宝刚开始自己穿裤子时还需要你协助。让宝宝坐在凳子上，弯腰抓起小裤子，把左脚放入左裤管、右脚放入右裤管。可配合以下儿歌：

左边火车钻山洞，
右边火车钻山洞。
呜——两列火车过山洞，
拉一拉，穿好了！

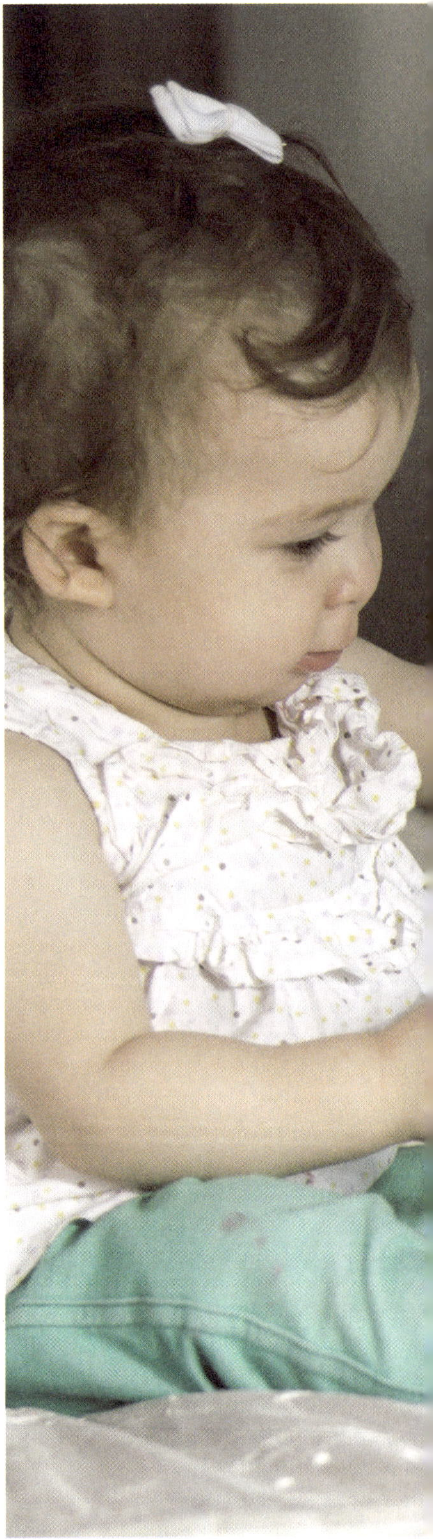

穿鞋、脱鞋

给宝宝提供方便他自己穿、脱的鞋子，比如鞋口大的、有粘扣的或者可以一脚蹬的鞋子。你先示范穿鞋、脱鞋的技巧，让宝宝跟着学，你可以从旁协助。可以先从脱鞋子学起，让他坐在地上，左手抓右脚鞋跟往外拉，脚抽出来；右手抓左脚鞋跟往外拉，脚抽出来。

穿鞋子要先配对，左右脚不要穿错；两只手一起将鞋口撑开，脚尖先伸进鞋口，用手拉鞋后跟，使整只脚伸进去；另一只脚一样。宝宝熟练后，可让宝宝尝试坐凳子上穿鞋、脱鞋。穿鞋、脱鞋不仅可锻炼宝宝的生活自理能力，也可促进手、眼、脚动作更协调。

还可以将家里的鞋子拿些出来，和他玩配对游戏，帮他形成左右脚概念。

2～3岁

勺子运球

将一个小球（乒乓球最佳）放于塑料勺子上，让宝宝从一处运到另一处，再运回去（如果有育儿搭档，你们可以各站一边，让宝宝两头传送）。此游戏对宝宝手眼协调、肢体协调和平衡能力是很好的锻炼。你可以先示范给他看怎么才能不让球滚下来。

搬运工

你和宝宝一起，将玩具或纸箱子从一处搬运到另一处，可以堆成自己想要的样子，还可以借助小推车搬运。此游戏中，宝宝的全身肌肉都将得到运动，肢体也将更协调、更灵活。

打不倒的小不倒翁

给宝宝买一个充气不倒翁，让他用手推、用脚踢，或者整个身体压上去，感受小小不倒翁百折不挠的反弹力。你可以和他将不倒翁推来推去，一手打出好远，或一脚踢出好远，完全不用担心会砸伤谁。

家庭保龄球

找一些没用的矿泉水瓶，将其在地上一字排开，将球滚过去砸向瓶子，看看能砸倒几个。你和宝宝轮流玩，你先做示范，然后让宝宝照做。这个游戏可锻炼宝宝的手眼协调能力、肢体控制能力和定向能力。

家庭高尔夫

用羽毛球拍或其他就地取材的工具，将小球打入洞（在纸箱子上剪个洞；或者将杯子放倒，粘在地上固定住）。你做完示范后，让宝宝也来尝试。这个游戏对手眼协调和身体控制力有很高的要求。一开始可以将球放于洞口，慢慢拉远距离，加大游戏难度。

2～3岁

飞舞的纱巾

将纱巾拿出来和宝宝一起玩吧，将纱巾从各个方向往上抛，再伸手去接。你和宝宝轮流扔，还可以抢一抢。你可以扔高一些，让宝宝跳着接一接。此游戏可锻炼宝宝手、眼、脚的协调能力，以及全身肌肉力量。

骑马

宝宝在你身后，拉着你的衣服。你往前走，带动宝宝跟着你走。你可以稍微走快些，边走边发出“驾，嘚嘚嘚……”的声音，然后停下原地踏步。这个游戏可锻炼宝宝手、眼、脚的协调性，全身肌肉力量，想象力和听从指令的能力。

穿鞋带

拿一双需要绑鞋带的干净鞋子，给宝宝示范如何将鞋带从那么多的小洞洞里穿过去，让宝宝跟着做。同样是锻炼宝宝的手眼协调，这个游戏比穿珠子安全许多。

扇扇子

夏天天气热的时候，准备两把扇子，你一把，宝宝一把，你给自己扇扇风，再给宝宝扇扇风。你做得多了，宝宝会有意识地模仿。刚开始，他可能不知道怎么扇，练习多了，他就能自如地给自己扇风了。这对宝宝的观察力、模仿力、手眼协调和上肢力量都是很好的锻炼。

撑起我的小伞

给宝宝准备一把专属于他的小伞，让他自己撑着伞走来走去。你还可以示范，举着伞做出更多动作，让他模仿。这个游戏可促使宝宝肢体协调性和平衡能力更好发展，也可加强上肢肌肉力量。

好玩的瓶盖

准备一些带盖子的瓶子，你和宝宝一起将盖子一个个拧开，再拧回去，再拧开……宝宝可以专注地玩上好一会儿。本游戏可提升宝宝专注力、手部肌肉力量和手眼协调。

开锁游戏

让宝宝看你将钥匙插入锁孔，旋转，将锁打开。然后，你将钥匙拔出后递给宝宝，让他尝试将钥匙插入锁孔开锁。这对宝宝手眼协调和手部控制力是很好的练习。

夹子夹夹

拿几个衣服夹子，随处夹东西，和宝宝一起看看，可以夹起哪些东西。在此过程中，宝宝的手部肌肉力量、手眼协调、观察力和专注力都将得到很好的发展。边玩边念叨，也为宝宝学习语言提供了好素材。

一起来钓鱼

钓鱼玩具是锻炼宝宝手眼协调能力的经典玩具。你和他一起玩钓鱼游戏，先给他示范如何精准地将鱼钓上来。在玩的过程中，多用语言描述、交流，可丰富宝宝的词汇量。

手指操

根据下面的儿歌，和宝宝玩手指游戏，可很好地发展宝宝手部精细动作能力。

现在，玩起来吧！

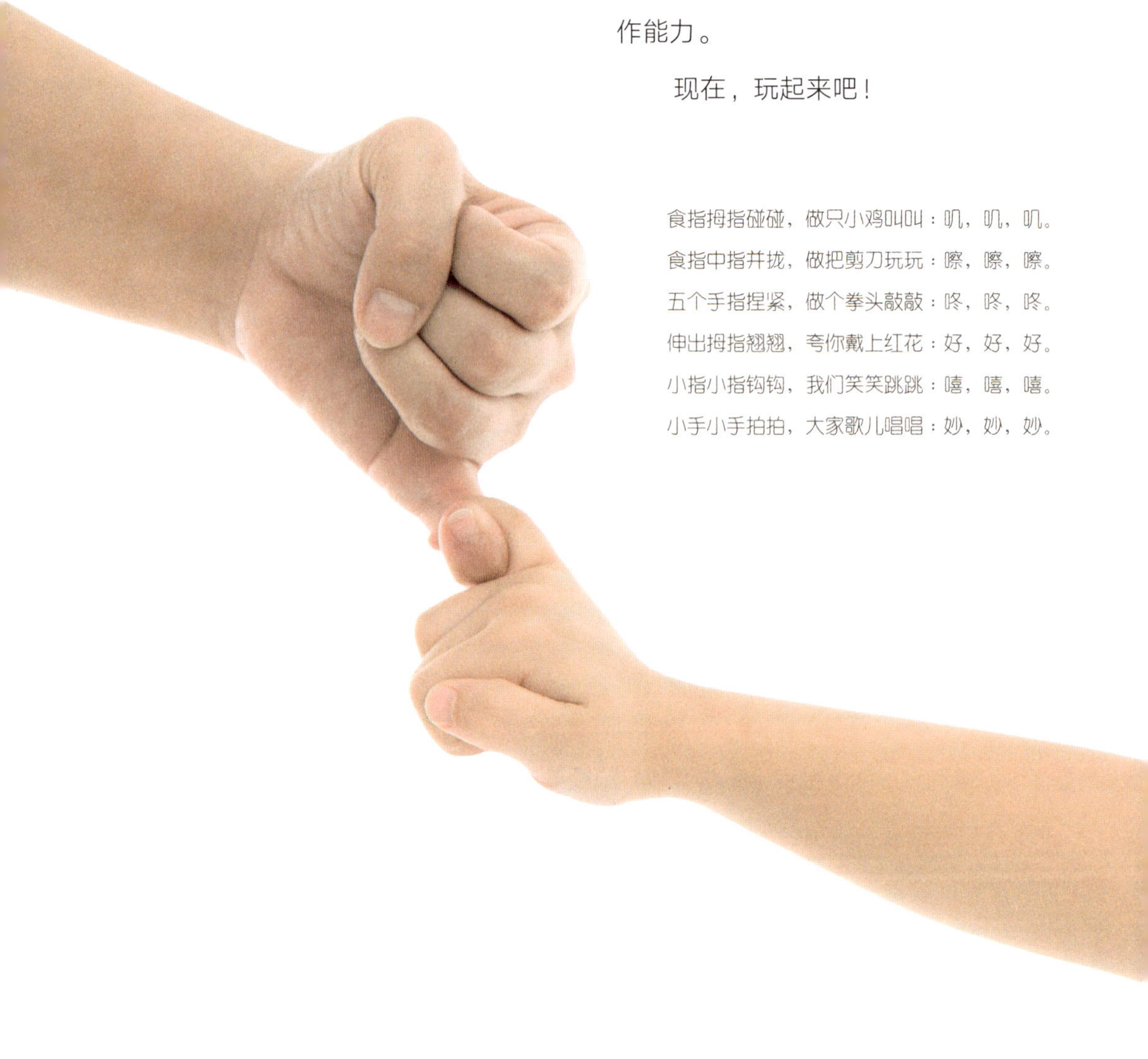

食指拇指碰碰，做只小鸡叫叫：叽，叽，叽。
食指中指并拢，做把剪刀玩玩：嚓，嚓，嚓。
五个手指捏紧，做个拳头敲敲：咚，咚，咚。
伸出拇指翘翘，夸你戴上红花：好，好，好。
小指小指钩钩，我们笑笑跳跳：嘻，嘻，嘻。
小手小手拍拍，大家歌儿唱唱：妙，妙，妙。

语言游戏

美妙的形容词

这个时期的孩子处于语言爆发期，通常多数孩子已经能说很多话了。适时引导孩子掌握一些形容词，可使其语言更加生动，更可为其日后富有感染力地组句、讲故事打下基础。在帮宝宝认识很多事物名称的基础上，可以适当引入形容词作为定语修饰名词了，比如你可以告诉孩子“这是一个圆圆的（红红的或大大的）苹果”，你还可以说“看！那红彤彤的太阳，阳光照在身上，暖洋洋”。

可以让宝宝通过各种感官去感受各种形容词指向的具体感觉，以得到最直接的体验；还可以多让宝宝感受相近形容词和相反形容词指向的具体感觉，通过比较认识更多形容词。比如：大、小、长、短、多、少、高、矮、胖、瘦、粗、细、快、慢、美丽、漂亮、亮、清楚、丑、难看、暗、模糊等；好听、难听、响亮、低沉、悦耳、刺耳、吵闹、安静等；软、硬、冷、热、冰、烫、粗糙、光滑、干、湿、老、嫩等；酸、甜、苦、辣、咸、鲜、清爽、油腻等；香、臭、酸、腐、腥等。

这里有什么

引导孩子学说话，要让孩子有话可说。你也许会发现，很多孩子到了语言发展期后会变成小话痨，你只要甩给他一个话头，他自己就能絮絮叨叨说半天。这样你也轻松，不用挖空心思找话题了。比如你问问他“这里有什么”，让他给你介绍介绍，在他词穷的时候你补充几句，帮他充实一下词汇库。

这是干什么的

“这是干什么的？”不仅能给孩子一个他可以自由发挥的话题，而且可以帮助他理顺逻辑。要把一个物品给人讲清楚，很多大人都无法很好做到，不仅要有一定的语言表达能力，还要判断如何讲对方才能听懂。你要适时启发孩子，告诉他该怎么说才能让人明白，加上些肢体动作也无妨。

男的、女的

2岁左右的孩子对性别已经有了模糊的概念，知道爸爸和爷爷要刮胡子，妈妈和奶奶没有胡子，小哥哥有小鸡鸡，小妹妹没有。家长通过语言加深宝宝对“男女有别”的印象，对他建立性别意识以及早期性启蒙很有好处。比如：

你可以对男孩说：“宝宝是男孩，宝宝有小鸡鸡，要站着尿尿。宝宝长啊长，就变成大哥哥了，下巴开始长出胡子，再长大就变成叔叔了，要上班赚钱，要找个阿姨结婚。宝宝有了自己的宝宝，就成了爸爸，要照顾好一家人。”

你可以对女孩说：“宝宝是女孩，宝宝有阴道，要蹲着尿尿。宝宝长啊长，就变成大姐姐了，咪咪变大了——成了乳房，再长大就变成阿姨了，要上班赚钱，要找个叔叔结婚。等宝宝有了自己的宝宝，就成了妈妈，可以给宝宝喂奶。”

你、我、他

这个时期的宝宝已经有客体“我”的概念（“我”代表自己）。这时要帮宝宝熟悉代词“你”“我”“他”的运用，可以经常用代词和他交流，比如：你问宝宝：“你要苹果吗？”刚开始宝宝可能会回答：“你要苹果。”你再问：“宝宝要苹果吗？”宝宝回答“要”之后给他苹果。这时，你再说：“我给宝宝一个苹果，你拿了一个苹果。”这样的反复可让宝宝熟悉代词的用法。

你几岁了

在宝宝对数字有了概念之后，要让他知道并能说出自己的年龄。比如，你问：“你几岁了？”宝宝一开始可能不知如何回答，你可以自问自答地说：“宝宝要说，我2岁半了。”在宝宝每次过生日的时候，让他对整岁有个概念，比如过了1岁生日了，过了2岁生日了……宝宝慢慢地就能掌握了。

生活中的数字

多让宝宝在生活中学着数数，如 1 本书、2 个苹果、3 颗草莓……这是直观且具体的学习方式，与实物对应，很符合 2 ~ 7 岁宝宝的认知规律。在家里来客人的时候，还可以让宝宝分水果，“你一个，我一个，他一个……一共要几个？”让宝宝来数一数。

分水果

吃水果的时间到了，让宝宝来给大家分水果，可以是真实的水果，也可以是水果玩具。在这个过程中，宝宝会用到名词（水果和人物名称）、动词（给、拿等）、数词和量词（1 个、2 颗等），可能还会用到代词（你、我、他等）、副词（非常、很等）和连词（和、且等）。总之要尽量引导他多用语言将正在做的事情描述出来。

爸爸什么时候回来

“爸爸去上班了，爸爸什么时候回来？哦，等宝宝吃完午饭、睡完觉、开开心心玩上一下午，爸爸就回来啦！”用“某个时间干什么”慢慢帮宝宝建立时间观念，是很好的时间启蒙方式。如：天亮了，起来刷牙、洗脸、吃早饭；上午出门遛个弯；中午吃完饭，休息一会儿，睡个觉，睡醒吃点儿小点心；玩着玩着到了吃晚饭的时间，爸爸妈妈下班回家，一起吃完晚饭，一起玩儿，讲讲故事，天黑了；到上床睡觉的时间啦，刷牙洗脸，晚安好梦。还可以将一天的作息时间用绘画、手工形式表现出来，以便于宝宝理解。

刷牙

穿衣

什么时间了

除了吃水果的时间，宝宝的生活中还有很多“特别的时间”。要帮宝宝认识这些时间点并学会正确表达，比如“阅读时间”“吃早饭时间”“吃晚饭时间”“睡觉时间”“洗澡时间”“玩玩具时间”等，甚至可告知宝宝几点干这些事。慢慢地，宝宝就对时间有更深的理解了。

游戏

几点如厕

几点沐浴

几点吃饭

几点运动

几点学习

几点睡觉

你在做什么

“你在做什么？”经常让宝宝描述一下他正在做的事情，可锻炼他的讲演能力。我们要教会宝宝把一件事情说清楚，有开头有结尾。宝宝遗漏的地方，我们要适当补充。

哎呀怎么办

“水洒了，哎呀怎么办？”“明明哭了，哎呀怎么办？”“妈妈摔了一跤，哎呀怎么办？”……生活中碰到这样那样的突发事件，问问宝宝，他会怎么办呢？让他开动小脑瓜，尽力组织语言，说出他的想法。

谁在那里

“谁在那里？”多让宝宝描述他看到的人，可锻炼宝宝总结归纳人的特点并将其表达出来的能力。刚开始宝宝可能只会简单地说：“阿姨。”你可提醒他：“阿姨高吗？”你还可以问胖吗？漂亮吗？穿什么衣服，穿的裙子还是裤子？……从外貌特征到表情及肢体动作都可以。让宝宝描述一下！

2～3岁

我来开车

和宝宝聊聊开车会碰到的那些事儿，比如：

“车门打开，上车啦，关好车门，系好安全带，滴滴滴，呜呜呜……你要开到哪里去？”

“我从北京开车回老家。”

“你的老家在哪里？”

“浙江。”

船儿晃晃

带宝宝去坐坐船，不管是大邮轮还是脚踏船都可以，让宝宝感受一下在水上晃啊晃的感觉。生活体验多的孩子说话能力也会优于同龄人。比如：“宝宝，要开船啦，船在水上晃啊晃，你要坐船到哪里？”“到印度洋。”“到印度洋干什么？”“去追海豚……”

好玩的玩偶

可以是毛绒小玩偶，可以是萌萌的手指偶，也可以在自己的十个手指画上十个小动物……总之，和宝宝玩一场玩偶游戏吧！给每个玩偶一个独特的角色定位，并赋予它特有的声音和动作。然后，把一场简短的对话或是一幕精彩的故事表演出来。宝宝感兴趣的话，让他参与进来，让他扮演一个角色。

儿歌

小毛驴

我有一头小毛驴，
我从来也不骑。
有一天我心血来潮，
骑着去赶集。
我手里拿着小皮鞭，
我心里正得意。
不知怎么哗啦啦啦，
我摔了一身泥。

新年好

新年好呀，新年好呀，
祝贺大家，新年好。
我们唱歌，我们跳舞，
祝贺大家，新年好。

英文童谣

Rain, Rain, Go Away

Rain rain go away,
Come again another day,
Daddy wants to play,
Mommy wants to play,
Brother wants to play,
Sister wants to play,
Baby wants to play,
All the family wants to play,
Rain rain go away.

Hello

Hello! Hello! Hello! How are you?
Hello! Hello! Hello! How are you?
I am good. I am great. I am wonderful.
I am good. I am great. I am wonderful.
Hello! Hello! Hello! How are you?
Hello! Hello! Hello! How are you?
I am tired. I am hungry. I am not so good.
I am tired. I am hungry. I am not so good.
Hello! Hello! Hello! How are you?
Hello! Hello! Hello! How are you?
Hello! Hello! Hello! How are you?
Hello! Hello! Hello! How are you?

London Bridge Is Falling Down

London bridge is falling down,
Falling down, falling down.
London bridge is falling down,
My fair lady .

Build it up with iron bars,
Iron bars, iron bars.
Build it up with iron bars,
My fair lady.

Iron bars will bend and break ,
Bend and break, bend and break.
Iron bars will bend and break,
My fair lady.

Build it up with silver and gold,
Silver and gold, silver and gold.
Build it up with silver and gold,
My fair lady.

亲子阅读

“小熊宝宝绘本”系列（全 15 册）

涵盖幼儿生活的方方面面，一套 15 册，分别包括《拉臭臭》《洗澡》《睡觉》《刷牙》《大声回答“哎”》《收起来》《排好队一个接一个》《好朋友》《午饭》《你好》《过生日》《尿床了》《我会穿短裤啦》《谁哭了》《散步》，内容非常简单，符合 2 岁左右孩子的心理特点，有助宝宝养成良好的生活习惯及社交能力发展。绘本阅读时可有些肢体的演绎，以使阅读过程更生动有趣。

《棕色的熊，棕色的熊，你在看什么？》

美国绘本作家艾瑞·卡尔的又一本拼贴画作品；内容一问一答；重复的韵律和节奏，朗朗上口，可帮助孩子形成良好的语感；其中各种色彩鲜明的动物也可拓展孩子的视野。

《噼里啪啦立体玩具书》（全 6 册）

一套6册，包括《真好吃》《我爱动物》《开车啦》《在大海里》《小虫子》《花和树》。书和宝宝手掌差不多大。宝宝可以抓在手里自己翻着玩儿。一会儿一条海豚跳出来，一会儿一块蛋糕立起来……乐趣无穷。此书十分适合亲子互动。

《晚安，大猩猩》

画面非常有趣。热热闹闹的动物朋友们，沉静且瑰丽多姿的夜色，一起给孩子编织了一个甜美的睡前故事。在一声声道“晚安”中，孩子也将在你怀里、在他的小床上安稳地进入梦乡。给孩子讲这个绘本时，无须添油加醋。对于书中简简单单的几声“晚安”，你可以用舒缓的语调轻声念出，以让孩子感受画面中的温馨气氛。

《猜猜我有多爱你》

一只小兔子用各种身体动作和看得见的静物表达自己对大兔子的爱，但不管怎样，它对大兔子的爱也不比大兔子对它的爱更多、更高、更远。最后，小兔子在一片爱意的包裹下睡去。亲子阅读时，你也可以用手脚比画着给孩子讲，同时要让孩子懂得，爱要表达出来，爱是无法计算的。

《小蝌蚪找妈妈》

经典中的经典，伴随几代人长大。原作者方惠珍和盛璐德都是幼儿教师，集教学经验之感悟共同创作了这个故事。后来，这个故事被改编成动画、图画书。市场上图画书版本很多，个人比较欣赏新蕾出版社出版的这个版本。此版本比较适合低龄儿童。文字改编作者鲁兵是一位儿童文学作家，首届韬奋奖获得者，将故事改编得简练、富有韵律。图画作者陈秋草曾任上海美术馆馆长。

《大卫，不可以》

美国绘本大师大卫·香农的作品，荣获 1999 年美国凯迪克银奖，入选纽约公共图书馆“每个人都应该知道的一百种图画书”。“不听话”“调皮捣蛋”是 2 岁后孩子的主要特点。这个绘本描绘了一个到处惹事的男孩大卫，很容易引起孩子共鸣。最后，大卫被妈妈拥抱在怀里，得到全心全意的爱。孩子看到这里也会很安心，因为他们明白，无论他们怎么捣乱，爸爸妈妈终归是无条件地爱他们的。亲子阅读时把这层意思传达给孩子，能够让孩子少些对抗的情绪。

《菲菲生气了》

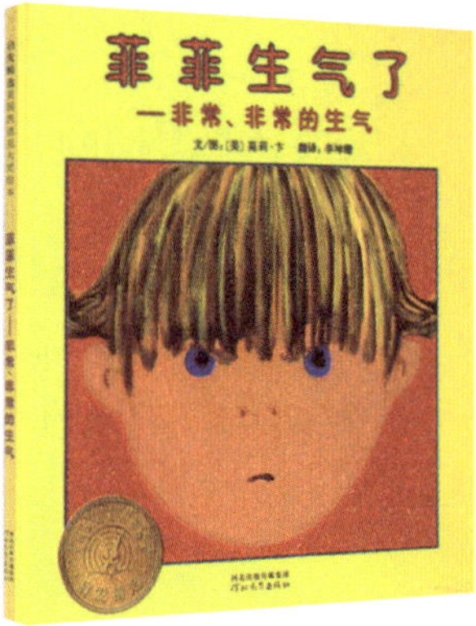

曾荣获 2000 年美国凯迪克银奖。图书将抽象的情绪状态以直观的画面形式呈现出来。作为主角的菲菲是整个情绪处理的主控者。你可以带着孩子从中感受如何识别情绪、处理情绪。这对 2 岁后经常有情绪对抗的孩子来说，尤为重要。本书对大人的情绪控制也是很有参考价值的。

《可爱的身体》（全 8 册）

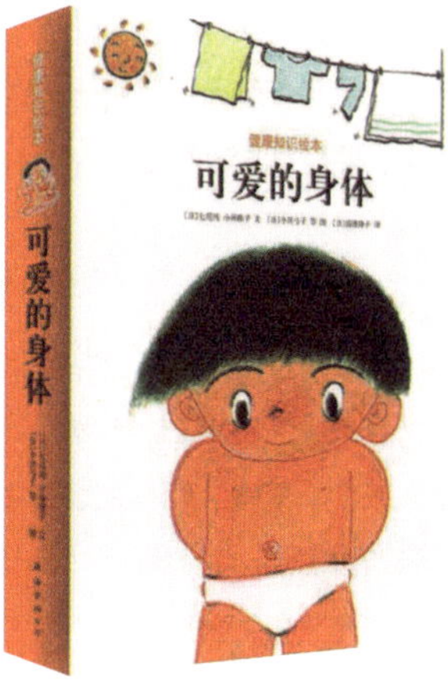

一套 8 册，分别为《肚脐，你好吗？》《眼泪小精灵，谢谢你》《谁是蛀虫的朋友？》《拉便便，真舒服》《听听身体怎么说》《打预防针，我不怕》《挺起胸来，直起背》《血液兄弟好样的！》。本套书可帮助宝宝了解自己的身体，增强自我概念；同时有利于定宝自我意识的发展，以让宝宝长大后有正确的自我评价和较强的自控力。将绘本阅读与实际生活场景结合，宝宝会更感兴趣，比如：宝宝正在研究自己或你身上的肚脐眼，你给他讲一讲《肚脐，你好吗？》；宝宝对自己拉出的便便感到害怕，你给他看看《拉便便，真舒服》。

《鳄鱼怕怕，牙医怕怕》

曾入选日本“妈妈选择的 128 本图画书”。风格轻松幽默、创意感十足。作者选择鳄鱼患者与人类牙医作为故事的主要形象，可谓匠心独具。鳄鱼害怕拔牙，所以怕见到牙医，而牙医也怕见到鳄鱼。相同的场景，相同的台词，不同的心理，夸张逗趣的画面，可让你和孩子在笑声中明白“好好保护牙齿”的道理。你可以和孩子分别扮演牙医和鳄鱼，来一场搞笑的情景剧！

《古利和古拉》

做好吃的，吃好吃的，很多孩子都喜欢。本书的内容是，两只老鼠古利和古拉在森林里发现了一个大鸡蛋，先开动脑筋将其运走，然后用鸡蛋做了鸡蛋糕并邀请森林里其他动物一起吃。这个绘本是要教给孩子要学着想办法解决问题，以及与小朋友分享自己的快乐。对于这个年龄段的孩子，可以不用完全按照绘本文字讲读，看图说重点即可。出乎意料的结局是整个故事的点睛之笔。你可以先和宝宝一起来猜猜，它们用鸡蛋壳做了什么？

《云朵面包》

曾荣获博洛尼亚国际童书展“年度文学类插图奖”、韩国“2006年度儿童图书奖”，也是韩国儿童图书研究会推荐图书。本书呈现了多样化的艺术表现手法（绘画、摄影、布艺、剪纸等），动画式场景和人偶，近景借位摄影和真实灯光，将给你和孩子不一样的视觉体验。这是一本温馨的书，可让孩子在暖暖的色调中放飞想象。书中，云朵和面包被一颗童心连在一起，很多日常的生活瞬间随之将被这个小惊喜点亮。

《月亮的味道》

又是一本关于“吃”的绘本。这个时候的孩子，除了吃就是玩。这个绘本同时满足了孩子这两个需求。为了够到月亮，一个动物叠一个动物，搭起了天梯，最后终于“吃”到了月亮。画家特意选用凹凸不平的画纸来画月亮，咬一口时那嘎嘣脆的感觉呼之欲出，这对孩子来说有着极大的诱惑力。书里讲了一个动物们通过努力合作最终品尝到劳动果实的故事。相应地，你和孩子来一场亲子烘焙，烤一个“月亮”来尝尝吧！

《365 只企鹅》

这个绘本官方建议的阅读年龄是 4 岁以上，但其明亮简单的颜色（黑、白、橙、蓝）、活泼有趣且层层推进的画面对于 2 岁左右的孩子来讲也有着很大的吸引力。孩子从中可了解企鹅的特点，初步接触数和时间的概念。书有杂志那么大，你可以将其摊在地上，一页一页讲给孩子听。你也可以尝试着让孩子给你讲讲，或许他会发现你没注意到的细节。

《小金鱼逃走了》

一条调皮的小金鱼，跑来跑去逗引孩子去找它。你追我赶、躲躲藏藏的游戏是孩子最喜欢的。读这本书时你带着孩子去书中找一找，“小金鱼逃到哪里了？”寻找的过程可提升孩子观察的敏锐度。

《第五个》

你小时候有没有害怕过什么？很多人在童年时代都曾经有令其内心不安的事物。有些人成年后，仍未克服某些童年时的阴影。这个绘本就是在昏暗的色调下，让你一个接一个地进入那未知之门，从而激发你和孩子内心的忐忑，但它最终幽默的结尾又会让人彻底放轻松。看完后，你会觉得通体舒畅，没有什么好害怕的！

《蜡笔小黑》

艺术教育越来越受重视。给 2 岁左右的孩子进行艺术启蒙，家长通常会买些蜡笔让他随意涂鸦。这个绘本可以帮助孩子进一步认识蜡笔。蜡笔除了可以用来乱涂乱画，还可以用来创作各种美丽的图案。用蜡笔可给孩子打开一扇他从未接触过的艺术之门，更可激发他的创造能力。你和孩子看完绘本之后，一起用蜡笔画画，是绘本阅读最好的延伸。

等孩子再长大些，他还会从绘本故事中明白一个道理：每个人都有自己的长处。这会帮助孩子发现自身长处，增强自信。你千万别用说教的方式提前把这个道理告诉孩子，否则会破坏他的阅读兴趣。

小玻系列翻翻书（双语，全 18 册）

英国婴幼儿图画书经典。作为儿童互动图书的鼻祖，这套书以可动手掀、翻的设计引导孩子进行探索，进而提升孩子的认知、观察力、判断力、想象力，帮孩子熟悉各种生活技能，风靡全球 100 多个国家和地区。英汉双语，是很好的英语启蒙读物。共 18 册，分别包括《小玻在朋友家过夜》《小玻的第一个圣诞节》《谁在那儿，小玻？》《小玻说晚安》《小玻在哪里》《小玻去看外公外婆》《小玻去上学》《小玻去农场》《小玻给爸爸烤生日蛋糕》《小玻会数数了》《小玻去度假》《小玻参加化装舞会》《小玻去公园》《小玻的小妹妹》《小玻过生日》《小玻去散步》《小玻去马戏团》《复活节彩蛋在哪里？》。

Five Little Monkeys Sitting in a Tree

这个英文绘本，故事改编自英文童谣，句式简单，故事情节重复率高，可预测的重复性故事结构可帮助孩子获得美好的阅读体验。此外，画面生动形象，五只猴子的表情、动作跃然纸上，很容易吸引孩子。全家人可以一起合作，边演边唱。

Sheep in a Jeep

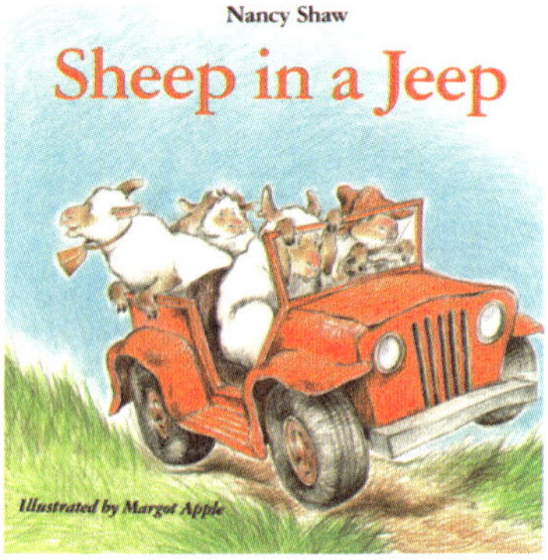

句子短，几乎句句押韵，很适合给宝宝磨耳朵用。等宝宝长大些，可作为练习英文自然拼读的启蒙读物。本书在动感的画面中将一群羊的滑稽神态细腻地刻画出来，很符合这个时期宝宝的兴趣点。以活跃的手舞足蹈加说唱的方式和宝宝一起演绎一下这个故事吧！

Down in the Jungle

用动感的节奏、热闹的画面描绘了原始丛林中各种各样的动物。最后，动物们在夜空下围圈跳舞的画面很有异域风情。故事结构和句式并不复杂，有很多简单重复。其中有一些生僻词略为复杂，需要你事先掌握，才好和宝宝一起互动。共读过程中，可模仿各种动物的动作，最后和宝宝手拉手跳舞。更多家人加入效果更好，气氛会很嗨。

We All Go Traveling By

改编自美国经典童谣，活泼的音乐旋律充满浓浓的美式乐观主义精神。在路上看见各种交通工具，听到与交通工具相关的声音，都可以以此书为媒介调动孩子用各种感官去感受。鲜艳的拼接布材质将给孩子不一样的感官体验。重复的押韵叠句很适合英语启蒙。这也是一本让孩子对上学充满期待的绘本。

Is Your Mama a Llama?

内容为羊驼找妈妈，有点类似小蝌蚪找妈妈；形式为重复出现的一问一答的句式。配有音频文件，你和孩子可以跟随唱诵。看绘本的同时也可帮助孩子了解识别动物的方式，就是要抓住各种动物的主要特征。欣赏完故事，孩子将认识 6 种动物。

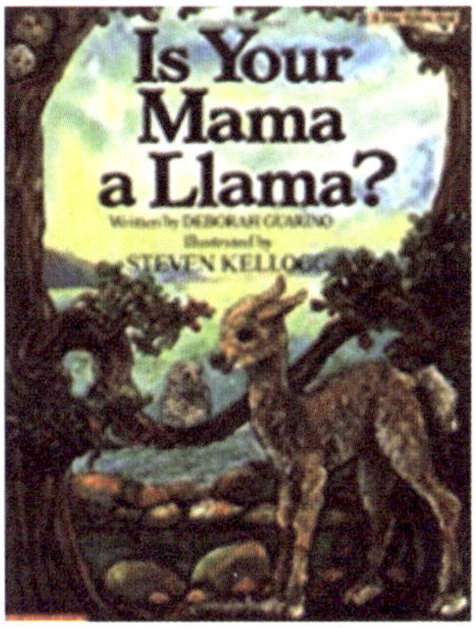

The Napping House

简短的句式不断重复，将故事层层推进。除了个别生僻单词，本书对刚接触英语的人来说没什么难度。画面细节丰富，其中还有些作者隐藏的小巧思等待你和宝宝一起去发现。从暗到亮的色调，从安静到喧闹的氛围，你和孩子在阅读过程中心情也会随之起伏跌宕，就像聆听了一段美妙的旋律，抑或是观看了一部唯美的电影。

Duck on a Bike

美国绘本大师大卫·香农的又一力作；鸭子骑车是一个疯狂的想法，将满足孩子的探险心理，还能激发孩子的勇气；画面色彩鲜艳，各种动物的神情、动作都十分传神，容易吸引孩子注意；句式结构统一，适合英语启蒙。

The Runaway Bunny

国外很多经典绘本，国内都已经引进并翻译成中文版本。《逃家小兔》也不例外，有中文版本，但个人觉得这个绘本还是要看原版，除了可感受原汁原味的艺术氛围，还十分适合英语启蒙。*The Runaway Bunny* 中黑白、彩色交替的插图设计将让你和孩子在现实与想象间玩“爱的捉迷藏”，一问一答、结构简单、不断重复的句式容易吸引孩子和你互动。阅读过程多些肢体语言更将妙趣横生。

艺术游戏

肖邦·《降E大调夜曲》

钢琴诗人肖邦很棒的夜曲之一，有典型的抒情诗风格，旋律充满诗意，可使人情绪安宁，适合夜幕降临时和宝宝慢慢地欣赏，作为宝宝安静玩耍时的背景音乐也不错。

李斯特·《匈牙利狂想曲》

提起狂想曲，人们一定会想到李斯特，就像交响曲和贝多芬、圆舞曲和施特劳斯分不开一样。李斯特的《匈牙利狂想曲》不但充分发挥了钢琴的音乐表现力，而且成为“狂想曲”这个音乐体裁创作的典范。《匈牙利狂想曲》是以匈牙利和匈牙利吉卜赛人的民歌、民间舞曲为基础创作的，共有19首。其中第二首最为著名，旋律时而缓慢庄严，时而激情澎湃，表现了匈牙利人对民族不幸的悲痛控诉，以及不屈不挠、豪放、乐观、热情的民族性格。伴随这首音乐，和宝宝一起跳一支热情奔放的吉卜赛舞吧！

古筝名曲·《渔舟唱晚》

《渔舟唱晚》是河北古筝名家娄树华以古曲《归去来兮》为基础编创而成；是古筝艺术史上划时代的作品；曲名取自唐代诗人王勃《滕王阁序》——“落霞与孤鹜齐飞，秋水共长天一色。渔舟唱晚，响穷彭蠡之滨。雁阵惊寒，声断衡阳之浦”；乐曲从典雅舒缓到活泼紧张再到缓慢收尾，形象地描绘了夕照碧波、渔歌四起、百舟竞归的欢乐以及喜悦之后的宁静。来一支曼妙的古典舞吧！宝宝也一定会加入进来，和着曲调手舞足蹈。

二胡名曲·《听松》

同是阿炳创作的二胡独奏曲，《二泉映月》细腻婉约，《听松》则豪迈有力，借松涛歌颂爱国英雄岳飞，曲调令人热血沸腾、斗志昂扬。和宝宝一人拿一块纱巾，随曲舞动，时而柔美，时而刚劲，最后将纱巾披于肩上，感受一下当将军的威风吧！

笛子名曲·《鹧鸪飞》

江南笛曲的主要代表曲目之一；原为湖南民间乐曲，历经多位音乐大师改编，尤以陆春龄和赵松庭改编的版本为佼佼者。其中陆春龄版本被誉为笛子十大名曲之一，曲调空灵细腻，快慢有致，时强时弱，生动地刻画了鹧鸪鸟在天空翱翔时远时近、忽高忽低的景象，能激发人悠远的遐思和对美好生活的向往。找一个美好的早晨，让这支笛曲给你和孩子一天的好心情。

琵琶名曲·《十面埋伏》

《十面埋伏》是非常著名的琵琶独奏曲，也是中国十大古曲之一，曲调激烈，扣人心弦，表现了项羽被大军包围时走投无路的场景。

伴随乐曲，爸爸妈妈和宝宝一起来玩一玩老鹰捉小鸡的游戏吧：一人挡在孩子前面，并教孩子巧妙躲闪，不要让对方抓到；还可以两人将孩子围在中间，让孩子找机会夺路而逃。

弹弹琴吧

找一把小小的电子琴或是木琴。你和宝宝一起来弹一弹。即便你弹奏不出动听的曲调，随便弹一点儿节奏也可以，然后让宝宝尝试，和宝宝一同感受自己制造乐音的快乐。

小艺术家的创作

小艺术家的创作形式不必局限于拿着蜡笔涂抹，用毛笔、棉棒蘸颜料绘画，或者拿着树枝在泥地上画，都可以尝试；你还可以和他一起拿着彩纸、碎布、树叶等废旧物品做粘贴画，其中做彩纸撕贴画既可以锻炼宝宝手部精细动作，还能充分发挥他的想象力；让宝宝参与食物摆盘也是很好的艺术创作机会，特别是水果拼盘，各种形状的水果放在一起如何摆出一个造型呢？让宝宝好好想一想吧！

上台表演

这个时期的孩子通常很爱表现，不妨多给他创造上台表演的机会。在家里临时画个圈、搭个舞台，孩子也会很受用。让他尽情发挥吧！必要时可提醒他下一步该干什么了、还有什么花样可以拿出来表演等。在孩子上台前，记得给孩子装扮一下，他会很配合。

社会性游戏

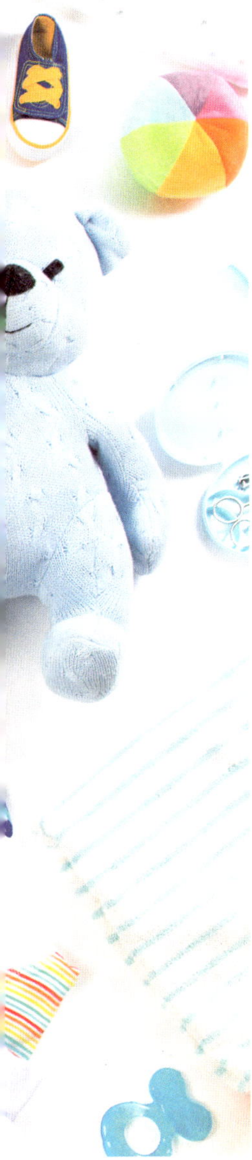

我的、你的

“物权”从法律定义而言就是支配享有特定物并排除他人干涉的权利。当孩子开始明白“什么是你的”“什么是我的”时，培养孩子的“物权”意识可以让孩子更珍惜自己的东西，懂得维护自己的权利，并且更容易学会尊重他人。人际交往中，“互相尊重”是很重要的社会规则。学会尊重会让孩子在社交活动中更受欢迎。

在日常生活中，就要和孩子说明白，哪些东西是他的，哪些是别人的，并要培养孩子的规则意识，比如：“这是你的，你愿意和别人一起玩（分享）或者不愿意，你有权利决定怎么做。”“这是我的，你想玩儿要先问我是不是愿意。不经过别人同意随便拿别人东西是‘偷盗’行为，大家都不喜欢偷拿别人东西的人。”“这是大家都能玩的,你需要排队等待。哥哥在你前面，他先玩。过一会儿，你再玩。”

照顾布娃娃

宝宝经常模仿大人的一些举动。我们可以引导宝宝把娃娃当作自己的宝宝进行照顾，比如给它喂奶、换尿布，哄它睡觉。你做一个动作，让宝宝跟着做，比如你抱起宝宝拍拍，让宝宝抱起娃娃拍拍。这可以培养宝宝的爱心和关心照顾他人的能力，还能促进宝宝想象力的发展。

考眼力

取几个一模一样的容器（如一次性杯子等），倒扣在桌子上，在其中一个杯子下面放入小物件儿，然后在宝宝面前快速无序移动杯子，停下后问宝宝东西在哪个杯子下面。这个游戏可锻炼宝宝的视物追踪能力，可使宝宝的观察力更敏锐。

整理玩具

在宝宝有物权概念后，引导他每次玩完玩具后要收起来，帮助他养成分类整理的良好生活习惯，进而增强他保护自身物品的责任感。刚开始，你让他协助你一起收拾，慢慢地放手让他自己收拾，什么玩具放哪里，让他心中有数。可以配合以下儿歌：

好宝宝，玩玩具，
玩具玩好送回家，
积木的家在小柜，
娃娃的家在小床，
球球扔回筐筐，
书本放回书架，
回家了，真开心，
好宝宝，下次玩。

家在哪儿

随着宝宝对立体空间更有概念，你需要让他明白自己的家在哪儿，从外边回家的路上，边走边让他识记那些有明显特征的路标。或许宝宝还搞不清几号楼几单元，但直观形象的外部特征有利于他辨认。平时还要经常告诉他家庭住址，加深他的印象。社会上不安全因素多，帮孩子建立安全意识，可以像以上这样从了解周围环境开始。

去旅行

带宝宝来个短途旅行，到周边城市走走。一座城市一个特点，让宝宝从中了解不一样的风土人情，拓展其对社会的认知。从计划旅行开始就可以让宝宝参与，包括搜索旅游资讯、订购车票机票、准备出行物品等；有可能的话在旅行途中可用拍照或文字形式做好记录。让宝宝有更多不一样的生活体验，说不定未来的旅游摄影师或是外交官就从这时萌芽了。

去上班

每天看爸爸妈妈拎包去上班，宝宝会模仿，也会拎着小包在家里走来走去。你可以在一旁加油鼓劲："宝宝去上班啦！""上班赚钱，下班买好吃的好玩的。"宝宝一定很兴奋，会玩得更起劲儿。除了这种假想游戏，不妨带宝宝去你单位，让他真正见识一下上班的环境，感受一下职场人士的派头，以及学习和不同的人打交道。这是生活教育，也是生存教育。

乘坐公共交通工具

如果宝宝之前没有乘坐过公共交通工具，现在是时候带他去体验体验了。公共设施都有需要人遵守的社会规范。要教给宝宝乘坐公共交通工具该遵守的礼仪，如"不得跑来跑去""不得大声吵闹""不得破坏公物""不得妨碍他人"等，还要教他礼貌地与人打招呼，从而帮助他成为一个受人尊敬、受欢迎的人。

这是哪儿

经常带宝宝出去玩，到了某个地方，给他介绍一下到哪里了，那儿有什么好玩的东西。下次再到这个地方，你就可以问他“这是哪儿？”让他告诉你，给你介绍介绍，从而让他对社会空间结构和功能有初步概念。

去户外撒野

“自然缺失症”是美国作家理查德·洛夫在他的畅销书《林间最后的小孩》中提出的一种社会现状，即现代城市儿童在大自然中的时间越来越少，从而导致一系列心理和行为问题，如不尊重自然环境、不理解食物来源、不认识动植物、对地理不感兴趣、注意力缺乏症、抑郁症、肥胖症、创造力下降等。

经常带孩子去户外撒野吧，带着画板去春天的花园里写生，带着美味的食物去林间野餐，带着帐篷去海边露营，在田间地头重新认识餐桌上的食物，在森林里捡拾世界上独一无二的树叶……诸如此类，都可避免自然缺失症，也可消耗小孩儿过多的精力。总之，让孩子在和大自然的亲密接触中了解自己生存的环境，了解自己吧！有强大自我认知的人才能掌控自己的人生。

小小自然观察家

通常孩子在 1.5 ~ 4 岁会进入细微事物敏感期，常注意到大人经常忽略的一些事情，对细节观察很认真。这时，不妨带孩子去小区花园或者附近树林，看看地上的小蚂蚁、小蚯蚓、小蜗牛，看看水里的小鱼、小蝌蚪、小虾。你也许会发现原本很闹腾的一个娃，会蹲着专注地看半天，还会和你探究半天——“为什么是这样的”“我们要怎么样”等，俨然一个小小自然观察家。

买东西

带着孩子一起去买东西吧！菜市场、超市、商场都是很重要的公共活动空间，也是让孩子了解社会的好场所。让他看看人们都是怎么沟通的，如何挑选物品及讨价还价的等等。社会是一所好大学，人生在世最重要的一门课就是人际学。你还可以在适当的时候让他给你帮个忙，让他挑自己喜欢的物品，让他帮忙拿东西，并在此过程中培养他的社交礼仪，如学着和人打招呼，说“谢谢”，说“再见”，有人问话要回应等。

在外就餐

2 岁以后的孩子开始有更多机会和爸爸妈妈一起在外就餐。除了帮他向餐厅要一张宝宝餐椅，让他像大人一样有独自进餐的权利，还需要让他了解就餐礼仪，但你若只是用“不能大喊大叫”“不能从餐椅上站起来”“不能乱扔食物”这种下意识的制止反而可能引来他的对抗。若孩子真的闹起来，你要同理他的心情，明白他当下的真实需求，引导他乖乖吃饭，可以用他感兴趣的事物吸引他专注于面前的食物，讲故事、念儿歌甚至让他假想自己是个正在进食的恐龙绅士等都是不错的选择。

模仿小动物

科班演员的表演课上都会有模仿动物的课程。对孩子来讲，动物模拟游戏有助于建立丰富的想象力、信念感、外部表现力，为观察人物、观察生活奠定基础。带着孩子一起模仿各种动物的动作、形象、神态、叫声，可提升孩子捕捉人物特征的敏锐性，也有助于孩子成为更有表现力、感染力的人，更可促进其人际交往能力的发展。

给家人打电话

让孩子给不经常在一起的家人打电话，比如外公外婆、爷爷奶奶，你从旁协助，既可帮孩子从小树立尊敬长辈、关心长辈的意识，也能让孩子在这个过程中慢慢熟悉打电话的礼仪。这还是一种和日常面对面交流不一样的沟通方式，孩子从中学到的很多沟通技能在长大后会经常用到。

男女有别

在之前“男女有别教育”的基础之上，要给孩子更多的性别教育、安全教育，帮他建立性别边界意识，比如：“宝宝，别人要摸衣服里面，大声说‘不’。”你边说边做摆手阻止动作。或是：“宝宝，在别人面前掀衣服、脱裤子，羞羞。”“宝宝，男孩女孩玩亲亲，羞羞。”你边说边用食指在脸上比画一下。还有，“宝宝，上厕所关好门，不许别人看”。

看看照片（视频）中的自己

将孩子日常有意思的表现用照片或视频形式保存，在当时或过段时间播放给他看，可以和他聊聊里面的内容。比如你可以说“宝宝，你爬得真快，比爸爸妈妈都快”，他会很乐意再和你们比试一番。这能让他对自我有更清晰的认知，从而也更有自信。有明确自我概念的孩子，长大后对自己有较正确的评价——正所谓“人贵有自知之明”——就更能知道自己适合干什么，应该选择什么样的人结婚，在人生各种选择关口能做出合理判断，从而掌控自己的命运。

建构游戏

拼图进阶

这个年龄段的孩子可以玩 3 ~ 4 块拼图。可以给他买市售设计好的成品，如普通的 4 块纸板拼图；还有可以当积木玩儿的立体拼图和训练空间想象力的多层拼图。也可以自己给他做，不用费心设计各种曲线，将一个图案横剪几刀、竖剪几刀即可。

积木进阶

适合 2 ~ 3 岁孩子的积木有磁力片、小块木质积木、咬合性积木（雪花片、乐高等）。他这时可以搭起 5 ~ 6 块，仍需你的引导。出现真正意义的建构，如堆高、平铺和重复。会不厌其烦地重新搭起刚刚倒下的“高楼”，或者故意将其推倒重建，也会将积木首尾相接连成一列“火车”或是建一条“公路”。

面团变变变

做面食的时候，揪一块拿给孩子玩，让他用小手自己捣鼓这块小面团，让他捏出各种形状。你可以多给他点儿提示，提示他捏个什么物体出来。如果你能用食用色素做些彩色面团（塑型能力和色彩鲜艳度不如橡皮泥，但从安全角度考虑，比较适合这个年龄段的孩子），孩子发挥的空间就更大了。注意，看好孩子，不要让他把面团塞入嘴巴、鼻孔或耳朵。

去海边堆沙堡

带宝宝和玩沙工具去海边。现在，宝宝已经能利用工具、沙和水构筑自己的沙堡了，刚开始可能只是简单地堆小土堆。你要引导他利用工具造型。当然，手是最好的工具。抛开大人的姿态，回归童年，和宝宝一起投入地玩起来吧！

入园准备

很多孩子刚上幼儿园的时候会出现“入园不适应症”，表现为哭闹、胃口差、常生病，有的甚至持续一年之久。就像2岁左右的生理断奶一样，孩子入园前要经过心理断奶，克服分离焦虑，离开主要抚养人（主要依恋对象）的怀抱，掌握一些独自闯世界的基本生存能力，才能在3岁的时候顺利完成入园过渡。这是一个循序渐进的过程。孩子2岁以后就要开始为上幼儿园做准备了。

心理准备

进行分离训练，大人和孩子都需要这样的心理准备。平时谁和孩子在一起的时间长，谁和孩子能产生更强烈的依赖感，从现在开始，每天离开孩子一会儿，之后每天逐渐延长每次分开的时间，但不要不告而别，让孩子确信你每次只是离开一会儿，终会出现。安全感足够的孩子更能克服分离焦虑。

引导孩子多结识生活环境中的小伙伴，拓展孩子的社交空间，减少对家人的依恋。

带孩子参观幼儿园，让孩子看小哥哥小姐姐在园中玩耍，熟悉老师，消除对幼儿园的陌生感，并对上幼儿园产生期待；还可以让孩子在家里玩假装上幼儿园的游戏，提前感受上幼儿园的场景。

给孩子看有关幼儿园的绘本，帮他加深对幼儿园的了解，有助于孩子克服害怕、担忧等情绪。

身体准备

尽早调整孩子的作息时间，与幼儿园的作息规律接轨，这也是需要一段时间调整适应的。

训练孩子的自理能力，让他学会自己吃饭、喝水、上厕所、洗手、睡觉、穿脱简单衣服和鞋子（本书中有训练游戏）。

会表达需求，有事找老师。可以在家玩角色扮演游戏，帮助孩子熟悉常用语言。

物质准备

了解幼儿园的要求，准备相应物品。

给孩子购买方便穿脱的衣裤鞋袜，多放一套在幼儿园以备换洗。不要买装饰品过多的衣服、带拉绳的连帽衣和洞洞鞋，容易发生意外。有些幼儿园需要另备一双室内鞋。

给孩子准备一个安抚物让他带到幼儿园，比如平时陪睡觉的毛绒玩具、常盖的小毯子。这些安抚物是孩子用来安放情感依赖的过渡客体，可暂时性替代依恋对象。

3～4岁

宝宝发育情况自查表

五感和认知	能辨别歌曲的旋律、节奏；对颜色、数字、数量、时间、空间的概念进一步明确；随着语言能力飞速发展，理解能力进一步提升，对稍复杂的指令可以理解并能执行；对故事开始产生浓厚兴趣，能记住小部分故事内容；有强烈的好奇心，会问很多问题，如“是什么”“为什么”，但对过于详细的解释不感兴趣。 只能从单一维度理解事物。还没有守恒的概念，如同样多的水分别倒入不同形状的容器，他会认为容器中的水不一样多；10颗一样的糖果，放两排，每排5个，其中一排间距大一些，他会认为间距大的这一排糖果多。 **注意**时间可发展到12分钟左右；再认能力增强；对熟悉物体的记忆效果优于生疏的物体，但基本没有什么**记忆**策略。
动作（大动作、精细动作）	能灵活地跑来跑去，能自如地上下楼梯，可以单脚跳几秒，能接住球并流畅地抛出或踢出，骑车技能也更熟练。 会扣扣子、解扣子，能穿、脱简单的衣服、裤子，会自己洗脸，会洗澡、刷牙（需大人指导），能将水在不同容器间倒来倒去不洒出，会用剪刀，能用胶泥捏出各种形状，能玩4～6块拼图，能搭9块积木。 能用较正确姿势拿笔作画，能用几条线画出形状，如方形和圆形，并在线条内涂色。绘画中有人像出现，但通常是简单的示意画，很多缺胳膊少腿。
语言	能理解包含3个步骤或2个复合词组的指令；能描述一件最近发生的事情；能使用包含疑问词的句子；能讲出包含3个词以上的句子；会讲故事，且表达清晰，陌生人也能听懂；在3岁半左右，词汇量会翻番。
情感和社交能力	更加独立，不再完全以自我为中心，情感更丰富且在大人引导下能表达，开始有人际界限意识，会用语言协商，有一定的自控力，能自己如厕，喜欢协助大人做事，会分享自己的物品，喜欢结交朋友，开始有合作意识，能轮流等候，解决冲突的社交技巧还需大人引导，对依靠玩具的活动较之前减少，假装游戏水平提高——尤其喜欢扮演爸爸妈妈，开始出现性别倾向，还不能完全分清想象和现实。

注：孩子发育个体差异很大，快慢不一，特别需要关注的问题参见《0～6岁早教游戏育儿计划：高效能父母陪玩手册》中的相关内容。

适合的玩具和图书

绘本，童话故事书，贴纸游戏书，迷宫书，涂色书；拼图，积木；音乐玩具（如尤克里里、手鼓、木琴等）；橡皮泥或泥塑玩具；画画玩具；玩沙玩水的工具；厨房玩具；娃娃家；玩偶；医生玩具；斧子、锤子等木工玩具；水果切切乐；各种球和拍子；可以骑乘的玩具；纸；儿童剪刀；可以帮助孩子进行假装游戏的任何物件。

尤克里里

水果切切乐

纸和儿童剪刀

拍子

泥塑玩具

积木

肢体运动游戏

我说、你做

你说一个连续指令，让孩子按照指令做出相应动作，比如“往前走三步，向右转，举起你的左手”。这不仅可锻炼孩子的肢体动作，对孩子视听动的知觉转换能力也是一种训练。也可以反过来玩儿，让孩子发指令，你按照指令做，以增强互动性，锻炼孩子的语言能力。

木头人

爸爸妈妈和孩子一起玩这个游戏。爸爸或妈妈当发令官，喊“我们都是木头人，不许说话不许动”。正在动来动去的另外两人听到指令后立刻静止不动，然后，看谁先动，先动的要被挠痒痒，然后再来下一轮。本游戏可锻炼宝宝的快速反应能力、对身体的控制能力、视听动知觉转换能力，也可培养规则意识。

开火车

将毛巾或围巾从孩子腰间绕过，你拿着毛巾的两头站在孩子后面，让孩子这个“火车头”带着你向前开动（走或跑），从一个房间“开”到另一个房间，嘴里还要发出“开火车喽，轰隆轰隆”的声音。其他家庭成员也可以加入。本游戏可促进孩子肢体协调性和与他人协作的能力，还可培养其想象力。

亲子瑜伽

和孩子一起做各种瑜伽动作，既可增强亲子感情，又可使两个人都得到锻炼，在欧美国家很流行。

树式

妈妈和孩子并排站立，各抬起外侧脚，搭在另一条腿的大腿内侧，双手举过头顶，合掌。左右脚交替做此动作，可提升平衡能力。

战士式

妈妈和孩子面对面站着，各伸一只脚向前迈一步，屈膝下蹲，另一条腿伸直，双手举过头顶，合掌，拉伸身体，可锻炼腰背和肢体肌肉。

下犬式

妈妈弯腰，四肢撑地，臀部尽量抬起，形成山峰状；让孩子做相同动作，可以待在妈妈身下，也可以在旁边。如果孩子在旁边，妈妈还可以向后抬起一腿，让孩子模仿。

跳房子

在地上画 10 个格子组成“房子”，依次写上数字（如图）。你和孩子以“石头剪刀布”判谁先跳。跳的时候，将沙包或其他便于扔着玩儿的物件扔到“房子”里，扔到哪格跳到哪格，逢单格单脚跳，逢双格双脚跳，以跳到最后一格结束。如果跳出格或压线，则返回起始点重新跳。本游戏可锻炼孩子对身体的控制力及灵活性和协调性，也可培养孩子的规则意识。

踩水坑

很多孩子都喜欢踩水坑，不要阻止他，给他穿上雨靴，带他去雨过天晴的水泥地（泥地会比较脏），让他踩个够！在踩水坑的过程中，孩子对自己的身体逐渐更有掌控力，孩子将知道，如何踩才能防止水花溅得满身都是，怎么踩才能发出有节奏的声音。总之，踩的动作的轻重不同，水坑反馈给孩子的是不一样的

现象。踩水坑还可以帮助孩子释放压力、缓解焦虑。

踩线走

让孩子跟在你后边，沿着地上画出来的线走，可以利用小区内现成的道路规划线。这个游戏可以增强孩子对身体特别是双腿的控制能力，促进孩子平衡能力发展，对稳定孩子情绪也很有帮助，甚至可提升孩子的自控力。

障碍骑

找一处开阔的场地，设置几个路障，让孩子骑着滑板车或三轮车绕过这些路障行进。这可锻炼孩子对身体的控制力，使手、眼、脚更灵活，更协调。你可以趁机给孩子讲讲交通规则，帮他从小建立交通安全意识。

投球

找一个篮筐或水桶，你和孩子轮流将球投进去，刚开始可以站得距离篮筐或桶近一些，投进去的次数多起来后慢慢加大距离。这个游戏可锻炼孩子的手眼协调、空间定位和手部的控制力。轮流投球、投球时脚不越线也可帮孩子形成简单的规则意识。

水中追球

扔一个球到装有水的大脸盆，你晃动脸盆，让孩子去抓在水面跑来跑去的球。这个游戏比较适合在洗澡之前进行，可锻炼孩子视物追踪、手眼协调和手部控制能力，并可让孩子将注意力从其他地方转移到接下来要进行的“洗澡”这件事上来。如果孩子有游泳课，可以让他在游泳池里追球游。你在旁边将球扔到各个方向，逗引孩子去抓，可增强孩子对游泳的兴趣。这可使孩子全身肌肉得到锻炼，使孩子肢体协调性及灵活性得到提升。

运乒乓球

你和育儿搭档站两头，将一个乒乓球放在拍子（纸板）上，让孩子拿好拍子（纸板），从你这里运到你的育儿搭档那里，运球过程中球不能掉落，运到育儿搭档那里后，再运回来。本游戏可锻炼孩子对身体的控制能力和手眼协调。多人接力形式会让孩子更乐于参与，孩子通常都喜欢热闹的活动。

筷子夹夹

取一个容器（比如纸盒子、塑料桶），在里面放各种小物件，也可以将纸团成一个个小纸团放进去，让孩子拿着筷子将小物件一个个夹出来，再夹回去。使用的筷子最好是儿童用的短筷子。你可以和孩子轮流玩，孩子可以从你的示范中掌握动作要领。多一些互动可提升孩子的兴趣，但一定要注意安全。这个游戏可锻炼孩子手眼协调和对手部小肌肉的控制能力，双手轮换玩还可以促进左右脑协调发展。

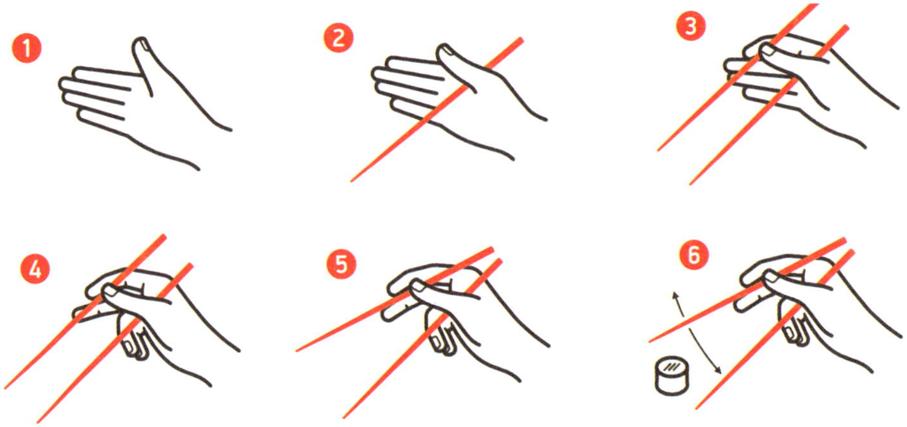

拣豆豆

取一个容器，放入红豆和绿豆，让孩子将红豆和绿豆拣出来各放一边。你也可以加入游戏一起拣。这个游戏可锻炼孩子手部精细动作能力、手眼协调和颜色分类能力，还可以增强其视觉敏锐度。

穿珠子

穿珠子是锻炼孩子手部精细动作能力和手眼协调的经典游戏，对手部控制力要求高。3 岁以后的孩子不太会把珠子放进嘴里了，玩这个游戏相对安全，不过还是要注意安全。找一根绳子、几颗珠子，让孩子将珠子穿到绳子上。你可以先示范，穿好后打结。短的可以做手环，长的可以当项链。

做绵羊

你在纸上用简单线条画一只羊，或者让孩子画也可以，然后和孩子一起将柔软的纸（卫生纸或餐巾纸）撕成小条，团成一个个小纸团，当作卷卷的羊毛粘在羊身体上，在纸上涂上颜色来点儿彩色羊毛也不错。这个游戏可锻炼孩子手部精细动作和手眼协调，还能促进孩子想象力发展。

剪剪剪

这个年龄段的孩子通常会用剪刀了，给他准备一把儿童安全剪刀，让他拿着将纸剪成各种形状。你可以先示范怎么使用剪刀，还可以在纸上画上线条、形状，让他沿着线剪。剪下的纸片可以做粘贴画，也可以当作假想游戏的道具。

涂色

你在纸上用简单线条画动物或人，让孩子用彩色笔在线条内涂色。填充使形象更丰满，这对于还在乱涂乱画阶段的孩子来说，可增强其绘画的信心："瞧，我也能画出点儿东西来了。" 涂色时不能涂到线条外，这可增强孩子的手部控制力，对于画画和今后的写字也是很好的练习。

上色参考

走迷宫

买现成的走迷宫的图书，和孩子一起玩。你也可以自己设计一个迷宫（如下图示例），让孩子玩。这个游戏可提升孩子对空间关系的认知，促进手眼协调发展，增强对手部的控制力，对今后学拼音、识字、阅读、书写都很有帮助。

答案

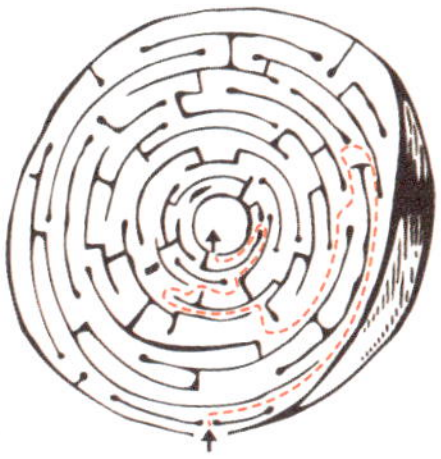

切水果

给孩子一把塑料小刀，比如可以将切生日蛋糕用的塑料刀保存下来给他用，让他用刀切各种质地稍软的水果，比如香蕉、火龙果、西瓜等。你可以先切几块给他看。这个游戏可提升他手部精细动作能力，促进手眼协调，学习用手操作工具。虽然用的是塑料刀，还是要注意安全。切好的水果可以进行创意摆盘，可促进孩子创造力发展。

倒水喝

拿几个杯子，将水从一个杯子倒到另一个杯子，然后端起杯子喝水，让孩子模仿你。这是对日常生活的演练，也是对孩子自理能力的锻炼。上幼儿园后，孩子都需要自己倒水喝。水洒得越来越少，说明孩子对手部的控制力和手眼嘴协调能力越来越好。

梳头发

为孩子准备一把属于他的专用梳子，让他模仿你的动作给自己梳头发，这是基本的生活自理能力的训练。现在他的手部动作能力比小时候强多了，不是比画一下就算数，真是像模像样呢！也可以让他给娃娃梳头发，就像妈妈每天给他梳头发一样。给自己梳和给别人梳是两种不同的手部动作，可锻炼孩子不同的手部精细动作能力。

摆跳棋

每个孩子的童年都需要一副棋。众所周知，下棋对逻辑思维能力的训练很有好处。3 岁左右的孩子，还不懂如何下棋，拿着棋子摆一摆就可促进手部精细动作能力和手眼协调的发展。跳棋棋盘分为 6 个颜色区域，你和孩子一起将棋子摆到同颜色的区域，可以锻炼孩子的颜色分类能力；依序摆放还可以培养孩子的条理性。

手指操

根据下面口令，和孩子一起玩手指操吧！

手指上课（两手五指相顶），
大门开了（两手拇指分开），
小门开了（两手小指分开），
二门开了（两手食指分开），
后门开了（两手无名指分开），
中门也开了（两手中指分开），
小朋友都进来了（两手十指交叉抱拳）。
教室门开了（两手拇指分开），
老师走进来了（左手食指竖起）。
全体起立（交叉的十指全部伸展），
坐下（两手交叉抱拳）！

语言游戏

传话游戏

你跟孩子说一句话，让他转述给你的育儿搭档，让你的育儿搭档说出来，看看是否和你原来的话一样。通过这个游戏，你可判断和训练孩子的听知觉能力、知觉转换能力、口头表达能力。这个游戏还被很多公司用作团队建设游戏。

里面有什么

将一些常见物品放入袋子，让孩子伸手进去摸，并说出都摸到了什么东西。这个游戏可提升孩子触觉转换到视觉和言语的知觉转换能力。如果孩子始终说不对，准备放弃，你可以提示他一下，比如什么颜色、有什么用途等。这个过程可丰富孩子的词汇，还可以帮助孩子从多个角度看同一件事物，甚至发展其解决问题的能力。

介绍自己的家

甩给孩子一个话题，让他自由发挥。你做评委补充。你乐得轻松，孩子也无拘无束、有话可说。比如介绍自己的家，你可以提示他，家住哪里，家里的环境怎么样，家里都有什么人，最喜欢家里的什么，最不喜欢家里的什么，等等。

介绍自己和家人

人际交往一般从自我介绍和相互介绍开始。让孩子尝试介绍自己和家人，是很好的口头表达锻炼，也是很多幼儿园面试要考察的项目。你可以在一旁补充润色，还可以让孩子看看你是怎么自我介绍和介绍家里其他成员的，比如姓名、年龄、来自哪里、性格喜好等。

介绍好吃的、好玩的

这个阶段，孩子的世界除了吃就是玩，好吃的、好玩的是他们最感兴趣的。让孩子给你介绍介绍他认为好吃和好玩的东西，或许未来的美食家、导游、主持人、设计师就是他了。你可以引导他将一件事物说得更生动形象、丰富多彩，比如："我喜欢吃猕猴桃，又酸又甜。""猕猴桃摸着感觉怎么样？""毛茸茸的……""像不像猴子的毛？""猕猴桃什么颜色？""绿色。""形状呢？""有点圆。""椭圆形，把圆'咔'按扁一点儿就这样了……"

放学路上聊一聊

大多数孩子 3 岁后就上幼儿园了，每天接送孩子时是锻炼孩子语言能力最好的时机。很多家长不知和孩子聊什么，以下这些可以参考："幼儿园哪里最好玩？""今天你打算玩什么？""今天开心吗？""今天有什么有趣的事情？""你认识新朋友了吗？叫什么名字？你觉得他怎么样？""你今天做了什么有意思的事情？""今天的游戏好玩吗？""今天的饭菜好吃吗？""你需要帮忙吗？"和孩子聊天，多说正面、积极、鼓励、肯定的话，不要说消极、否定、质问、批评的话；提问尽量具体，太宽泛了孩子不知从何说起。多向老师了解孩子在幼儿园的情况，就有更多话题和孩子聊了。

给妈妈讲故事

上幼儿园后，孩子的语言能力将有一个质的飞跃。这时，不妨多让孩子给你讲故事，刚开始可以先让他拿着绘本看图说话，就像平时在亲子阅读时你给他讲故事一样；逐渐地可以让他"脱稿"，天马行空，自由发挥。孩子正在爱幻想的年纪，或许有时候他编的故事连你也自愧不如。

寻求帮助

带孩子出门在外，需要问路、点餐、询问信息的时候，让孩子出马，你从旁协助。这可以锻炼孩子口头表达能力及与人交往的能力和胆量，继而帮助孩子成为更独立、更自信的人。

你问我答

你向孩子提一些有意思的问题，让孩子回答。问题不能太难，也不能离孩子日常生活太远。从孩子的回答中不仅可以看出孩子的语言水平，还能发现他的很多小秘密。孩子也会模仿你，他的提问水平也会逐渐提高。会提问的人思维能力更强大。可以参考的问题有：“你起床后最想做什么？”“看了那么多书，如果你写一本，你会写什么？”“你喜欢什么样的衣服？如果你是服装设计师，会怎么设计呢？”“如果你开一个餐厅，会给客人提供什么食物？”“如果你是摄影师，你想拍什么？”“你更想成为哪种动物，狗，猫，老虎，鱼，小鸟？或者你自己说一种？为什么想成为这种动物？”

怎么办

当孩子遇到问题的时候，不要马上帮孩子解决，试着问问他，他会怎么办？当他将想法通过语言表达出来，他的语言能力和思维能力又一次得到了锻炼，解决问题的能力也会逐渐提高。

做买卖

带孩子参加社区组织的跳蚤市场。社区没有这种活动，也可以自己组织，邀请三五个有孩子的家庭即可。和孩子一起将不用的东西收拾出来摆个摊，让孩子当摊主售卖，并和购买者进行交易，你可以在一旁协助。这个过程有大量的语言交流和思维能力的锻炼，还是成人社会真实活动的模拟，是很好的游戏形式。

大街上的标语

带孩子逛街的时候，你给他指认沿途看到的各种店名及标语，可加深他对汉字及其用法的印象，为今后识字做准备，比如“中国银行”“物美超市”“地铁”“杭州小吃”等。

儿歌

丢手绢

丢，丢，丢手绢，
轻轻地放在小朋友的后面，
大家不要告诉他，
快点快点捉住他，
快点快点捉住他，
快点快点捉住他。

这个游戏，在家也可以玩儿。人越多越好，大家围成一圈蹲着，选一人拿着手绢在大家身后绕圈跑，跑的过程中随意将手绢放在某人身后，马上跑，如果绕一圈跑到那个人身后还未被发现，罚那个人表演节目。

雪绒花

雪绒花，雪绒花，
清晨迎接我开放，
小而白，
洁而亮，
向我快乐地摇晃。
白雪般的花儿愿你芬芳，
永远开花生长。
雪绒花，雪绒花，
永远祝福我家乡。

美国电影和音乐剧《音乐之声》中的著名歌曲，表达了浓浓的爱国情。和孩子一起唱这首歌，感受其中的情怀。

英文童谣

What's This

What's this?

What's this?

What's this?

What? What?

It's a book.

It's a book.

It's a book, book, book.

What's this?

What's this?

What's this?

What? What?

It's a bag.

It's a bag,

It's a bag, bag, bag.

Teddy Bear

Teddy Bear, Teddy Bear,
Turn around.
Teddy Bear, Teddy Bear,
Touch the ground.
Teddy Bear, Teddy Bear,
Shine your shoes.
Teddy Bear, Teddy Bear,
That will do!
Teddy Bear, Teddy Bear,
Go upstairs.
Teddy Bear, Teddy Bear,
Say your prayers.
Teddy Bear, Teddy Bear,
Turn off the light.
Teddy Bear, Teddy Bear,
Say good-night.

亲子阅读

《大卫上学去》

美国绘本作家大卫·香农的经典之作，荣获 1998 年凯迪克荣誉奖。主角仍然是调皮捣蛋的大卫。和《大卫，不可以》中的大卫不同，这里面的大卫开始在学校里学习各种规矩了，并开始学习与人相处。老师尽管说了许多“不可以”，可还是用鼓励的方式帮助大卫快乐成长。这给了家长一个很好的示范，要立规矩，也要多鼓励孩子，多表达对孩子的爱。学校和家是两个完全不同的环境，借助绘本帮孩子转换视角，可很好地帮他完成心理过渡。

《妈妈发火了》

如何亲子沟通更有效？很多时候怒火并不能解决问题！韩国绘本作家崔琡僖在书中借助温情故事来讲述表达爱的方式。在亲子阅读过程中，孩子将学着体会父母的关爱，父母将学会如何更好地和孩子沟通。

《爸爸，我要月亮》

美国绘本作家艾瑞·卡尔的经典拼贴画作品。女孩小茉莉想和月亮一起玩，爸爸带着她经过努力最终达成愿望。这个故事给孩子传递了这样一种信念：梦想是要有的，经过努力是可以实现的。绘本呈现了多种折页变化，可让孩子感受空间延伸的巧妙创意。从故事情节中，孩子可以了解长短、高矮、大小等概念，还能观察到月亮阴晴圆缺的变化。和孩子一起用橡皮泥来模拟月亮的周期变化吧，也可以用手电筒照射地球仪的方式让孩子感受月亮的周期变化。

《阿文的小毯子》

一条毯子、一件旧衣服、一个毛绒玩具都可能成为孩子童年的情感依恋客体，又称过渡客体，可帮助孩子对抗焦虑、寂寞，抚慰孩子安然入睡。阅读这个故事，能让孩子产生共鸣，可让孩子和父母明白，总是抱着小枕头或喜欢的毛绒玩具并不是羞愧的事情，和恋物癖不同，这是孩子成长过程中的正常现象。

《南瓜汤》

曾荣获 1999 年英国凯特・格林纳威大奖。作者海伦・库伯曾做过音乐老师，所以绘本的图文编排如美妙的旋律，婉转流畅又充满节奏，动人心弦。绘本描述的是树林里的小动物们分工合作做南瓜汤的故事。除了快快乐乐地一起玩耍，小动物们也会有吵架、担忧、寻找、重聚、和好，像极了每个人和朋友相处的日常。你和孩子看了不免会心一笑。你可以和孩子扮演其中不同的角色，感受主角们当下的心情。和孩子一起做一样食物，则是绘本阅读最好的延伸。

《魔法亲亲》

这是一个能帮助孩子克服分离焦虑的故事，特别适合刚离开家去上学的孩子，可帮助他更好地适应学校生活。故事的创作背景很特别。作者奥黛莉・潘恩的女儿 4 岁进幼稚园经历了极大的分离焦虑，令她备感苦恼。某天她看见一只母浣熊舔小浣熊的手，接着母浣熊拉起小浣熊的手在小浣熊脸上摩擦。经查询资料她才明白，原来母浣熊和小浣熊分开时都会这么做。因为有妈妈的气味相伴，小浣熊独自待着就不害怕了。作者如法炮制，她的女儿也因此情绪安定地度过了分离时光。之后，作者以浣熊为主角写下了这个温暖而充满力量的故事。读完故事，你给孩子一个魔法亲亲吧，让孩子感受一下你对他浓浓的爱。

"学会爱自己"系列（全 20 册）

这套书能帮助孩子学会自我保护、自我管理、自我悦纳、自我激励，特别适合刚刚离开家去上学的孩子，也能让父母对孩子"独自闯世界"更放心。

《乳房的故事》《小鸡鸡的故事》

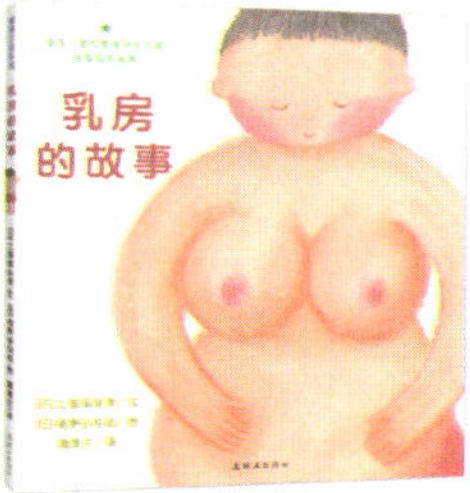

儿童早期性教育越来越受家长重视。弗洛伊德认为儿童性心理（人格）的发展有 5 个阶段。从 1 岁前的口唇期，1 ~ 3 岁的肛门期，再到 3 ~ 6 岁的性器期，6 ~ 11 岁的潜伏期，这几个阶段若过渡顺利，11 岁以后进入青春期就会对异性感兴趣，直至成年。3 岁后的孩子已经开始了解男女的不同，出现性别倾向，喜欢和同性孩子一起玩，喜欢扮演爸爸或妈妈，特别关注生殖器。《乳房的故事》《小鸡鸡的故事》这两本图画书可以帮助孩子了解两性特有的器官，建立健康的性认知。阅读绘本的同时，要告诉孩子，这些器官属于个人隐私部位，不能让别人触碰，并让孩子了解其他属于个人隐私的部位。

《忙忙碌碌镇》
《轱辘轱辘转》

3 岁以后的孩子有一定的生活经验了，上幼儿园之后也参与了更多社会活动，是时候看这本描绘各种职业和社会分工的绘本了。在一个城市中，人们各司其职，市政厅公务员在管理这个城市，环卫工在路上打扫，快递员穿行街道送货，售货员在商店卖货，作家在写字，画家在画画，人们把赚到的钱放到银行，有病了去医院看医生，着火了找消防员来灭火，还可以坐各种交通工具去旅行……这些都将帮助孩子了解社会是如何运转的。

如果孩子对交通工具特别感兴趣，还可以看看另一本图画书《轱辘轱辘转》。这本书中不仅有生活中真实存在的交通工具，还有充满想象的胡萝卜车、香蕉车等。

《14 只老鼠》（全 12 册）

这套书能给城里的孩子亲近田园野趣生活的诗意享受。书中的 14 只老鼠各有特色，它们组成了亲情浓厚的大家庭，分工合作，快乐生活。春天你可以和孩子跟随《14 只老鼠去春游》，夏天可以和孩子去《14 只老鼠的蜻蜓池塘》玩玩水，秋天可以观落叶及听《14 只老鼠的秋天进行曲》，还可以和《14 只老鼠过冬天》并且一起玩雪。另外，《14 只老鼠吃早餐》《14 只老鼠洗衣服》《14 只老鼠挖山药》《14 只老鼠种南瓜》《14 只老鼠捣年糕》《14 只老鼠赏月》《14 只老鼠的摇篮曲》《14 只老鼠大搬家》也都很好玩。

《子儿，吐吐》

故事中的小猪“胖脸儿”吃木瓜没吐子儿，于是很担心木瓜子儿会在肚子里长出一棵木瓜树，之后又很期盼树长出来。吃水果不吐子儿是很多孩子童年会经历的事，可以引发孩子的很多想象。在阅读过程中，你可以引导孩子发挥想象 ：“你觉得水果的子儿吃下去会怎么样呢？”

《肚子里有个火车站》
《牙齿大街的新鲜事》

这两本图画书是德国著名童书作家安娜·鲁斯曼的作品，旨在帮助孩子养成良好的生活习惯，如吃饭要细嚼慢咽、少吃冷食甜食、经常刷牙以保护牙齿。阅读绘本比家长干巴巴对着孩子说教有用多了。阅读这两本书时不要急于将书中的大道理告诉孩子，要让他自己慢慢体会。书中画面有很多有趣的细节，你们可以一起享受寻找图中各种细节的美妙亲子时光。

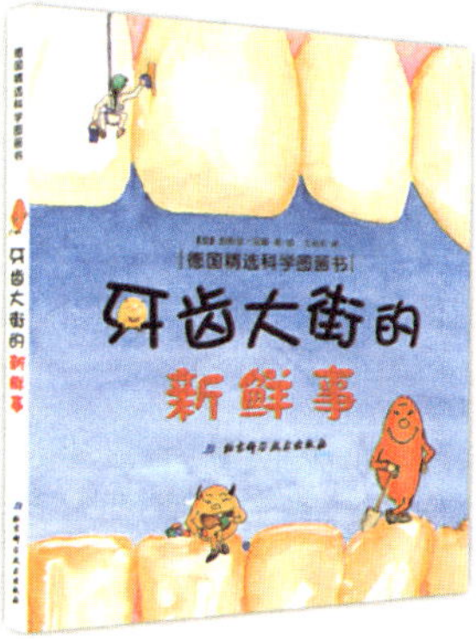

《月亮冰激凌》

《云朵面包》作者白希那又一经典作品，同样是和食物相关。云朵和面包，月亮和冰激凌，多么奇妙的联想！这本书能帮助孩子打开五官，用不同的感官再次认识司空见惯的月亮，对孩子发散思维能力的形成很有帮助。书中的绘画、摄影、布艺等多元创作形式也能让孩子有更丰富的视觉体验。书中最后的部分，月亮从新月到满月的视觉呈现是很好的科普素材。

《不睡觉世界冠军》

绘本作家几米创作的成人绘本总是充满想象而又非常治愈。这本《不睡觉世界冠军》是几米联手英国童书作家西恩·泰勒创作的作品，童趣盎然、温暖细腻，能伴随孩子度过一段让想象自由驰骋的睡前时光，比如可以乘枕头船越过大海浪，可以搭午夜火车穿梭在山谷间，可以坐热气球越飞越高……请你用温柔的语调慢慢地给孩子念书中文字，有安抚神经的催眠作用呢！

“小黑鱼和他的朋友们”系列（全 14 册）

4 届凯迪克奖获得者李欧·李奥尼作品合集，一套 14 册，旨在引导孩子正确地认识自己，做更好的自己。李奥尼是一个才华横溢的艺术天才，绘画、雕刻、设计、印刷、陶艺、摄影几乎样样精通。在这套作品中，你和孩子也将看到多种艺术表现手法，如蜡笔、拼贴、水彩拓画等。

从《小黑鱼》可了解领导力；从《田鼠阿佛》可了解诗人情怀；《亚历山大和发条老鼠》《鳄鱼哥尼流》《佩泽提诺》《自己的颜色》会告诉孩子勇敢做自己；《世界上最大的房子》可让孩子明白适合自己的才是最好的；《玛修的梦》会告诉孩子如何找到自己的方向；《这是我的！》会引导孩子如何与人相处；《一只奇特的蛋》会告诉孩子友谊不分种族；《鱼就是鱼》能让孩子知道人们的认知总是基于以往的经验，想要提升认知就要看看更广阔的天地；《字母树》能让孩子明白团结合作的重要意义；《蒂莉和高墙》将告诉孩子要有梦想并要为之努力；《西奥多和会说话的蘑菇》会让孩子明白说谎不受人待见、每个人都有特别之处。

其实，这套充满哲理的绘本，在教育孩子的同时何尝不是在提醒成人？和孩子共读时，作为父母的你也会有所启发吧！

《小人儿帮手圣诞节》

这是一本让孩子了解圣诞节、平安夜的图画书，也是一本让孩子明白如何分工合作完成一件事的书，还是一本可让孩子见识各种工程车的书。画面有很多小巧思，你和孩子一起寻找一下吧。这本书还是很好的绘本剧脚本，你和孩子一起来一个小小的角色扮演游戏吧！

《100 层的房子》

100 层的房子，每一层都有不一样的风景，你和孩子所看到的世界会越来越宽广。阅读本书时还可以教孩子学数数，让孩子从中了解各种动物的习性。如果孩子对这个绘本感兴趣，还可以让他看看《地下 100 层的房子》《海底 100 层的房子》。让孩子动手画一画他心目中的 100 层的房子，或是用废旧的纸盒子搭一个大房子，都是很好的延伸游戏。

《彩虹色的花》

《月亮的味道》的作者麦克·格雷涅茨的另一作品。除了伟大的情怀，绘本的艺术表现形式也充满厚重感，类似壁画，立体感、颗粒感超强。明艳的色彩，极强的视觉冲击力，将给孩子以艺术和美德的双重熏陶。

《野兽国》

8 次获得凯迪克奖的童书大师莫里斯·桑达克的经典之作。全书的主题是通过想象来保护自己，这也是人类具有的 15 种心理防御机制之一。作者桑达克童年非常悲惨，他了解童年时代的恐惧将伴随人一生，于是试图从潜意识层面观照孩子内心的安全感。每个人心中都住着一只野兽，你和孩子都应学会面对它、和它相处。阅读这本书的过程中，你和孩子的负面情绪将得到释放和安抚。

“百年童话绘本”系列（典藏版）（全 30 册）

《安徒生童话》《格林童话》《伊索寓言》……经典童话故事能给孩子一个美好的世界。可以说，没有阅读过世界经典童话故事的孩子，童年总是缺失了一块，与人交流也少了共同的话题。经典之所以永流传，是因为它们传达的是人类千百年来累积的经验和智慧。这些智慧和经验会一直影响并帮助孩子对抗人生中的种种磨难。

全套 30 册，具体包括《绿野仙踪》《狐狸和鹳》《杰克和魔豆》《金发姑娘和三只熊》《睡美人》《海的女儿》《格列佛游记》《小飞侠彼得·潘》《丑小鸭》《国王的新衣》《糖果屋》《小精灵和鞋匠》《拇指姑娘》《灰姑娘》《金鹅》《六只天鹅》《三只小猪》《影子的故事》《小红帽》《不莱梅乐队》《穿靴子的猫》《梦工厂》《木偶奇遇记》《豌豆公主》《胡桃夹子》《哈梅林的吹笛手》《卖火柴的小女孩》《乡下老鼠和城市老鼠》《小鸡歌手》《长发姑娘》。

《苏斯博士双语经典》（3 级共 16 册）

苏斯博士是20世纪最卓越的儿童文学家、教育家之一，他创作的图画书，想象力天马行空；奇特的人物、荒诞的情节能瞬间抓住孩子的心；极富韵律的语言，文字以游戏形式呈现，可帮助孩子轻松学英语；画风古灵精怪，故事哲理深刻，如反对歧视、反对独裁，成为美国教育部指定的儿童重要阅读辅导读物；不少作品还被改编为电影、音乐剧等；曾获得凯迪克奖、普利策特殊贡献奖、奥斯卡金像奖和艾美奖。为纪念苏斯博士对文学和儿童阅读做出的突出贡献，美国教育协会将他的生日3月2日定为“全美读书日”。

中译出版社在引进这套书时参考国外儿童读物分级体制，将其分为 3 级，第 1 级适合英语刚入门的孩子，包括《苏斯博士的 ABC》《在爸爸身上蹦来跳去》《布朗先生会学牛叫，你行吗》《一条鱼　两条鱼　红色的鱼　蓝色的鱼》《小磨蹭，请你现在就走吧》《千奇百怪的脚》；第 2 级适合在家长协助下能进行阅读的孩子，包括《绿鸡蛋和火腿》《我闭着眼睛都能读书》《你能有多少奇思妙想》《穿袜子的狐狸》《数也数不清的念头》；第 3 级适合能独立阅读的孩子，包括《霍顿孵蛋》《霍顿听见了呼呼的声音》《如果我来经营马戏团》《乌龟耶尔特及其他故事》《史尼奇及其他故事》。

双语版的好处就是家长可以先自学好了再给孩子阅读。如担心自己发音有问题的话，你还可以在网上找音频和视频先学习。

Row Row Row Your Boat

根据英国传统童谣改编的绘本。书中重复用相同的头韵带出一串动名词，节奏缓慢，便于传唱。书中的水粉画，柔和的色调极富亲和力。你带着孩子边看边唱，很容易就学会其中的内容了。跟着憨憨笨笨的棕熊一家去划船，去野餐，经历一场欢乐的冒险旅程吧！

What's the Time, Mr Wolf?

这是一本有趣又好玩的指偶玩具书，通过 12 轮趣味对话，展示了狼父子一天的生活起居。本书能帮助孩子认识时间、养成规律作息的好习惯；也非常适合你和孩子进行互动表演。

Today is Monday

艾瑞·卡尔一如既往的特色鲜明的拼贴画风格是本书最大的特色。内容按照一周 7 天的时间顺序展开，每天出现一种动物吃掉一样食物，最后用一首歌谣回顾这一周出现的食物。孩子从中可以学到关于星期、动物、食物的单词。读完本书，你可以和孩子一起设计一份属于你们自己的一周餐单。

I am the Music Man

如果想找一个绘本，引导孩子同时对音乐和英文感兴趣，既能初步认识各种乐器，又能进行英语启蒙，非 *I am the Music Man* 莫属了。书中活泼的曲调会令人情不自禁地想跳舞。跟随绘本，你和孩子还可以认识 6 种乐器，它们是 piano（钢琴）、saxophone（萨克斯）、big bass drum（低音大鼓）、xylophone（木琴）、violin（小提琴）和 trombone（长号）。

Ten Fat Sausages

十根胖乎乎的香肠在油锅里吱吱作响，然后两根两根“砰”“啪”地撞在了一起。韵律感极强的歌谣和滑稽爆笑的画面很容易吸引孩子。英语启蒙的同时还有数学启蒙，如对数数、加减和数量有很好的科普。读完绘本，你可以将香肠换成其他日常物品，也可以对数量略作改动，然后和孩子一起来玩数数游戏。

艺术游戏

舒曼·《童年情景》

德国作曲家舒曼回忆童年生活的钢琴套曲，由13首小曲组成。来自遥远国度的《异国和异国的人们》能引发孩子的好奇；《奇怪的传说》可满足孩子天真的幻想；可以和孩子玩玩《捉迷藏》；让孩子听一听《孩子的请求》中的满满稚气。此外，还有《无限的快乐》《重要事件》《梦幻曲》《火炉边》《骑木马》《过分认真》《惊吓》《孩子入睡》《诗人的话》等曲目都是很好的音乐启蒙素材。

维瓦尔第·《四季》

意大利作曲家、小提琴家维瓦尔第最早用音乐来抒写“四季”，他还在每首乐曲前加了一首解释音乐内容的十四行诗。不妨带着孩子一起来一场配乐诗朗诵。

春

春临大地，
众鸟欢唱，
和风吹拂，
溪流低语。
天空很快被黑幕遮蔽，
雷鸣和闪电宣示暴风雨的前奏；
风雨过境，鸟语花香，
奏起和谐乐章。
芳草鲜美的草原上，
枝叶沙沙作响，喃喃低语；
牧羊人安详地打盹，脚旁睡着他的狗。
当春临大地，
仙女和牧羊人随着风笛愉悦的旋律
在草原上婆娑起舞。

夏

奄奄一息的人们和动物躺在
炽热无情的太阳底下，
松树仿佛就要起火；
杜鹃高歌，随即加入斑鸠和金翅雀的行列。
微风轻拂，
但很快大风骤起，
有风雨欲来之势，
牧羊人受了惊吓，
非常担心他的羊群以及自己的命运，
他开始忙着做各种准备，不安的心在灰暗的
天空下，
在蚊蝇的嗡嗡作响下，显得更加孤立无援。
终于，他担心的事发生了——
雷电交加，狂风暴雨及冰雹
阻挡了他回家的路。

秋	冬
农人唱歌跳舞，	人们在凛冽的寒风中，
庆祝庄稼的丰收。	在沁冷的冰雪里不停发抖；
酒神的琼浆玉液	靠着来回踱步保持体温，
使众人在欢愉的气氛中沉沉睡去。	但牙齿仍在不停地打战；
在歌声及舞蹈停止之时，	在持续的雨雪天气中坐在火炉旁度过
大地重回宁静，	安静而美好的时光；
万物随幸福的人们，	小心翼翼地踩着步伐前进，
在秋高气爽中一同进入梦乡。	生怕一个不留神栽个大跟斗；
破晓时分，号角响起，	有时在冰上匆匆滑过，
猎人带着猎狗整装待发。	跌坐在雪上，来回玩耍；
鸟兽纷逃，而猎人开始追寻猎物的行踪。	直到冰裂雪融的时刻，听见温暖的南风轻叩
一阵枪声夹杂着猎狗的狂吠之后，	冷漠的冰雪大门。
动物四散奔逃，但终奄奄一息，	这是冬天，
不敌死神的召唤。	一个愉快的冬天。

柴可夫斯基·《四季》

柴可夫斯基将俄罗斯 12 个月的代表景物写入曲中，作成《四季》钢琴套曲。带着孩子静静聆听，从中感受俄罗斯一年中各有特色的 12 个月，兴起时一起跳支舞吧！

1 月，《壁炉边》缓慢单调的节奏仿佛让人看到寒冬之夜烛火微明；2 月，《狂欢节》欢快的节奏和跳跃的旋律仿佛让人看到狂欢节上热烈舞蹈的人群；3 月，《云雀之歌》轻捷灵巧的旋律展现了春日云雀在欢唱的景象；4 月，《松雪草》柔和的节奏传递了初春的憧憬；5 月，《清净之夜》起伏委婉的旋律表达了对美妙夜晚的颂叹；6 月，《船歌》匀称而略有起伏的旋律使人仿佛看到夏夜随波荡漾的小船；7 月，《刈者之歌》以吉卜赛民间舞曲的风格传达了丰收的喜悦；8 月，《收获》急促的节奏展现了丰收的繁忙；9 月，《狩猎之歌》进行曲的特点可使人联想到清晨原野上前进的马队；10 月，《秋之歌》缠绵的旋律充满悲秋的忧伤；11 月，《在马车上》充满生气的旋律仿佛让人看到马车奔驰于茫茫雪原；12 月，《圣诞节》生动地描绘了姑娘在圣诞夜跳圆舞曲的情景。

古筝名曲·《出水莲》

作为中国古筝十大名曲之一，《出水莲》以清丽空灵的曲调刻画了莲花“出淤泥而不染，濯清涟而不妖”的高洁品质，表达了人们对洁身自好的高尚情操的追求。在此曲的基础上，和孩子一起找一找身边还有哪些寓意高贵品质的植物。花中四君子是哪四个？如果你不知如何给孩子解释，带着孩子一起去感受一下实物吧！

二胡名曲·《空山鸟语》

近代音乐家刘天华的又一首二胡独奏曲，技巧性极强，描绘了刘天华故乡一座山上满目竹林、鸟语花香的美景，标题取自唐朝诗人王维的诗《鹿砦》。一起和孩子来感受一下！

空山不见人，
但闻人语响。
返景入深林，
复照青苔上。

笛子名曲·《姑苏行》

笛子演奏家、作曲家江先谓在 1962 年采用昆曲音调创作的一首笛子曲，充满浓郁的江南风味。让这首充满正能量的笛子名曲充盈你美好的亲子时光吧！

琵琶名曲·《阳春白雪》

中国十大琵琶名曲之一，清新流畅的旋律，轻松明快的节奏，描绘了冬去春来万物欣欣向荣的初春美景。在享受乐曲的同时，你可以启发孩子仔细辨别琵琶和古筝的不同。

水、杯子和音乐

搜集几个造型不一样的玻璃杯，用筷子敲打，聆听发音；再往里注水，在水位高低不同时敲打，发音会有所差别，让孩子感受这种差别。也可以用这种最粗放的音乐演奏形式，和孩子合奏一曲属于你们自己的音乐。

好玩的折纸游戏

会动的嘴

在稍硬的纸上画一个鸭子的头，如下图，沿实线剪开，沿虚线对折，然后将纸合拢、展开，就能呈现鸭子说话的动画效果。

东南西北

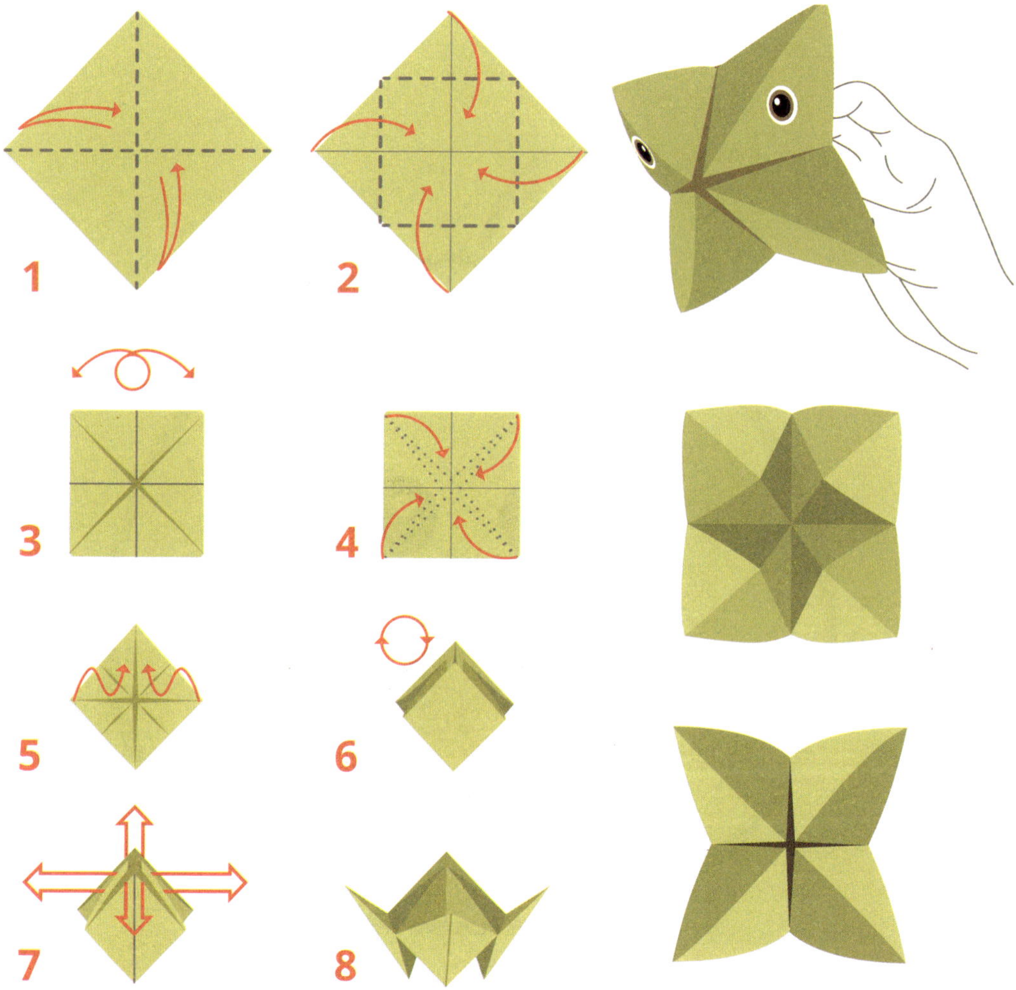

千纸鹤

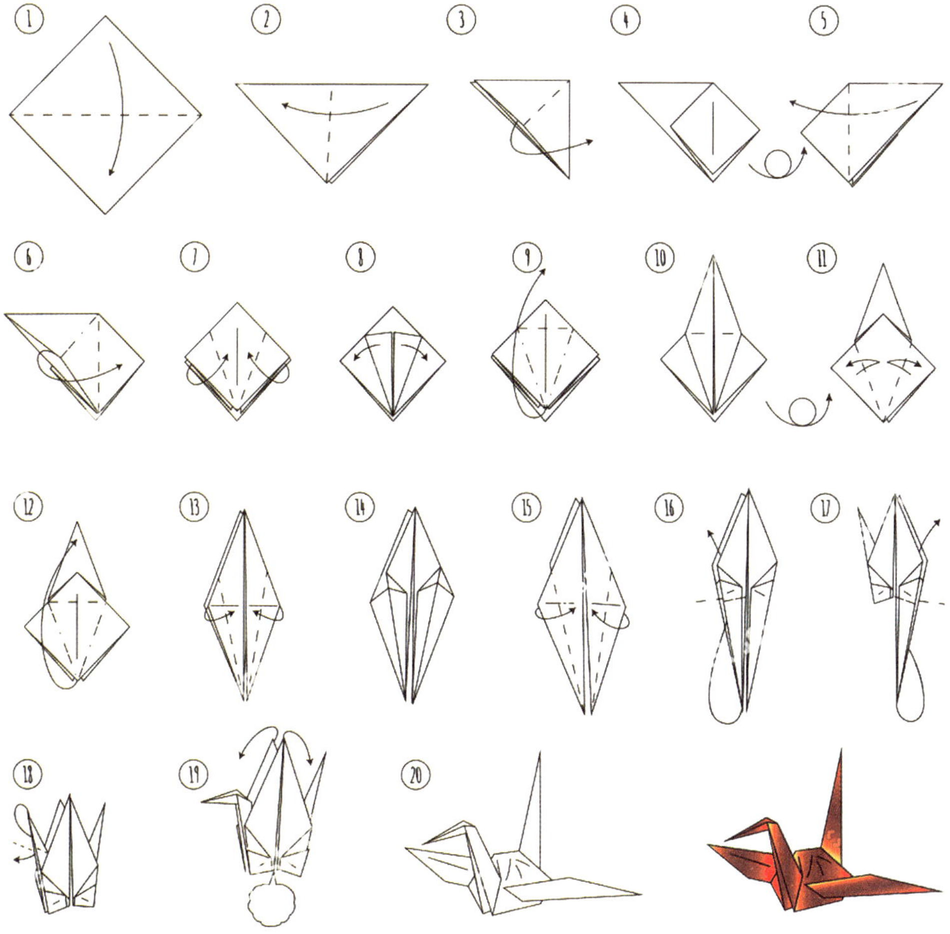

小风车

帽子

纸飞机

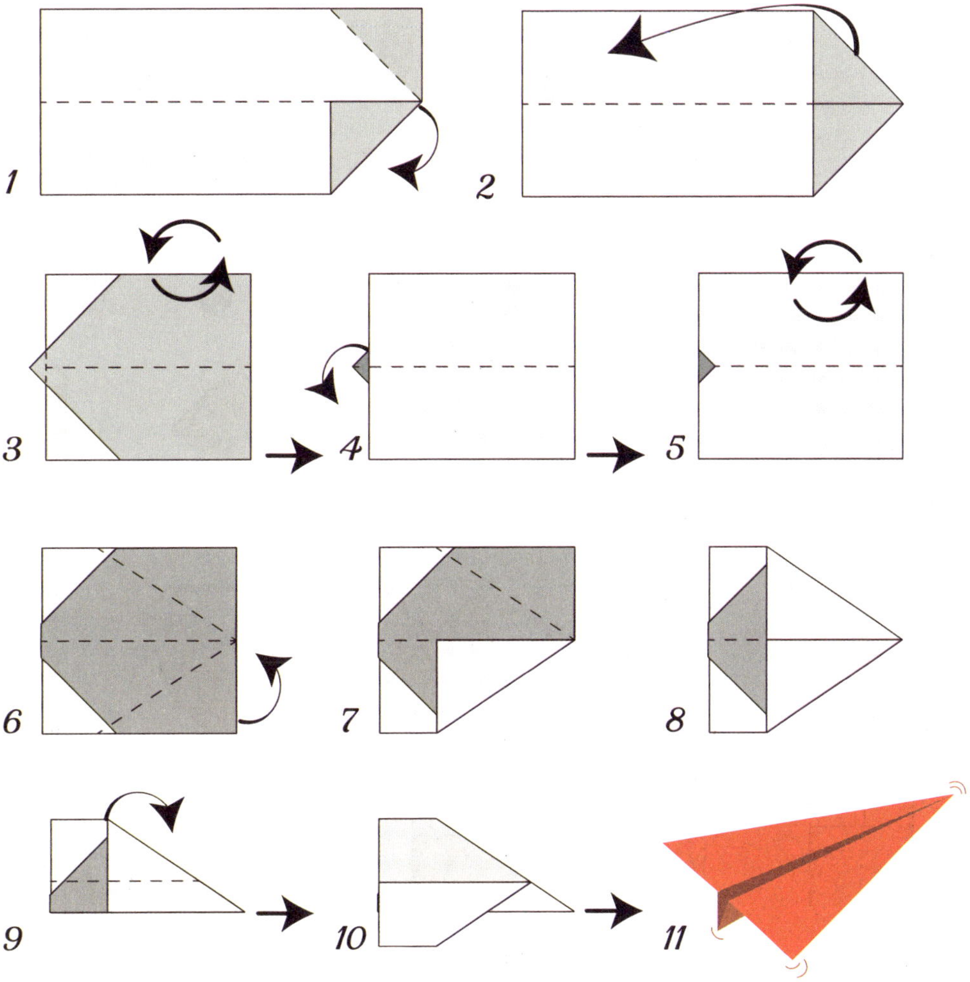

收纳盒

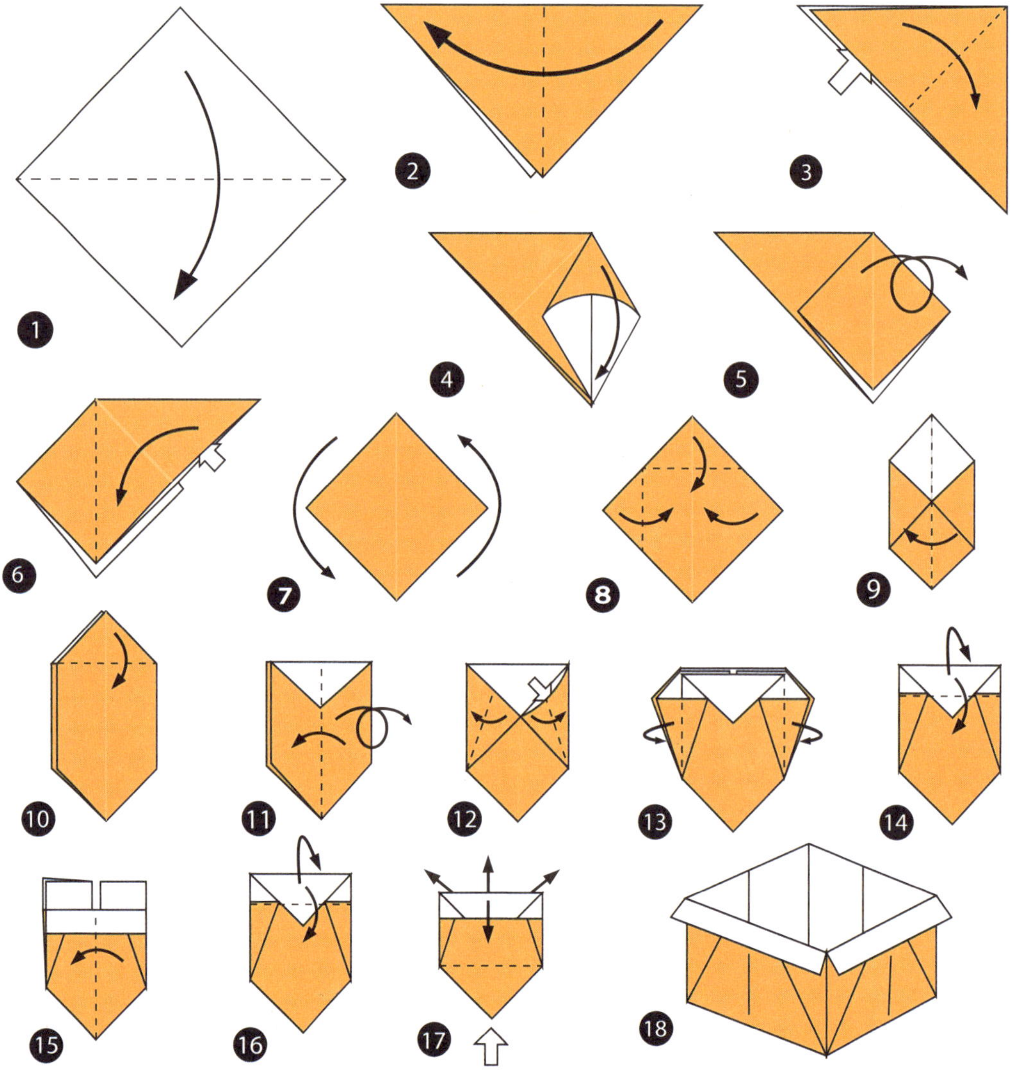

跳跳蛙

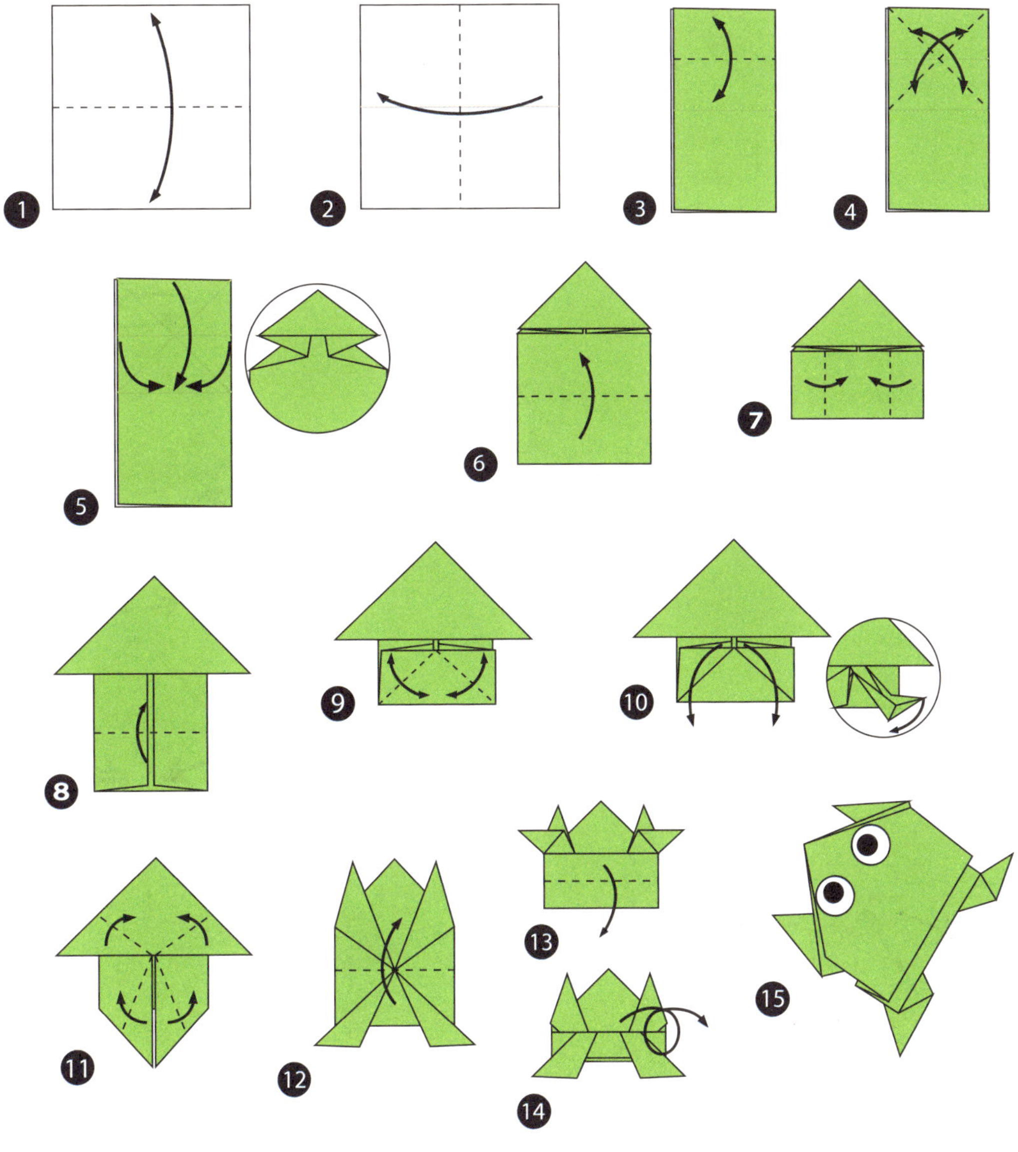

纸船

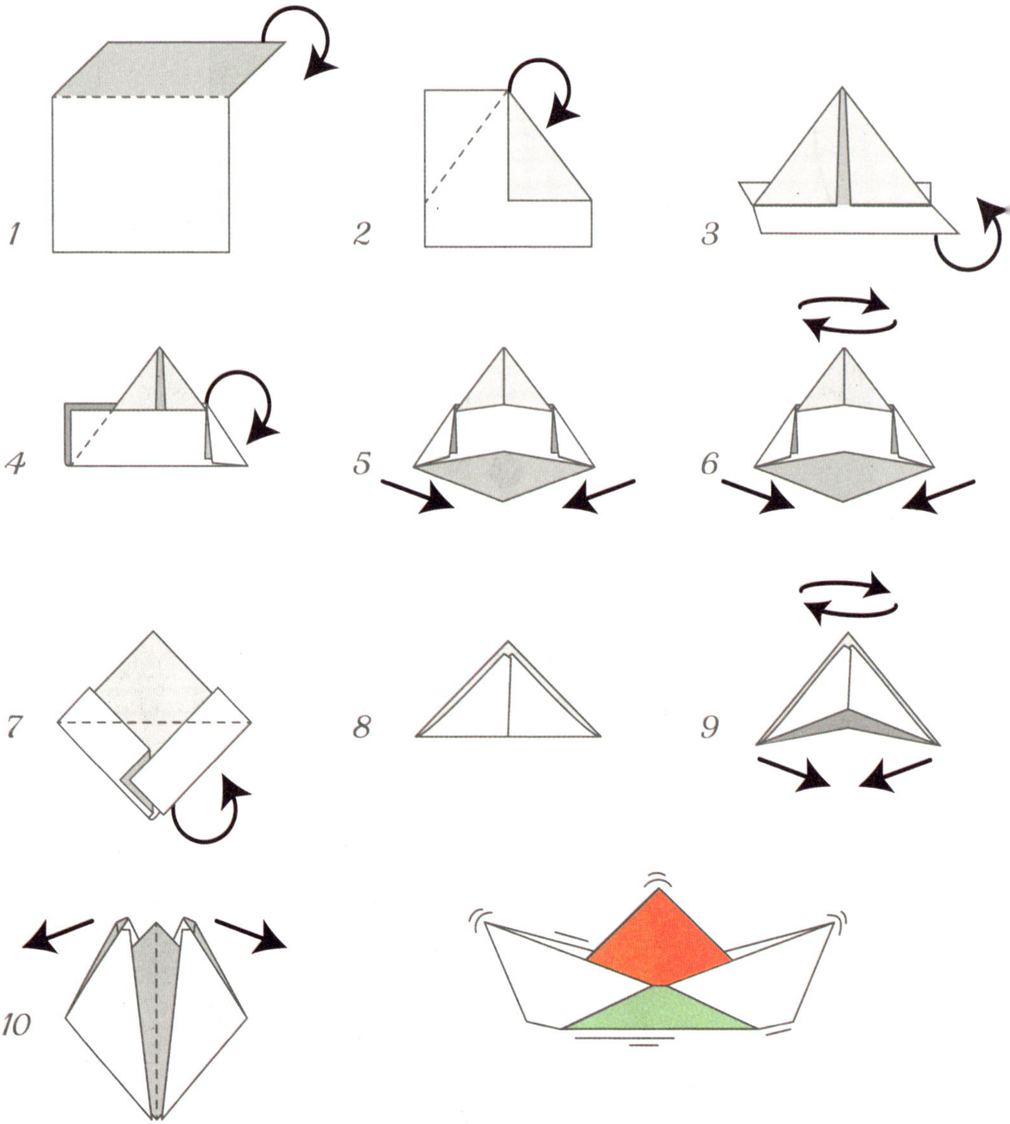

开个小画展

孩子 3 岁之后绘画水平上了一个新台阶，画作中开始出现具体的形象和故事内容。之前，你为了节约纸张、方便处理，也许只是让他在磁性画板或涂鸦墙上涂涂画画，并且仅用照片记录。从现在开始，让他在纸上作画吧，并将他的画作好好保存。积累到一定量之后，你们就可以办个小型家庭画展了。布展也是艺术创作的过程，包括确定主题、设计邀请卡、空间装饰。这种小展览是展示也是激励，有回顾也有思考，会给孩子一个全新的视角去审视自己的昨天和今天，继而展望未来。你还可以和孩子一起挑选一两幅画作精心装裱起来，装饰家居环境。

将这种艺术形式再拓展一下，可以组织社区的小朋友一起举办一个更大的画展，让更多人来欣赏、评价。

小小收藏家

你会发现，孩子有一个阶段喜欢将各种东西捡回家放起来，比如不起眼的小石头，比如去海边玩时捡到的贝壳；再大一点儿还会有分类收集意识，表现为收集小车、变形金刚、恐龙、芭比娃娃等。人类天生有收藏的爱好，小到一枚小小的邮票，大到古董字画。这种对物品的搜集、分类和维护的行为蕴含着大大的艺术鉴赏力和传承精神。如果你的孩子出现收集物品的苗头，不要阻止，引导他进行分类，协助他小心维护，还可以带他去博物馆了解更有价值的藏品的类型及其价值。

制作拼贴杂志

上了幼儿园的孩子大多看过很多书刊画报了，你可以带着他亲手设计一份杂志，比如用拼贴的形式，对这个阶段的孩子来说相对简单。首先，确定杂志的读者人群，比如就是给 3 ~ 4 岁孩子看的幼儿画报；然后，明确一个主题，比如某动物园；接着你们可以发散思维，想想需要介绍哪些内容，参考思维导图的形式画一个网状图可以帮你们梳理思路。

正式动手了，先取一张白纸作为封面，可以画个简单的动物园大门，写上动物园的名字，比如“叽里呱啦动物园”，另一面贴上你们去过的动物园的导览图；再取几张白纸，一页介绍一个场馆，如狮子馆、熊猫馆等，可以贴上动物贴纸，也可以是从画册上剪下来的动物图片，并以其他剪贴素材或绘画形式辅助说明；最后，将这些白纸依序粘好或装订在一起，一本动物园主题的杂志就正式出炉啦！

社会性游戏

过家家

“过家家”是经典幼儿游戏。曾有社会学家表示，小时候玩不好过家家，甚至可能会影响孩子长大后的婚恋状况。过家家是孩子对社会角色的预演，可以帮助孩子理解各种社会角色的特点和职责，也会让他获得“长大了”“会做事了”和“会照顾他人了”的成就感和责任感。家长也可在此过程中观察到孩子当前的认知水平，并可以适时加以引导。过家家游戏中会有大量语言交流，对孩子语言能力发展也很有帮助。

除了邀请小伙伴和自己家孩子一起玩，父母也是孩子最好的过家家玩伴。以孩子为主导，家长做好配合，适当给予鼓励和建议，比如当孩子给你一块做好的蛋糕时，你说“这块蛋糕真好吃，放点儿水果就更好吃啦，有营养又好看”，启发宝宝对蛋糕进行更复杂的工艺加工，并协商放什么水果。

照顾花花草草

给孩子一棵相对好养的盆栽植物，比如绿萝、吊兰、虎尾兰、薄荷、多肉植物等，让他照顾，按照植物的特性浇水，观察植物的变化，还可以做好养殖记录。在这个过程中，一个植物学家的优秀素质——细致地观察、耐心地等待、认真地记录、严谨地探究——也许就在孩子身上慢慢培养起来了呢。

给玩具洗澡

玩具也要定期进行整理、清洗、消毒。这么一个大工程，不妨让孩子加入，既可锻炼他做家务的能力，又可培养他的卫生意识。爱护、整理、照顾玩具也可培养孩子爱惜物品、照顾他人的良好品质。

首先是给玩具分类，可以按照能水洗和不能水洗的标准分，然后将同一类玩具放在一起，一起处理，比如不能水洗的毛绒玩具、铁皮玩具需要经常拿到烈日下暴晒；木质玩具、电动玩具（拆下电池）用酒精仔细擦拭；塑料玩具用软毛刷蘸清水清洗并在晾干后用酒精擦拭；入口的塑胶玩具用清水洗净后用热水消毒；芭比娃娃的头发用少量洗发水清理并用酒精喷雾全身消毒；经常在户外玩的玩具如球类、车类可用肥皂水清洗后放于太阳底下晾晒。

在给娃娃洗澡的过程中，还可以和孩子一起玩角色扮演游戏，让孩子模仿爸爸妈妈平时给他洗澡的样子，先试试水温，要照顾娃娃的感受，还要给娃娃唱儿歌，最后温柔地擦干。

招待客人

要让孩子从小学习“以礼待客”。在没有客人的时候可以玩假装游戏，小主人要穿戴整齐，不要穿着睡衣迎客，为客人准备好进门后穿的鞋套或拖鞋。给客人送上茶、水果、零食的时候，也可以让孩子代劳。还可以让孩子带着客人参观一下自己家，让孩子好好向客人介绍一下自己的房间。孩子特别乐意做这些事情，会特别配合，且乐此不疲。也许，一个交际能手就这样诞生了呢。

厨房小能手

让孩子成为你的厨房小帮手，参与简单的食物准备过程，只要没有危险都可以让他尝试，比如洗菜、择菜，淘米、煮饭，揉面团、擀面皮，制作简单的水果拼盘等，锻炼其家务能力的同时也培养了下厨的兴趣。会做饭的孩子长大后到哪儿都不会亏待自己的身体，对生活也有一定追求，更会有积极的人生态度。

制作礼物

让孩子学会给别人送礼物，甚至可以和他一起花点儿心思亲手做一个礼物。要让孩子明白：礼物是人类社交活动中为了表示友好、祝福、心意、歉意等送给对方的物品；送礼的时候首先要明白自己的动机和对方的需求，再将情感找到一个合适的载体进行表达；礼物最重要的是在于心意，不一定非得多贵重；送礼也需要选择合适的时机和语言表达方式，让对方开开心心接受；如果别人送咱们一个礼物，需要回礼，正所谓“礼尚往来”。

这时候平时积累的手工绝活可就能派上用场了，手工贺卡、花、玩偶、装饰画等都是富有创意且饱含心意的礼物。手工礼物的制作过程也可让孩子明白，不是所有东西都能用金钱衡量，不要贪慕虚荣。

去农场

带孩子去农场，让他了解日常餐桌上的食物是从哪里来的。饮食教育是生活教育的一部分。相对于距离孩子生活还较远的科技人文，更需要帮孩子构筑一道能使其安全、健康成长的城墙，并让他从小热爱生活、爱惜食物、追求健康、爱护环境。这样他长大后才能讲究生活品质，为美好生活而努力。

去野营

很多孩子到了这个时期经常会躲在一个小小的空间，做自己的事情。随着孩子渐渐长大，他需要一个自己的私密空间，以帮助他自主、独立、安放情绪。这时候，一顶帐篷很有必要。在家的时候，帐篷是他的游戏屋。你可以在里面和他做游戏，给他讲故事。他也会自己安静地坐在里面看书、摆弄积木。还可以和孩子一起带着帐篷去野营。这时，帐篷就是他探索世界的工具，他可以在草地上野餐，在田野里烧烤，在星空下放飞想象……

出游记录

孩子慢慢长大后，出行的机会渐渐多起来了。读万卷书和行万里路都是帮孩子见世面的好方法，对他的成长都很有价值。走马灯地玩一圈回来或许并不能让孩子留下什么印象，而做好出游记录可以帮助孩子珍藏记忆。你可以在旅行前和孩子商讨出游计划，查询资料，制定路线，并在旅途中用拍照、画画、文字形式做好旅行记录。经常这样做的孩子，做事情会更有主见，能妥善安排生活，对生活有更敏锐的观察力和感悟力，思考、做事、解决问题也更有条理性，还有可能一不小心成为小摄影师、小画家、小作家呢。

观演礼仪

父母要言传身教，培养孩子的观演礼仪：穿着干净整齐，有时还需要着礼服；不要将除了水之外的食物带入剧场；提前入场，对号入座，迟到需轻声就近入座，打扰到别人要表示歉意，入座后要摘下帽子，以免遮挡后排观众视线；如果不允许拍照和录制视频，请遵守规定；观演时不要随意走动、抖腿、伸懒腰、频繁站起，不要用身体撞击靠背、大声说话，将手机设置成静音模式，走出剧场接打电话；表演者入场、高潮、退场时，适度鼓掌；表演者谢幕时不要提前退场，跟随其他人或起立鞠躬或鼓掌致谢；想和表演者合影需征得对方同意；有序退场；不要将自己制造的垃圾留在剧场内。

乔装打扮

将一条小毯子披在肩上——“我就是威风凛凛的将军了”；头上戴几个好玩的发夹——“我就是爸爸妈妈的小可爱”……孩子还会要求你加入他的装扮大派对，来一场装扮大狂欢。这就是鬼马精灵的孩子。你不妨给他提供尽可能多的“道具”，如各种衣服、鞋子、帽子、发饰，甚至旧布料、纸箱子，还可以来些可用于人体彩绘的颜料，和他一起享受乔装打扮的快乐，恰逢万圣节、圣诞节、元宵节等节日还可以派上大用场。在这个游戏中，孩子会更加了解装扮与人物特征的关系，从而提升审美力。

手偶游戏

手指偶可以买现成的；也可以自己做，用布或纸，画上动物或人的形象；或者干脆在自己和孩子的手指上画，画完了就可以进行分角色对话了。孩子的想象力天马行空，你只要做好配合引导即可。

生日会

给孩子准备一个生日会吧！可以和孩子一起讨论生日会的细节，如场地的布置、提供的食物、拟邀请的朋友，还可以让孩子动手做邀请卡，并让孩子将邀请卡送到朋友手中。这是很好的社会活动，能帮助孩子感受生活中的仪式感，并能让孩子对他人、对生活、对社会充满热爱和期待。

找不同

找不同之类的游戏考验的是孩子的眼力，是幼儿经典游戏之一。经常做这类游戏可促进孩子视觉辨别能力的发展，有助于其上学后形近拼音、汉字、数字的学习。看看下面两张图，哪些地方不一样？

答案

建构游戏

拼图大挑战

可以让宝宝挑战一下更多片的拼图了！通常这个年龄段的宝宝可以拼 4 ~ 6 块了，但也不要被这一数字局限，可以逐渐增加，让他从易到难都尝试一下。要注意的是，拼图还是大块的好一些，数量太多又太小的拼图会给孩子的小手增加操作难度。虽然是孩子自己动手拼图，你还是要在一旁陪着，给他坚持下去的动力。这个年龄段的孩子还是希望和你多些亲子互动的。

小小建筑师

适合 3 ~ 4 岁孩子的积木有磁力片、木质积木、咬合性积木。这个年龄段的孩子至少能搭起 9 块积木，有更强的立体空间概念，已出现架空、围合、模式，会搭小桥、盖房子；能将一个空间用多块积木包围；对事物之间的关系有觉察后就出现“模式”建构技能了，能按一定规律建构积木。你要做的就是引导他搭建出简单造型，平时多带他观察生活、观察自然，在他搭建时不要着急指挥、干涉，让他尝试着创作出简单的建筑物、交通工具、动物、植物、生活用品等。

特别推荐木质外框的彩窗积木，原木色的外框不会对宝宝的搭建想象产生干扰。你和宝宝还可拿着积木透过彩窗看——世界的颜色发生改变了，让宝宝在神奇的感受中体验色彩的奥秘。

小小泥塑家

橡皮泥色彩鲜艳、可塑性强，这个年龄段的孩子都很喜欢。你可以提供多种颜色的橡皮泥和塑型工具，让孩子自己先动手琢磨，再适时指导基本形状如何制作，如在大块橡皮泥上用手指揪出小块，双手来回对搓可制作条状物；双手轻轻对搓可制作圆球，摁扁了就成了圆饼，将圆球对捏可制成立方体；用小刀可进行分割，还可通过模具压出相应形状。

4～6岁

宝宝发育情况自查表

五感和认知	对颜色深浅有了认知；能辨别较复杂的图案、简单的字、声音的变化；了解了更多的抽象概念，如轻重，厚薄等；开始使用空间方位词语；部分孩子有了数量和长度守恒概念，但重量、面积、体积的守恒概念6岁后才陆续形成；能进行逻辑思考，如可指出图画中不合逻辑之处；提问开始脱离日常生活，很多优秀的科普童书可以帮助父母应对孩子的各种奇怪问题。 **注意**力持续时间可达10～15分钟；开始采用一些策略以帮助**记忆**，比如懂得抓住事物的主要特征。
动作（大动作、精细动作）	能模仿做出一系列动作；能走平衡木；可以自己荡秋千、攀爬；单脚站立时间比之前更长；有人协助下可翻跟头；协调性增强，可连续跳跃、拍球，能用球拍拍球；可学会跳绳、跳皮筋，也可以参加舞蹈、轮滑、各种球类运动和游泳训练。 可以自己刷牙、穿脱衣服、系鞋带、洗澡；上完厕所能自己擦屁股；能用刀、叉、筷子等工具；画作画面更加具体丰富，人物形象有了胳膊、腿，有了服饰；会剪纸、打纸牌、描摹几何图形、写简单的字；能用胶泥捏出更多形状、将螺丝旋紧、操作简单的乐器；能进行复杂结构的搭建活动。
语言	能理解复杂时态、假设性及被动式的句子；能记住部分故事内容；能按先后顺序说出自己的经历；能说清家庭住址；能用复杂的句子生动地讲故事，如会用更多的方位词和形容词，有了过去和将来时态；能和大人聊长大后想做什么；发音清晰接近成人。 可能出现不礼貌用语，需要家长引导。很多孩子在这个时期开始对书面语言感兴趣，开始了识字、书写的尝试。
情感和社交能力	逐渐可以分清现实和想象；觉察力、控制力和独立性越来越好；开始遵守规则，有合作意识，可以和别人一起搭积木、玩棋类游戏；更容易分享自己的玩具，知道玩具会被还回来并且因此能玩到更多玩具；游戏中肢体冲突少了，换作更多的言语争执；伙伴游戏增多，但仍需要高质量的亲子游戏。 社交范围开始变广且有"最好的朋友"，为了打开社交局面，会和小伙伴玩一样的玩具、看一样的动画片。 开始有性别意识，对父母异性一方产生迷恋，会有些性探索，可能会玩弄自己的生殖器，甚至会关注其他孩子的生殖器。家长要正确引导。 有了简单的道德感，开始关心他人，还不能理解因错误行为受到惩罚是对事不对人。

注：孩子发育个体差异很大，快慢不一，特别需要关注的问题参见《0～6岁早教游戏育儿计划：高效能父母陪玩手册》中的相关内容。

适合的玩具和图书

几何图形尺

绘本，故事书，桥梁书，科普读物，视觉发现图卡或书刊，象形字卡；画画工具；地图，地球仪；拼图，积木；桌游（棋类、卡牌、益智游戏）；娃娃，玩偶；各种球和拍子；轮滑；可以骑乘的玩具；纸；剪刀；橡皮泥和泥塑玩具；医生玩具；木工玩具；塑料几何图形尺；跳绳，皮筋；风筝；呼啦圈；乐器；戏剧表演道具；以及可以用来创作的任何东西。

棋类

跳绳

轮滑

地球仪

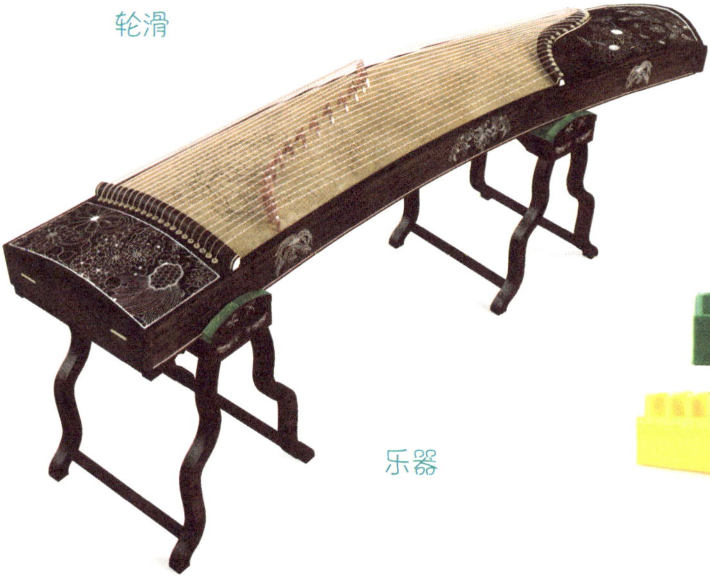
乐器

积木

肢体运动游戏

抢凳子

多人游戏。循环播放多首儿歌，父母和孩子围绕一张凳子转圈走，每当一首歌曲结束，立刻抢凳子坐。这个游戏可训练孩子的反应能力和肢体灵活性。但事先要对歌曲熟悉，且所挑选的歌曲尽量简短。最好播放孩子经常听的儿歌。

单脚、双脚跳

你和孩子面对面站着。你念儿歌，两人随着音乐同时做出单脚、双脚跳的动作。孩子如果做出了和你一样的动作，则换他来念儿歌，开始下一轮游戏。双脚落地有竖直和水平两个方向，单脚有抬左脚和抬右脚两个姿势。

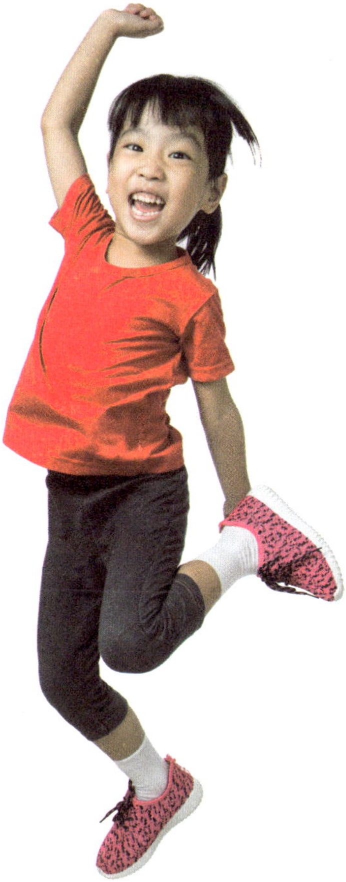

炒豆豆

你和孩子面对面两只手手拉手左右晃动，同时念“炒豆豆，炒豆豆，炒好豆豆翻个身”，然后抬起一边的手，两人的头从两手间钻出，接着再背对背“炒豆豆”。如此反复。

红绿灯

适合3人以上玩。1人作为喊口令者，站在前面，背对大家，其他人站在他后面——拉开一定距离。喊口令者喊“绿灯行”，大家往喊口令者方向走。喊口令者喊“红灯停”，大家停下，不能动。喊口令者转头发现谁动了，就换谁喊口令，其他人返回起点。如果中途没有换人喊口令，行走者接近喊口令者时，碰一下喊口令者立马往回跑；喊口令者赶紧追，抓住谁，就换谁当下一轮喊口令者。你可以故意让孩子抓住，这样孩子会更有兴趣玩下去。

跳绳

这种源自南宋的肢体运动项目有助于孩子身体双侧协调发展。经常跳绳可使体形匀称健美，还能训练孩子的反应能力和耐力，更有助于数感、时间概念和空间方位知觉的发展。你先做个示范，从双脚同时跳，到双脚轮换跳，到单脚跳，到反向跳，再到带人跳，逐步增加难度。

跳皮筋

跳皮筋是传统肢体游戏，有钩、踩、跨等十余种腿部动作，可促进肢体灵活性的同时还能培养孩子的节奏感。将皮筋套在两个不会移动的物体上，你跳给孩子看，让孩子跟着你学；你也可以和你的育儿搭档一起将皮筋套在身上让孩子跳。可配合儿歌：“小皮球，用脚踢，马兰开花二十一，二五六，二五七，二八二九三十一，三五六，三五七，三八三九四十一……九五六，九五七，九八九九一百一。”

两人足球

在家附近的足球场，或者在家中将纸箱子、篮筐之类的东西放倒当作球门，和孩子来场两人亲子足球吧！至于规则，你们可以自己定。

两人篮球

有低矮的篮球架最好；没有的话可以找一个塑料桶，你和孩子将抢到的球扔进桶中。你可以和孩子约定一个接近标准规则的简单规则，比如不能拿着球走，要拍着球走。

乒乓壁球

你和孩子并排站立在一面墙前，将乒乓球往墙上打，然后将反弹回来的球再次打出去，你可以和孩子抢着打。此游戏相对于双人对着打而言要简单得多。等孩子的球技水平达到一定程度，你们可以尝试对着打。

拍打羽毛球

将羽毛球拍水平伸直，用球拍轻轻将羽毛球往上拍，然后将落下的球再次拍出去。你可以和孩子抢着打。待孩子熟悉技术要领之后可以尝试对着打。

翻跟头

翻跟头可以锻炼孩子的胆量，发展他的空间知觉、平衡能力和运动能力。在孩子有意愿要翻跟头的时候，你帮助他一下，并做好防护准备。

水中嬉戏

孩子 4 岁后可进行正规游泳训练，如果孩子怕水，可以等大些再学。一般更小的时候有游泳经历的孩子不会有这个问题。教孩子游泳一开始不要着急学各种泳姿，学会换气和踩水才是最重要的。可以带孩子一起去泳池，给他戴上臂圈，逗引他来追你，促使他游更长的距离，但要告诉孩子：学会了游泳也不等于能在水中逃生，最好离水远点。游泳训练不要急于求成，岸上动作练习很有必要。自由泳适合长距离游，速度最快，省力，如果只选一种泳姿，首选自由泳。蛙泳能很快游起来，但学好很难。仰泳被称为“翻过身的自由泳”，速度快于蛙泳。蝶泳体力消耗最大。

反口令动作

你和孩子面对面站着，你说一个口令，让孩子做和口令相反的动作，比如你说“向左转”，孩子要“向右转”。本游戏在锻炼孩子身体协调性的同时也训练了他的逆向思维。

描摹几何图形

让孩子拿着圆形瓶盖或方形积木描几何图形，还可以给孩子提供几何尺，让他描摹。等他对各种形状的描摹熟练后，让他在白纸上徒手画几何图形。

画数字

参照数字的形状，让孩子在白纸上画，可以给他一些形象的提示，比如 0 像鸡蛋、1 像铅笔、2 像小鸭、3 像耳朵、4 像小红旗、5 像挂钩、6 像勺子、7 像镰刀、8 像麻花、9 像豆芽。

画汉字

人

从

两人成从

众

三人成众

从画汉字入手学习写字，孩子更容易接受。他首先会把这当作一种特殊的绘画形式。在画象形字的同时，他对汉字的意思也将有更直观的理解。汉字属于表意文字，掌握单个汉字，就可意会一组汉字，比如“人”靠着“木”就是“休”；再比如一个表意的汉字和一个表音的汉字又可组成形声字，如“尚”和“衣”组成“裳”。

口

齿

手

足

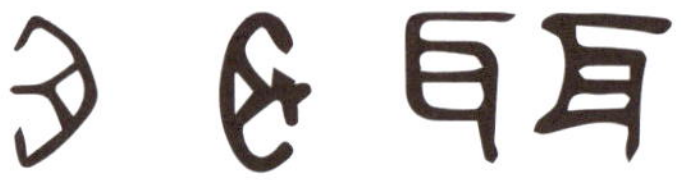

耳

目

牙

木

林

二木成林

森

三木成森

休

人靠木则为休

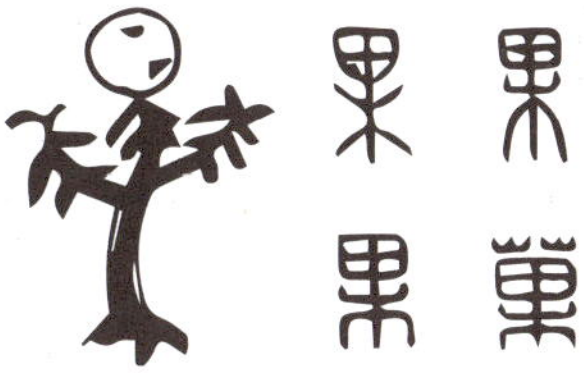

果

结满球状籽实则为果

日

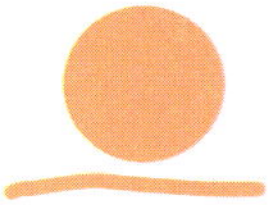

旦

日出地面则为旦

明

日加月则为明

春

柳条发芽则为春

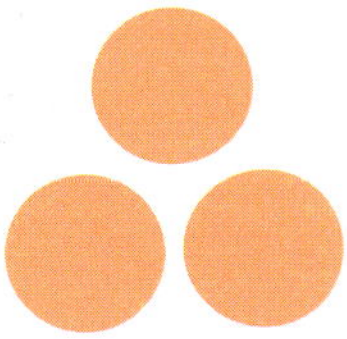

晶

三个日，很闪耀，是为晶

做手工

上了幼儿园之后，手工作业对孩子是一项大考验。鉴于做手工对孩子手眼脑协调发展的好处，在家里有空的时候可以多和孩子做一些手工活，如果不知道做什么好，可以买一些手工游戏书。若能自己设计手工活游戏，当然是最好的了。

做木工

带孩子去木工坊体验一下吧，在测量、绘制、切割、打磨、敲敲打打中促进孩子手眼协调发展，也有助于孩子形成严谨的数学和空间思维。这也是爸爸在孩子面前一展身手的好机会，但要注意安全操作，要正确使用工具。

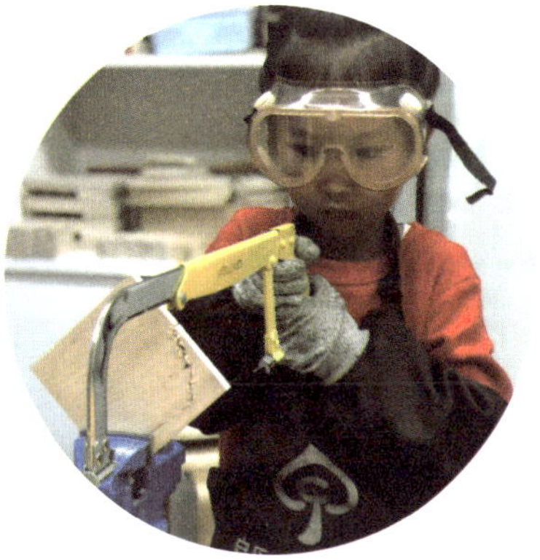

翻绳游戏

你用手指将绳子编成一种花样，让孩子用手指翻成另一种花样，然后轮流编、翻，直到不能再编、翻下去为止。可以请你的育儿搭档和你一起先玩给孩子看，孩子学会了，再让他和你玩儿。

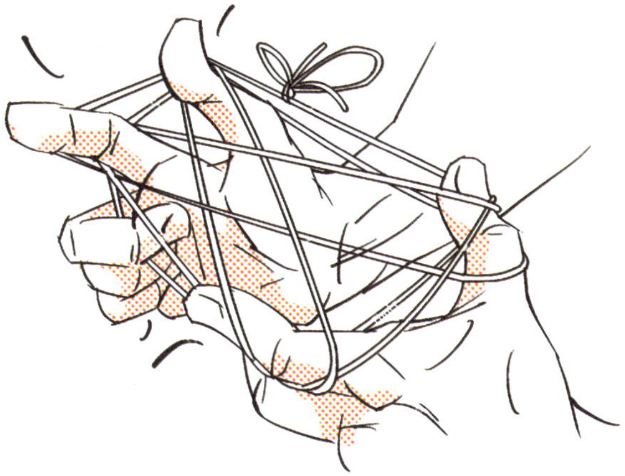

穿脱衣服

给孩子演示如何穿、脱衣服，然后让他尝试自己穿、脱衣服。穿衣服时，提起衣服，将左手伸入左袖；右手拉过衣服披到肩上；左手帮忙抓住衣服，让右手伸入右袖；将衣服对齐，扣上扣子或拉上拉链。脱衣服时，两手背后，一只手抓住另一只手的袖口，将衣服脱下。

一枪打四个

本游戏可锻炼孩子手指灵活性和知觉转换能力。具体做法如下图，左右轮流玩。

语言游戏

我们生活的地球

和孩子一起看着世界地图或地球仪，聊聊我们生活的地球，无论是从书刊、电视上了解到的，还是亲身实地感受过的；无论是天文、地理、历史，还是美食、人群、文化，可以漫无边际地聊，也可以指着一个地方聊，谈谈那个地方的风土人情。这对孩子的语言组织能力、表达能力、思维能力和记忆能力都是一种锻炼。刚开始可能需要一些相关资料辅助。

疯狂造句

多名家庭成员共同参与，每人拿一叠小纸片，分别负责写时间类、人物类、地点类及事件类词语，然后按序放于桌面，每次各随机抽取一张，由孩子念出。孩子不认识的字，家长代念。这种随机组句的结果通常很搞笑，比如“晚上，爸爸，在太阳上，吃辣椒”，孩子会觉得很好玩。这个游戏可锻炼孩子的组词造句能力，对语言的运用也将有更多感性认识。

词语接龙

你好—好美—美丽—丽江—江面—面子—子孙—孙悟空—空手道—道理—理财—财富—富人—人群—群众—众多—多少—少许—许愿—愿望……类似这样，词语首尾同字相接，你和孩子轮流说，接得越长越好。这对扩展孩子的词汇量和熟练运用词语是很好的锻炼，也是很好的逻辑能力训练方式。

反义词

多—少、大—小、高—矮（低）、高兴—难过（悲伤）、勇敢—胆小（懦弱）……类似这样，你说一个字或词，让孩子说出它的反义词，也可以反过来玩。这对帮助孩子加深对各种词的词意的理解和灵活运用字词很有好处。相对而言，找到近义词需要更大的词汇量，也可以一起玩一玩，如：勇敢—大胆（勇猛、英勇）、高兴—开心（愉快、快乐、喜悦）等。

我说你猜

你和孩子面对面站立，一人做动作，另一人猜字词，可以有适度提示，比如两个字、动物，并做出猴子抓耳挠腮的动作，就很容易联想到“猴子”这个名词。这对孩子的词语联想能力和知觉转换能力是很好的锻炼。

看图讲故事

小学一、二年级，考试项目有看图说话（写话）能力的考察，高年级则有看图作文。从现在开始让孩子练习看图讲故事的能力吧，让孩子看着你给的一幅图，有逻辑地说出图中描绘的内容。相对于天马行空地组词造句，这个游戏更考验孩子的观察力、知觉转换能力和联想拓展能力，是很好的语言能力和思维能力的训练。

故事接龙

你说一小段故事内容，让孩子接着编下去，锻炼孩子讲故事的能力。这个过程，孩子需要记住前部分故事的大致内容，还要让故事前后逻辑上说得通，对孩子思维能力和记忆能力是很好的锻炼。

给家中物品制作标签

《心理科学》(*Psychological Science*)杂志的一项研究表明，四五岁的孩子大多数根据物品主要特征认识物品，而成人更多依靠物品名称。这或许是因为孩子的思维方式还在前运算阶段（皮亚杰认知理论），更依赖于实物进行形象思维活动，而在 6 岁后才进入具体运算阶段，形象记忆不再占优势，语词记忆能力大大提升。这也是小学入学年龄划分的依据。你和孩子一起给家中物品制作标签，有利于他完成这种思维方式的转换，可让他在潜移默化中识字。

我是小老师

教是最好的学，把所学到的知识教给别人，是对知识的一次系统梳理加工，而且是一种更主动的学习方式。让凌乱无序的零散知识在头脑中各归各位、更系统化，知识体系间的联系才会越来越紧密，所以才有“触类旁通”“举一反三”之说。

邀请孩子做你的小老师，给你上上课，让他将在幼儿园或是学前班学到的东西教给你。他会很有成就感，你也可以顺便了解他的认知水平及在园情况。

学前启蒙古诗 10 首

静夜思

唐 · 李白

床前明月光，疑是地上霜。

举头望明月，低头思故乡。

咏鹅

唐 · 骆宾王

鹅鹅鹅，曲项向天歌。

白毛浮绿水，红掌拨清波。

咏柳

唐 · 贺知章

碧玉妆成一树高，万条垂下绿丝绦。

不知细叶谁裁出，二月春风似剪刀。

春晓

唐 · 孟浩然

春眠不觉晓，处处闻啼鸟。

夜来风雨声，花落知多少。

望庐山瀑布

唐·李白

日照香炉生紫烟，遥看瀑布挂前川。

飞流直下三千尺，疑是银河落九天。

江南

汉·汉乐府

江南可采莲，莲叶何田田。

鱼戏莲叶间。

鱼戏莲叶东，鱼戏莲叶西，

鱼戏莲叶南，鱼戏莲叶北。

悯农

唐·李绅

春种一粒粟，秋收万颗子。

四海无闲田，农夫犹饿死。

锄禾日当午，汗滴禾下土。

谁知盘中餐，粒粒皆辛苦。

赠汪伦

唐·李白

李白乘舟将欲行，忽闻岸上踏歌声。

桃花潭水深千尺，不及汪伦送我情。

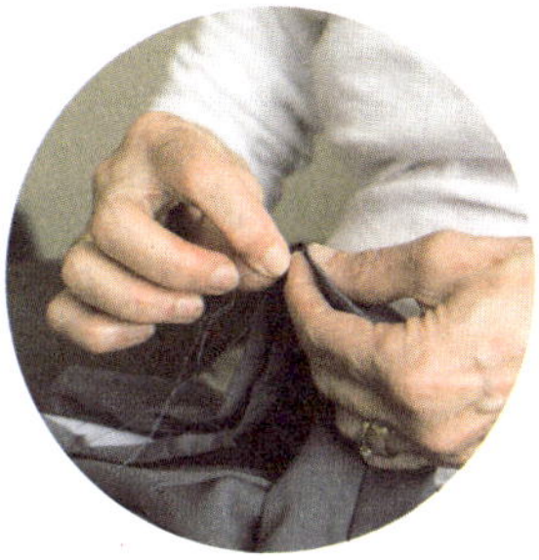

游子吟

唐·孟郊

慈母手中线，游子身上衣。

临行密密缝，意恐迟迟归。

谁言寸草心，报得三春晖。

登鹳雀楼

唐·王之涣

白日依山尽，黄河入海流。

欲穷千里目，更上一层楼。

声律启蒙

《声律启蒙》是训练孩子掌握声韵格律的启蒙读物，包括天文、地理、花木、鸟兽、人物、器物等的虚实应对，读来朗朗上口。在诵读中，我们可加深对语音、词汇和修辞的感性认识。摘录一二以示例：

一东

云对雨，雪对风。晚照对晴空。来鸿对去燕，宿鸟对鸣虫。三尺剑，六钧弓，岭北对江东。人间清暑殿，天上广寒宫。两岸晓烟杨柳绿，一园春雨杏花红。两鬓风霜，途次早行之客；一蓑烟雨，溪边晚钓之翁。

二冬

春对夏，秋对冬。暮鼓对晨钟。观山对玩水，绿竹对苍松。冯妇虎，叶公龙，舞蝶对鸣蛩。衔泥双紫燕，课蜜几黄蜂。春日园中莺恰恰，秋天塞外雁雍雍。秦岭云横，迢递八千远路；巫山雨洗，嵯峨十二危峰。

一先

晴对雨，地对天。天地对山川。山川对草木，赤壁对青田。郏鄏鼎，武城弦，木笔对苔钱。金城三月柳，玉井九秋莲。何处春朝风景好，谁家秋夜月华圆。珠缀花梢，千点蔷薇香露；练横树杪，几丝杨柳残烟。

笠翁对韵

李渔，号笠翁，创作的《笠翁对韵》由此得名。《笠翁对韵》供人学习写作近体诗词，用来启蒙对仗、用韵、组织词语。摘录一二以示例：

一东

天对地，雨对风。大陆对长空。山花对海树，赤日对苍穹。雷隐隐，雾蒙蒙，日下对天中。风高秋月白，雨霁晚霞红。牛女二星河左右，参商两曜斗西东。十月塞边，飒飒寒霜惊戍旅；三冬江上，漫漫朔雪冷渔翁。

二冬

晨对午，夏对冬。下晌对高舂。青春对白昼，古柏对苍松。垂钓客，荷锄翁，仙鹤对神龙。凤冠珠闪烁，螭带玉玲珑。三元及第才千顷，一品当朝禄万钟。花萼楼间，仙李盘根调国脉；沉香亭畔，娇杨擅宠起边风。

一先

寒对暑，日对年。蹴踘对秋千。丹山对碧水，淡雨对轻烟。歌宛转，貌婵娟，雪赋对云笺。荒芦栖宿雁，疏柳噪秋蝉。洗耳尚逢高士笑，折腰肯受小儿怜。郭泰泛舟，折角半垂梅子雨；山涛骑马，接篱倒看杏花天。

英文童谣

The Finger Family

Daddy Finger, Daddy Finger.
Where are you?
Here I am. Here I am.
How do you do?
Mommy Finger, Mommy Finger.
Where are you?
Here I am. Here I am.
How do you do?
Brother Finger, Brother Finger.
Where are you?
Here I am. Here I am.
How do you do?
Sister Finger, Sister Finger.
Where are you?
Here I am. Here I am.
How do you do?
Baby Finger, Baby Finger.
Where are you?
Here I am. Here I am.
How do you do?

Make a Circle

Time to make a circle.
Make a circle, big big big.
Small small small.
Big big big.
Make a circle, small small small.
Hello hello hello.
Make a circle, round and round.
Round and round.
Round and round.
Make a circle, round and round.
Hello hello hello.
Make a circle, up up up.
Down down down.
Up up up.
Make a circle, down down down.
Now sit down.

亲子阅读

《活了 100 万次的猫》

国内某高校曾做过一项调查统计，结果显示 40% 的学生认为活着没有意义，只是按照别人的逻辑活着，最极端的就是放弃自己。心理学家称这种现象为“空心病现象”。可见，生活教育、生存教育、生命教育都是孩子成长过程必不可少的内容。《活了100 万次的猫》中，一只死了 100 万次又活了 100 万次的猫将引导孩子去发现生命的价值、活着的意义。

4 岁以后的孩子理解力和表达力都上了一个新台阶，你带着他阅读完绘本后可以问问他对故事内容的理解，启发他对人生价值的思考。

《小威向前冲》

“我是从哪里来的？”多么富有哲学意味的问题！孩子在 4岁以后会进入婚姻敏感期，会对父母异性一方产生迷恋，会讨论“想和谁结婚”，并对“我从哪里来”“怎样生个小宝宝”等问题很感兴趣。“你是从垃圾堆里捡来的”，类似这样的回答并不能帮助孩子形成正确的性认知，反而可能使孩子感到疑惑、沮丧。这对于孩子来说是很危险的。

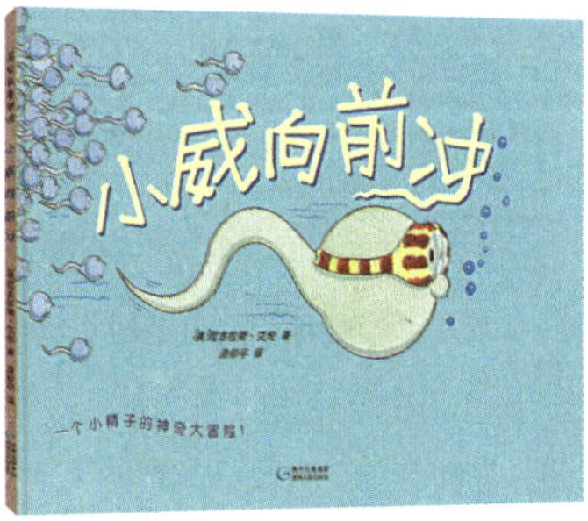

正确的性教育方式一定不是遮遮掩掩、顾左右而言他。《小威向前冲》将帮助你用形象而幽默的方式给孩子上一堂生理卫生课——“你是这么来的”。孩子只要知道大概是怎么回事就心满意足了，还会觉得自己棒棒的，因为自己是冠军的产物呢。性教育并没有那么难以启齿，有时候是大人想复杂了。

《约瑟夫有件旧外套》
《爷爷一定有办法》

这两本图画书的故事内容都取材自一首犹太民谣，充满犹太人无中生有的智慧和苦中作乐的幽默感，比如：旧衣物破了可以改小一些，再破再改，直至改到没法再改。两本书不同的地方是，荣获 2000 年美国凯迪克金奖的《约瑟夫有件旧外套》色彩艳丽、画风活泼、人物形象夸张、语句简短平实，运用了多种艺术创作手法，如透明水彩、不透明水彩、铅笔、墨水、拼贴，还有抠洞设计，更适合年龄较小的孩子；而《爷爷一定有办法》色彩淡雅、画面温馨、人物偏写实、文字多、信息量大，适合年龄大一些的孩子。你可以让孩子告诉你，从细节丰富的画面中，他发现了什么。你们也可以一起寻找一下生活中的废旧物，变废为宝，再次利用，不仅是绘本阅读很好的延伸，而且可培养孩子的环保意识。

《花婆婆》

绘本以回忆录形式描绘了一个老婆婆在小女孩时期做过的了不起的事情——让世界变得更美。她是怎么发现让世界变美的秘密，又是怎么去做的呢？你和孩子一起去《花婆婆》中寻找答案吧。孩子自小在心中种下善和美的种子，长大后才会开出芬芳的花，结出丰硕的果，赢得美好的人生。作为绘本延伸活动，你可以带孩子去认识各个季节都有什么花会开放，并启发孩子思考：还有哪些事情可以让世界变得更美好？

《大脚丫跳芭蕾》

4 岁以后很多孩子开启了兴趣班旅程，但如何找到兴趣，又如何坚持下去呢？很具挑战。《大脚丫跳芭蕾》向我们描绘了女孩贝琳达喜欢上芭蕾，却因为一双大脚丫不得不中途放弃，最后终于接纳自我并获得成功的故事。挫折、疑惑、彷徨、放弃、重塑自我、坚持、自我实现……或许这也是作者埃米·扬的心路历程。从小梦想成为艺术家的她，在获得艺术专业硕士学位后却进入律政行业，最后还是回归了艺术世界。这能给你和孩子以借鉴，人终其一生都在寻找自我——自我认同以及自我存在的价值。能做自己真正感兴趣又擅长的事情，是一种幸福。作者因《大脚丫跳芭蕾》成名后，陆续出版同系列作品——《大脚丫在巴黎》《大脚丫和玻璃鞋》《大脚丫学芭蕾》，获多项大奖。

“不一样的卡梅拉”系列（全12册）

本套书讲的是一只特立独行的法国小鸡卡梅拉带领她的儿女历险的故事。书中，小鸡们敢想敢做的精神，惊险的情节，法式的幽默，将温暖孩子的童年，点亮孩子的梦想。带着孩子看《不一样的卡梅拉》时，要尝试启发孩子批判性思考，问问他喜欢哪些人物和行为，不喜欢哪些，并对孩子进行正向引导。全套共12册，分别是《我想去看海》《我想有颗星星》《我想有个弟弟》《我去找回太阳》《我爱小黑猫》《我能打败怪兽》《我要找到朗朗》《我不要被吃掉》《我好喜欢她》《我要救出贝里奥》《我不是胆小鬼》《我爱平底锅》。

“神奇校车”系列（图画书版全12册，桥梁书版全20册）

20世纪80年代，美国科普书无法引起孩子的阅读兴趣。出版社找到做过儿童读物编辑又自己写过书的乔安娜，打磨《神奇校车》文字稿，并劝说当时小有名气的布鲁斯为本书画插画，最终完成首套11册风格另类的科普绘本。这套书将抽象的科学知识以奇特的想象形象化呈现，将惊险刺激的情节、生动爆笑的语言和清晰严谨的知识完美融合，开创了一种新奇的自然科学的教育方式。之后，出版社将图画书版本增补到12册，并出版了帮助孩子向自主阅读文字书过渡的桥梁书版本。可以先给孩子看图画书版本，再看桥梁书版本。

图画书版12册，分别为《科学博览会》《水的故事》《地球内部探秘》《在人体中游览》《迷失太阳系》《海底探险》《追寻恐龙》《穿越飓风》《奇妙的蜂巢》《漫游电世界》《探访感觉器官》《气候大挑战》；桥梁书版20册，分别为《疯狂的树叶旅行》《雪野迷踪》《飞离鸟巢》《月球漫步》《北极探险》《体验心脏》《像螃蟹一样爬》《与恐龙一起飞翔》《丢失的牙齿》《乘风飞翔》《第一次感恩节》《建造自由女神像》《经历暴风雨》《飞向太空》《冬眠》《在蝙蝠洞里》《回收利用》《困在网中》《鲨鱼奇遇》《战胜病菌》。

《不可思议的旅程》

这是一本无字书，画面却犹如历险电影大片般震撼人心。这本书是做过电影动画设计师、影视绘景师的贝克尔的成名之作，一经出版便荣登《纽约时报》畅销书榜，并荣获凯迪克大奖。作者后续又出版了《不可思议的旅程：彩虹国度》《不可思议的旅程：回归之夜》。有人这样盛赞这三本书：“这场奇妙的阅读之旅，改变、拓展和丰富了儿童文学的疆域——还有很多孩子的人生。”在想象的国度，这套书为孩子打开了一扇扇神秘的大门，点亮了一盏盏充满魔力的彩灯。

你和孩子可以先从《不可思议的旅程》启程，让灰调背景中的那抹红引领你们发现一个又一个惊喜，感受鸿篇巨制中丰富细腻的细节，并找到那支属于自己的彩笔，给或平淡无奇或烦闷惆怅的生活添点亮色。如果孩子对这本书感兴趣，还可以和他一起阅读同系列的另外两本。你也可以带着孩子到户外探险，来一场真正属于你们的不可思议的旅程。

“第一次发现”系列

法国国宝级儿童科普胶片书。以独一无二的胶片工艺展现“活的”科学知识。法国伽利玛少儿出版社核心产品。自伽利玛出版社创办至 1975 年创始人加斯东去世，法国人获得过 18 次诺贝尔文学奖，其中 6 名获奖者是伽利玛的作者。接力出版社将《第一次发现》引进国内时可谓优中选优，造福了成千上万的“小学者”。《第一次发现》系列多达 300 余种，内容包罗万象。接力社层层精选，精心策划了几个大套系：《第一次发现丛书·透视眼系列》《第一次发现丛书·手电筒系列》《第一次发现丛书·互动探索系列大百科》。如果只买一套，首选《第一次发现丛书·透视眼系列》，其中适合 3 ~ 6 岁孩子的有 30 个品种。

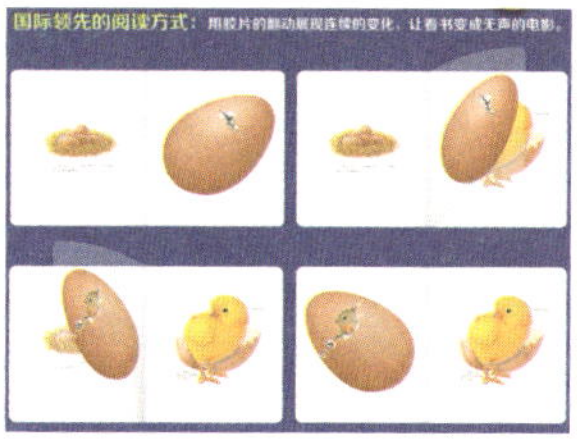

适合 3 ~ 6 岁孩子的 30 个品种分别是《恐龙》《七星瓢虫》《蝴蝶》《熊猫》《丛林里的动物》《不同地方的动物》《有壳的动物》《濒临危机的动物》《地下的动物》《会隐藏的动物》《蛋的秘密》《藏在家里的动物》《火车》《船》《消防车》《飞机》《工具箱》《甜甜的糖》《好看的花儿》《天空和地面》《地形和地貌》《月球》《地球》《火山》《沙漠》《光线》《小动物的出生》《辛勤的喂养》《生命是怎么来的》《动物宝宝这样长大》。

“鳄鱼爱上长颈鹿”系列（爱的五部曲）

爱是本能，但合适的爱，则需要学习。良好的原生家庭是孩子一生幸福的基础，如何才能给孩子良好的原生家庭？不如和孩子一起看看《鳄鱼爱上长颈鹿》，告诉孩子爸爸妈妈相识相知相爱的经历；从《搬过来，搬过去》启发孩子明白爱要相互迁就；通过《天生一对》让孩子了解相爱又有悖世俗眼光的人如何用智慧获得尊重。《不一样的圣诞节》《一顿又惊又险的早餐》则展现了鳄鱼和长颈鹿成为父母后的育儿智慧，如对孩子宽容，有耐心，有话好好说，引导孩子面对问题、解决问题。

“玛德琳”系列（全 6 册）

如果你有个女儿，肯定也希望她能像玛德琳一样乐观、善良，不怕困难，保持好奇心，即便经常闯祸，也能用简单的快乐化解忧愁。和你的女儿一起看看“玛德琳”系列吧！它们分别是《玛德琳》《玛德琳的狗狗救星》《玛德琳和西班牙坏小子》《玛德琳的伦敦奇遇》《玛德琳的马戏团历险》《玛德琳的魔法圣诞夜》。

“DK 儿童百科全书”系列

中国大百科全书出版社与英国著名的出版公司 DK 公司共同打造的经典儿童百科系列。一套家庭必备百科工具书。图片精美翔实，有些甚至是难得而珍贵。内容科学严谨细致。它可以满足孩子的好奇心，喂饱孩子的求知欲，让“十万个为什么”变成“千万个我知道”。整个系列包括太空、地球、生态与环境、生物界、世界的大陆、文化、历史与政治、科学、技术、人体十个类别的内容。

“奇先生妙小姐”系列（全 83 册）

让孩子认知实物特征并不难，如高矮胖瘦、冷热硬软，可如果是一些抽象词汇，比如糊涂、乐观、荒唐、傲慢等，往往大人解释不清，孩子又似懂非懂。此套书通过 47 个奇先生和 36 个妙小姐将抽象概念形象化为人物性格特征，上演了一幕幕令孩子乐不可支的生活轻喜剧，有助于培养孩子良好的品行、健全的人格。

“I SPY 视觉大发现”系列（全 8 册）

这个系列是毕业于哈佛大学的美国儿童教育家吉恩·玛佐洛和摄影师沃尔特·维克联手打造的精品，可以提升孩子的观察力和艺术鉴赏力。书中的每一幅图看似杂乱无章，其实构思巧妙，全用实景搭建拍摄而成，花费制作者许多时间和精力。

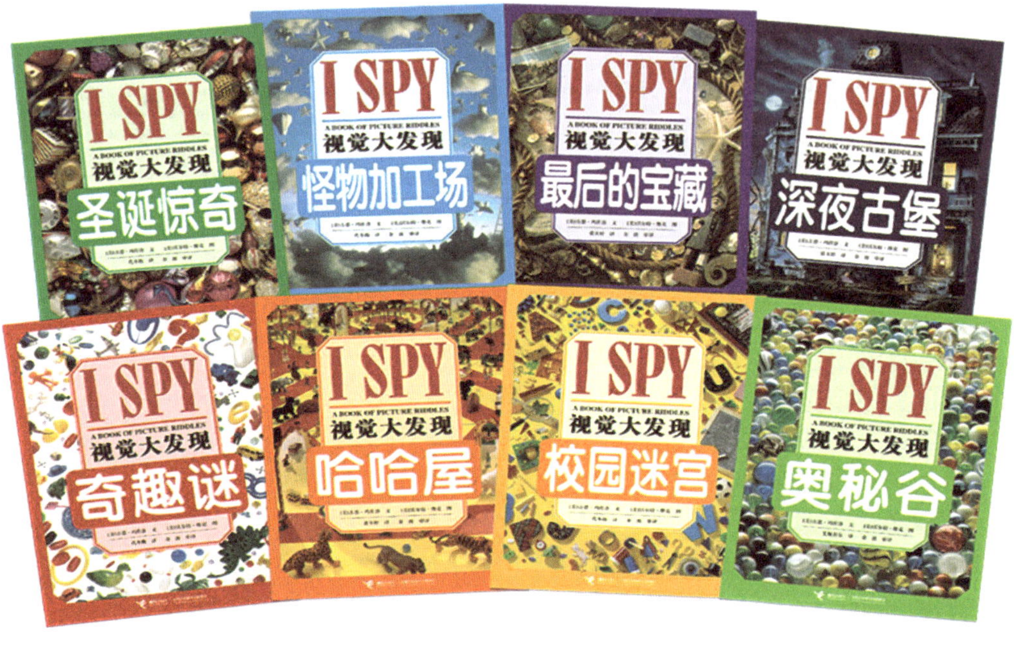

The Blue Balloon

画面简简单单，只有一个男孩、一条狗和一只蓝色的气球，却上演了一系列好玩儿的事。你可以让孩子带着兴趣探究书中的文字内容。

We're Going on a Bear Hunt

描绘了一家人去猎熊的趣事。押韵的重复的语句方便孩子跟读，拟声词能让孩子身临其境。阅读时可跟随书中人物做动作。还可以在网上找相关儿歌资源，边唱边做更好玩。

Chicka Chicka Boom Boom

26 个字母狼狈的模样一定会让孩子哈哈大笑，押韵的句式结构很方便孩子学习。阅读完绘本还可以动手做字母树，既好玩又能加深孩子的印象。

Click, Clack, Moo Cows that Type

嘻哈农场能让孩子感受美式幽默；一台打字机引起的“革命”则可教孩子挑战权威；丰富的拟声词会吸引孩子进入热热闹闹的画面，完成自主阅读。绘本剧是较好的延伸活动。

Noisy Nora

绘本绘制的是小老鼠 Nora“争宠”的故事，重复的叙事结构非常易于跟读。作为上有姐姐下有弟弟的中间子女，Nora 总是制造各种事情想引起父母的关注，它那幽怨的小眼神、那捣蛋的小模样总是令人忍俊不禁。父母可从中学会如何引导孩子的情绪。本书特别适合多子女家庭阅读。

艺术游戏

柴可夫斯基·《睡美人》《天鹅湖》《胡桃夹子》

俄罗斯作曲家柴可夫斯基创作的这三部芭蕾舞剧经典乐曲展现了他在戏剧音乐方面极高的天赋。优雅华丽的《睡美人》，浪漫迷人的《天鹅湖》，充满童趣的《胡桃夹子》，都非常值得你带孩子一起去观赏。去感受一下这视听盛宴带给你们的满满震撼吧！这非常有助于孩子养成高雅的气质。

小约翰·施特劳斯·《春之声圆舞曲》《维也纳森林的故事圆舞曲》《蓝色多瑙河圆舞曲》

“圆舞曲之父”、奥地利作曲家约翰·施特劳斯创作的这三首圆舞曲享誉世界。圆舞曲（Waltz）有时音译为华尔兹，起源于奥地利和德国。来一个标准的社交舞邀请手势，你和孩子手拉手，伴随音乐优雅起舞，仿佛在春天的山谷里听小鸟歌唱，沐浴着明媚的阳光，心情飞扬；或是在激发无数艺术家创作灵感的维也纳森林感受森林的气息；或是在美丽的蓝色多瑙河畔领略河水的宁静。美妙的乐曲都有这种魔力，会让人瞬间变得快乐。跳着舞的两人，关系在不知不觉中也会更加融洽。

古筝名曲 ·《寒鸦戏水》

《寒鸦戏水》是客家筝曲中的名作，韵律清雅明快，生动演绎了秋天萧瑟的湖水中寒鸦或悠闲自得或互相追逐嬉戏的情景。全曲清冷中的那点儿情趣像极了对世界充满好奇、到处给自己找乐子的孩子的童真。你不妨放下成人的身段，和孩子一起找点儿乐子。

古筝名曲 ·《战台风》

古筝演奏家王昌元有感于码头工人与台风搏斗而创作的一首古筝独奏曲。当时，她的父亲、上海音乐学院古筝专业导师王巽之完成了新型古筝的改革工作（弦从原来的 16 根增至 21 根，将丝弦或钢弦改为钢丝、铜丝、尼龙丝相结合），使古筝音域拓宽、音量加大，为《战台风》进行极大张力的音乐表现提供了可能。气势磅礴的曲调催人奋发向上，特别适合人们在愁闷、颓废、无聊的时候聆听。你和孩子将会见识到，古筝不只柔美，还很有力量，学习古筝的孩子对此会有更加深刻的体会。

笛子名曲 ·《春到湘江》

笛子演奏家宁保生 1976 年创作的竹笛名曲；除了有常见的笛子的激越清扬的曲调，还有欢快的湖南花鼓韵；表现了湘江两岸秀美的春色和湘江人民热火朝天建设家园的豪情；充满歌颂和赞美之情，能激发人对美好生活向往的情绪体验。和孩子一起不拘形式地手舞足蹈，表达当下的心情吧！

琵琶名曲 ·《灯月交辉》

《灯月交辉》是传统琵琶独奏曲，源自过去上海浦东地区正月十五闹元宵时锣鼓乐队的演奏，曲调欢快活泼，热热闹闹，节日气氛浓厚。有很多人用古筝演奏此曲。你和孩子可以分别听一听琵琶曲和筝曲，了解一下这两种乐器各自的特色。

扬琴名曲 ·《将军令》

《将军令》源自唐朝皇家乐曲，表现了将军发令时的威严、出征时的矫健、战斗时的激烈，节奏紧迫，气势恢宏。古筝、扬琴、吹打乐器都可以演奏，扬琴表现力最佳，错落有力，一如将军的果敢坚毅。带着你家的男孩来一场“沙场秋点兵”，或是带着你家的女孩来一场“穆桂英挂帅”，感受一下军人的威严以及保家卫国的情怀吧！

家庭画像

让孩子在一大张白纸上画“我的家”，要画出家庭成员。和语言一样，绘画也是一种表达，能比语言更直接地反映作画者当下的心理状态。从画中我们可以看出家庭成员在孩子心中的关系，如亲疏远近。如果爸爸常年不在家，很有可能“我的家”里面就不会出现爸爸的形象，出现的是经常照顾他的奶奶。画中的“自己”画得过小则可能是不够自信的表现。你要敏锐地解读这些信息，并对孩子加以引导。

你还可以启发孩子以绘画形式布置自己心目中的家：你希望的家是什么样的？一个小小的平面设计师、室内设计师可能就此诞生了！

创作绘本故事

绘本可以用来看、说、演，还可以用来画画、做手工。在接触了大量绘本之后，你可以引导孩子自己创作一个故事，并将它用绘本形式表现出来，要注意故事的起承转合、画面的布局及绘本翻页制造的视觉惊喜。这对孩子的语言能力、思维能力、动手操作能力和艺术表达力都是很好的锻炼，没准儿一不小心就能造就一个伟大的绘本作家。

自导自演

戏剧表演是综合的艺术表现形式，你和孩子一起创作剧本、排练、表演，可以帮助孩子发展多种能力，如语言、思维、肢体、社交、艺术等。可以以孩子创作的绘本故事为剧本，然后和孩子一起挑选背景音乐，准备舞台和道具，分配角色，演练台词……你也可以多邀请几个家庭一起进行多角色戏剧的排演，甚至可以在社区举办小型戏剧节。

户外写生

带孩子出去玩儿的时候，特别是去树林、河边等处，别忘了带上画板和画笔，让孩子用绘画的形式表达此情此景，记录美好的旅途。大自然是最好的课堂，也是最好的艺术课堂，它会让孩子接收到很多关于美的信息。相较于用照片的形式留纪念，绘画能表达更丰富的信息，有更广阔的发挥空间。你还可以引导孩子采集自然的馈赠，如一片特别的树叶，粘贴到画本里，这也算是更多元的艺术创作形式。

画地图

随着手部控制力越来越强，孩子能画出更精细的图案了。试着让他画张地图吧，比如从家到学校的地图，一来是对他绘画能力的锻炼，二来可提高他的空间感受能力，这不仅有助于小学阅读、书写、几何、运算的学习，还可防止走失。

纸箱大变身

将家中没用的纸箱保存好，你带着孩子一起在纸箱上涂涂画画，并可将其改造成房子、车、船、停车场等任何东西或场景，做成之后还可用作假想游戏的道具。可让孩子告诉你他想改造成什么样子，有时候孩子的想象力会让你大吃一惊。

社会性游戏

照顾小动物

带着孩子给家附近的流浪猫狗准备食物和水，还可以帮它们搭个小窝。如果家庭条件允许，也可以和孩子一起领养一只小动物，然后学着照顾小动物。这可培养孩子的爱心，激发他关心、照顾他人的能力和自我保护意识。

打扮爸爸

邀请孩子给爸爸打扮，做爸爸的美妆师和造型师。这个游戏可以促进孩子审美能力的发展，还可以培养他的服务意识。另外，你还可以和孩子一起找一找，家里还有什么东西可以作为装饰品。这种寻找和发现的游戏可锻炼孩子的观察力和想象力。

装扮美丽的家

邀请孩子对家居环境进行装扮，比如布置一个阅读角，以此为契机引导他有逻辑地思考，如先做什么后做什么，并锻炼他发现和利用现有材料的能力、整合资源的能力、设计搭配的能力、将想法实施的执行力以及实施过程中解决突发问题的能力和创造力。

医生和病人

医生和病人也是幼儿的经典游戏。这个游戏的好处是你会很省力。你扮作“病人”,躺在沙发或是床上,孩子假扮医生帮你“诊治”。你只需要动动嘴说说话,回应“医生”即可。如果你玩着玩着睡着了，好吧，那是“病人”累了，需要休息了，孩子会很入戏地走开一会儿。这个游戏特别适合你身体很疲劳的时候和孩子玩儿，也可以作为哄睡的保留项目。

长大后干什么

帮孩子熟悉更多社会角色，培养他的职业理想，可以带他去职业体验馆，也可以在家进行角色扮演，还可以让孩子通过实地观察、查资料、看书及视频了解相关职业的特点。家长要进行恰当引导，让孩子发现自身兴趣特长与职业需求的契合点，比如孩子爱说爱演，可以让他想象一下自己成为主持人、老师、演员的样子；如孩子对当消防员特别感兴趣，有时候仅仅是因为看到消防员特别威风的一面，可以带他参观消防博物馆或是消防站，让他看看实际情况和自己想象中的差距……这些都有利于孩子长大后的职业规划，很多人所从事的职业就源于小时候的职业理想。

寻找宝藏

你事先将几样“宝贝”藏在家中的某些角落，然后画一张“藏宝图”，让孩子根据“藏宝图”提示“定向寻宝”。孩子每找到一件宝贝就奖一枚小红花或者直接将宝贝送给他。此游戏可锻炼孩子的视知觉能力、空间定位能力、联想能力及判断能力。此游戏还可以在户外进行，如邀请其他家庭参与，更可锻炼孩子分析解决问题的能力和与人协作的能力。长距离的“定向寻宝”还是锻炼孩子身体的好游戏。

亲子厨房

亲子烘焙是目前非常流行的亲子活动项目，过程有趣又不复杂；成品美好的造型也会引来别人的羡慕和赞扬，从而让家长和孩子都非常有成就感。其实不只是烘焙，你和孩子一起在厨房捣鼓点儿好吃的也是很好的亲子游戏。

进餐礼仪

良好的餐桌礼仪，能帮助我们成为更文明、更有教养、更受人尊敬的人。从孩子很小的时候起，我们就要言传身教，让孩子从小感受餐桌文化，尤其是餐桌礼仪。比如：

饭前洗手；对着大门的是主座；长者、客人、女士先入座；入座和离席时男士要帮女士拉椅子；不要在主人和长辈之前动筷。

坐姿端正；吃饭、喝汤不要发出声音；打喷嚏、咳嗽避开人；打嗝、肠鸣说声“不好意思”；不要占着自己喜欢吃的菜或在菜盘中挑挑拣拣；不要抢着吃新上来的菜，他人优先；有公筷的要使用公筷；不要伸手夹距离较远的菜，拿不到的食物可请别人帮忙传递，别人帮你夹菜要说“谢谢”；骨头不要随意乱吐，放在面前的餐盘中。

细嚼慢咽，不要狼吞虎咽；动作幅度不要妨碍旁人；不要一直在吃，要和两侧客人保持交流，不要手拿食物、口含食物或对方在吃东西时和对方说话；主人发表重要言论时，放下筷子静静聆听；打翻餐具或将汤汁泼洒在别人身上时要说“对不起”。

进餐速度与主人同步；如果是家宴，要向主人致谢，并称赞掌勺者的厨艺；离席时归置好面前的物品，不宜太凌乱。

西餐还有更烦琐的礼节，可带孩子去正宗西餐厅体验一下，感兴趣的话可以进行专门学习。

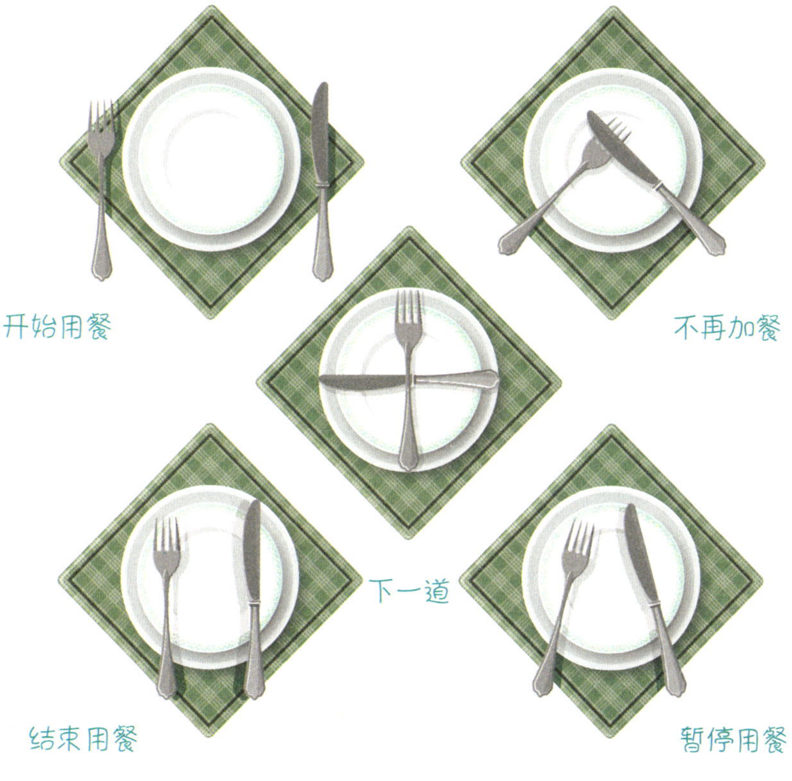

服装表演秀

孩子爱装扮、爱表现，不妨给他个机会来场服装表演秀。你们一起挑选走秀时的服装，也可以让孩子用废旧报纸、布料自己做服装；准备好舞台和背景音乐；在孩子走秀时用视频做好记录；在他换造型需要帮忙时做好协助工作；服装表演秀结束后可将录制的视频播放给孩子看。这个游戏会让孩子更自信，并对自我有更深的觉知，甚至逐渐明白什么样的服装造型更适合自己，能凸显自身优点。

小小图书管理员

和孩子一起去图书馆借阅书刊、查阅资料，让孩子了解图书馆是怎么运作的，回家之后让孩子将家庭阅读角好好管理起来，让他做个小小图书管理员。这不仅能让孩子更加爱惜图书，而且也可以让孩子学习运营管理的小技能。有机会的话还可以带孩子体验图书馆或社区图书管理员的工作。

参加社会性活动

带孩子参加社会公益活动，如养老院、福利院的联欢和捐助活动，可培养孩子尊老爱幼、帮助弱势群体的品质。带孩子参加所在城市组织的公共活动，如科学节、艺术节、美食节、社会职能机构的公众开放日，对拓展视野、加深对社会的了解很有帮助。还可以带孩子参加一些义工组织，保护自然人文环境，救助动物，帮助需要帮助的人。

世界名校对学生的社会活动都非常重视，很多学校的招生录取条件中有一条重要标准就是“如何运用特长服务社会”，如果学生在某个特殊领域的社会活动中表现出长时间的兴趣、努力，甚至是影响力和领导力，更易得到招生官青睐。那么，不妨从现在开始帮助孩子培养这方面的能力吧！

游览名胜古迹

5 岁左右的孩子已经表现出明显的求知欲，长时记忆能力也有了飞跃性发展。不妨带着孩子探访祖国大好河山以及名胜古迹。实地了解历史、人文对这个时期的孩子来说，远比书本学习来得生动形象、印象深刻，还有难得的互动体验。

在孩子即将上学学习、背诵《黄鹤楼》《登鹳雀楼》《滕王阁序》等这些名作之前，带孩子去实地感受一下，孩子将获益匪浅。正如苏联著名教育家苏霍姆林斯基所言："我努力做到，使一个词对儿童来说，不仅仅是一样东西、对象或现象的标志，而是使它带有情感的色彩——带有它芬芳的香气和丰富多彩的色调。重要的是，要使儿童像倾听美妙的旋律一样倾听词，要使词的美和这个词所反映的那一部分世界的美，能够激起儿童对于表达人类语言的乐声的那些小图画——即字面的兴趣。当儿童还没有感受到词的芳香，没有看见词的绚丽多彩的色调的时候，是不应当开始识字教学的。"

国内游学还可以激发孩子的爱国情感，国外游学则能帮助孩子了解异域文化。有条件的话，可以带孩子走出国门，在大英博物馆见识各国文化的差异，到澳大利亚见识丰富的动植物资源，在南非亲近野生动物，去美国感受世界名校氛围……世界就在脚下！

制作购物清单

在家庭采购前，邀请孩子和你一起制作购物清单，之后买到一件划掉一项，以培养孩子有条理、有计划地做事的好习惯。

4～6岁

大富翁

传统又好玩的多人策略游戏，由欧美国家引进，适合 5 岁以上孩子和父母一起玩。孩子在玩耍中可提升财商和规则意识，对社会小系统的运转也能有更直观的认知。

打牌

和孩子一起打扑克牌，除了对孩子的逻辑思维能力是一种锻炼，还能培养孩子了解他人底牌和意图的意识。另外，打牌有一定运气成分在，像极了不确定的人生，有助于培养孩子输得起的心态。可以从简单的比大小、接龙（两张相同的牌之间的所有牌都可收归出牌者，类似找相同游戏）、凑 24、十点半玩起。

下棋

下棋是最好的思维训练游戏。很多长大后数理化成绩优异的孩子，小时候都有下棋的经历。需要花费时间学习的棋类主要有三种：中国象棋、围棋、国际象棋。中国象棋起源于中国，蕴含古老的中国军事用兵智慧。围棋入门简单，深入难，有利于磨炼性情、培养大局观。国际象棋在世界范围普及度更高，形象化的棋子比前两者更容易吸引孩子。相较于前两者非赢即输的局面，国际象棋还有“和局”，有助于培养孩子的合作性。

做一周计划

帮助孩子做一周计划，可以找一面墙专门用于张贴计划表。这有助于培养孩子良好的生活、学习习惯，以及更强的自我管理能力。可参考下表做计划。

	上午	下午	晚上
星期一	肢体运动游戏（游泳）	午休 建构游戏（积木）	语言游戏（英语启蒙、亲子阅读）
星期二	肢体运动游戏（舞蹈）	午休 社会性游戏（下棋）	语言游戏（英语启蒙、亲子阅读）
星期三	肢体运动游戏（球类运动）	午休 艺术游戏（画画）	语言游戏（英语启蒙、亲子阅读）
星期四	艺术游戏（乐器弹奏）	午休 社会性游戏（定向寻宝）	语言游戏（英语启蒙、亲子阅读）
星期五	肢体运动游戏（舞蹈）	午休 建构游戏（拼图）	语言游戏（英语启蒙、亲子阅读）
星期六	社会性游戏（参观博物馆）	午休 艺术游戏（画画）	社会性游戏（朋友聚会） 语言游戏（亲子阅读）
星期日	肢体运动游戏（球类运动）	午休 社会性游戏（大富翁）	语言游戏（词语接龙、亲子阅读）

考古发掘

和孩子一起将“宝贝”“化石”埋藏在沙子或泥土堆里，再将它挖掘出来。可以是一个人藏，另一个人挖，更有趣味性。还可以邀请小伙伴一起参与，成立一支小小科考队，查资料了解一下考古学家都需要做哪些工作，然后来个角色扮演游戏！

逛乐器店

带孩子去逛逛出售乐器的商店，可以尝试弹奏一下。这样孩子会对乐器有更加感性的认识，也会明白在众多乐器中自己的真正兴趣在哪儿，这是单单看别人表演没法得到的经验。

参观科技馆

带着孩子去参观科技馆，好处是孩子会从形象化的演示中了解抽象的科学。当孩子对某个物件或现象特别感兴趣时，引导他探究更深层次的内容。很多家长不知道在科技馆和孩子聊些什么，因为有些原理家长自己也说不清楚。实际上，很多设计得比较好的科技馆有辅助设备帮助孩子；另外，可以在回家之后和孩子一起查阅相关资料。

消防安全演习

天灾人祸随时都会发生，因此安全问题也是家长最关注的。从小给孩子树立安全意识，掌握必要的逃生自救技巧很有必要。可以和孩子一起参加幼儿园或社区组织的消防安全演习；或是在自己家里进行消防安全演习，在好玩的假想游戏中将自救技能教给孩子。

安全防火通道

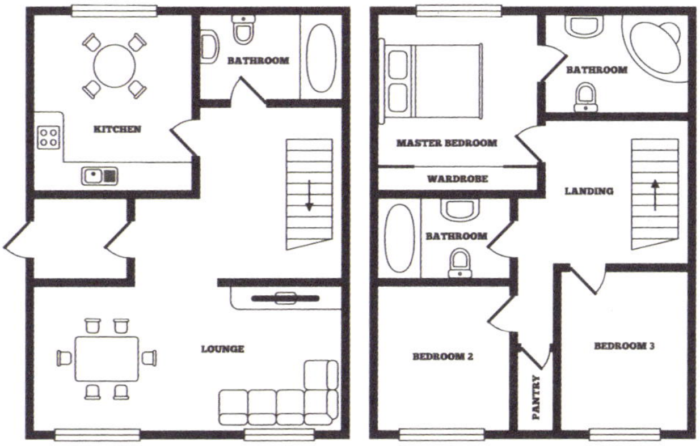

一号楼平面图　　二号楼平面图

安全标识

4~6岁

节日里的仪式感

节日里的仪式不仅能给生活增添乐趣，对孩子来说还具有重要的教育意义。一年中以下这些重要节日，你和孩子都做了什么？

春节：买年货、贴春联和福字、挂年画、剪窗花、做年夜饭、守岁、放鞭炮、逛庙会、看春晚、给压岁钱、拜年；

元旦：祭祖、元旦联欢、吃年糕；

元宵节：吃元宵、赏花灯、猜灯谜、看耍龙灯和舞狮子；

中秋节：赏月、拜月、吃月饼、燃灯祈福、猜灯谜；

端午节：吃粽子、戴香囊、放风筝、看赛龙舟、挂艾草；

清明节：扫墓祭祖、踏青、荡秋千、放风筝；

重阳节：看望老人、吃重阳糕、登高、赏菊、佩戴茱萸；

七夕节（又称女儿节、乞巧节）：穿针乞巧、投针验巧（将针投于水中，浮于水面为巧）、晒书晒衣、为牛庆生、拜牛郎织女星；

腊八节：喝腊八粥、做腊八蒜、祭祀；

立春：吃春饼、打春牛；

立秋：贴秋膘、晒秋、秋忙会；

立夏：迎夏仪式、撞蛋、吃立夏饭、尝时令菜；

冬至：吃饺子、喝羊肉汤。

此外，还有些节日是近代确立或者由西方传入，如劳动节、儿童节、母亲节、父亲节、教师节、国庆节、感恩节、复活节、圣诞节、万圣节等，每个节日都可以创设一个游戏主题。

制作成长相册

在孩子上小学前，和孩子一起整理他从小到大的照片，然后设计、制作一本成长相册，不仅会加深亲子感情，还能让孩子对自我有更深刻的认知。相信这也是最好的入学礼物，更是你阶段性育儿成果的展示。美好的学前时光即将结束，朝气蓬勃的小学生活正在向孩子招手。

建构游戏

拼图比赛

这个年龄段的孩子，除了给他更多片难度更大的拼图，还可以加入一些让拼图过程更好玩的元素。孩子会拼更多片难度更高的拼图之后，有时候就会感觉没有挑战性了。你和他每人一套拼图，来个比赛吧！不用特意让着孩子，说不定孩子会赢了你的。即便是你赢了，竞赛意识、比赛技巧、输得起的心态等都是游戏给予孩子的额外的馈赠。

合作搭积木

适合 4 ～ 6 岁孩子的积木有磁力片、木质积木、咬合性积木以及带有复杂零件的积木。这个时期的孩子，建构更有目的性和计划性，还会给建构物命名，玩假想游戏。你可以和他合作搭建一个大型场景，并将其他玩具放入，让搭建的场景有其所用；还可以在搭建前先设计图纸，帮孩子建立“按图施工”的概念，训练其计划能力和条理性。

也可使用七巧板。七巧板是中国民间流传下来的一种古老的智力玩具。7 块板可拼成上千种图形，适合 5 岁左右的孩子尝试。七巧板可锻炼孩子的观察力、专注力、想象力、形状分辨能力和数理逻辑能力。

完美雕塑家

让孩子动手将橡皮泥、陶土等造型材料制作成各种形状的物体。你可以给他准备好环境和材料，陪他一起做，各做各的，做好了还可以命名、玩假想游戏。也可以事先画出设计图纸，然后按图纸玩儿。

STEAM 小创客

20 世纪 80 年代，美国政府提出以数学（Maths）为基础，通过工程（Egineering）、艺术（Arts）解读科学（Science）和技术（Technology）的教育理念，有别于传统单学科、重书本知识的教育方式，这就是 STEAM 教育理念的雏形。“创客”指通过动手实践将想法变成现实的群体。目前比较流行的 STEAM 小创客活动有设计机器人和编程。其实在家里也可和孩子设计一些相对简单好实现的 STEAM 活动。

先提出一个主题，比如“做一辆自行车”，然后以思维导图形式梳理思路（数理逻辑、动手能力、语言文字）:在一张纸的中间写下“自行车”三个字（还可以画个示意图）；做自行车，得先了解自行车是什么样的（搜集资料，包括了解行驶特性等科学知识）;然后自己动手设计和制作自行车（涉及测量等数学知识和动手操作的工程技术知识）；接下来是装扮自行车（艺术）；最后是展示、试骑、观察、记录、讨论以及归纳总结（科学探究、交流合作）。

幼小衔接

“衔接”的不是知识，更多的是心智发展状态、学习习惯和学习方法。北京师范大学钱志亮教授主编的《入学早知道——儿童入学必备的八种能力》[1]一书，从学习能力构成的角度，将小学生入学必备的 8 种能力一一剖析，包括对入学的影响、测评的方法以及强化训练游戏，以此帮助孩子尽快达到入学要求。在这里推荐一下。

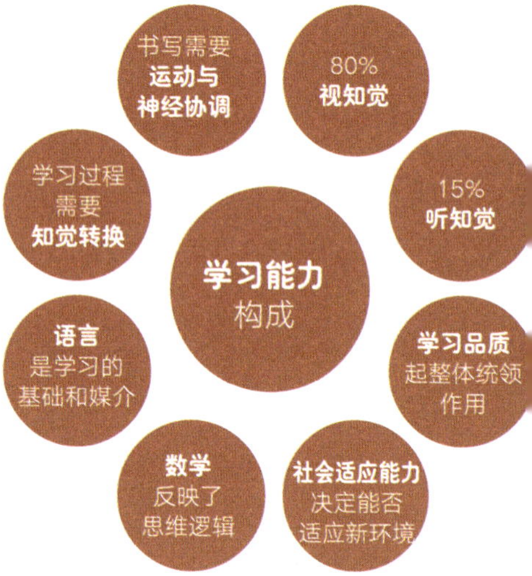

此前各年龄段动作、语言、情感和社交能力发展没问题，“肢体运动游戏”“语言游戏”“亲子阅读”“社会性游戏”做得好，运动与神经协调（大运动能力和精细动作能力）、语言（听说读写）、社会适应（情绪、交往、自理、自控等）就不用担忧。若孩子自控力有欠缺，可通过找不同（见本书第 287 页）、踩线走（见本书第 241 页）、描红游戏强化训练。从幼儿园的自由玩耍到小学有规矩地学习，需要强大的自控力。

数学能力包括数感、数数、比较、对应、分类、排序、推理、图形建构等，本书前部分都有相应游戏帮助孩子发展各项能力。

优良的学习品质包括好奇心、主动性、灵活性、独立性、合作性、条理性、专注力、耐心、责任感、荣誉感、学习兴趣、生活习惯等，这些都需要在日常生活中一点一滴养成。本书的很多游戏或多或少有助于这些品质的养成。

所以，幼小衔接其实从孩子一出生就开始了，此后 6 年一直在准备。

上小学前特别要注意的是测查视知觉、听知觉和知觉转换的能力。有阅读障碍症的孩子多有这方面的问题，要多做针对性游戏强化训练。

视知觉技能包括空间关系、视觉辨别、图形—背景辨认、视觉填充、物体再认和视知觉速度。

---

① 钱志亮．入学早知道——儿童入学必备的八种能力［M］．北京：北京师范大学出版社，2011.

技能类别	对入学的影响	测评方法	强化训练游戏
空间关系：对物体的距离、形状、大小、方位等空间特性的知觉。	语文拼音、识字、书写、阅读等与此有关； 数学认读、书写、运算、图表等与此有关。	对指测验：双手握拳，掌心向外，食指伸出，相向运动，让食指指尖对接； 能用积木拼几何形状或模型； 很少把鞋穿反； 能够准确辨识“3”和“E”、“6”和“9”、“士”和“土”、“左”和“右”、“上”和“下”等； 对“向左转”“向右转”口令反应迅速。	走迷宫、临摹几何图形、找相同、看图摆图形（积木或七巧板）等。
视觉辨别：把一个物体与另一个物体区别出来的能力。	辨别拼音字母，如“b”“p”“d”“q”“t”“f”等； 辨别形近字，如“天”“夫”“田”“由”“甲”“人”“入”“八”等； 辨别数字6和9、2和5等。	能说出家里配套餐桌椅的4个相同之处和4个不同之处； 能说出“b”“p”“d”“q”的异同； 能区分数字6和9、2和5等； 能区别笔画的长短、多少，如“末”“未”“日”“目”“士”“土”等； 能辨别简单的形近字，如“由”与“甲”、“人”与“入”等； 能分清“田”字格的左右、上下方位。	人和物辨别、找不同、找相似、形近字辨别等。
图形—背景辨认：把物体从背景中区分出来的能力。	不能按照指令找出相应图形，易受无关刺激干扰。	能正确数出复杂几何图形中包含的简单图形的数量，如： 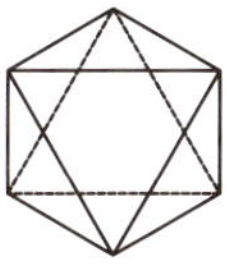	拼图复原、说出隐藏图形等。
视觉填充：从部分认出整体的能力，如看到长颈鹿的脖子就能认出长颈鹿。	与阅读速度、看图表达、数学几何相关。	先看左图，再看右图，让孩子回答在右图中看到了什么，能说出“和左图差不多”，并指出具体差别。  	拼图、涂色、看图说话等。
物体再认：以前见过的事物再次出现，把该事物认出来的能力。	与学习字母、拼音、汉字、数字等相关。	小区内能自己回家； 日常用品等看一两次后能再认； 常见的汽车标识和品牌商标能够辨认出来； 认真看七巧板样板图后能准确再现图形； 指读电话号码并能指认出父母的电话号码； 认识自己名字在内的几十个简单汉字或与居住地相关的汉字。	猜谜（视觉想象类，如“掀开绿衣裳，满身红肉肉，黑的子儿、白的子儿、没有子儿，打一水果”）、七巧板记忆摆图、闪记找牌、仿画、按原样摆放物品等。
视知觉速度	影响读写速度。	计时观察。	闪现图片，问看到什么后，能在短时间内找到指定汉字或数字等。

听知觉技能包括听觉注意、听觉辨别、听觉记忆、听觉系列化、听觉混合和听觉理解等。

技能类别	对入学的影响	测评方法	强化训练游戏
听觉注意：对有意义的声音刺激选择和集中的能力。	影响听课效率	以1秒1个数字的速度，从1数到30，中间随意漏数10个数，孩子发现漏数数字时，拍一次手： 发现漏数8个以上，听觉注意能力较强； 发现漏数6个以上，听觉注意能力一般； 发现漏数不到6个，听觉注意能力较差。	闭眼听大人击鼓并模仿（轻重和节奏）、听读一组词时听到同类别的词拍手（如听到食物拍手）、跟读故事并复述故事内容等。
听觉辨别：对不同声音差异的辨别以及辨别一组词之间差异的能力。	影响学拼音和文字读音	呈现发音差异很小的一对字词，让孩子背对你，辨别出异同，如“为”和“会”、“女”和“旅”、“再”和“才”、“胡”和“红”等。	听音找物（人）、读诗词、绕口令等。
听觉记忆：储存和回忆所听到信息的能力。	影响作业完成度和学业成绩	复述别人的话看是否缺失很多信息。	转述别人的话、根据复杂指令做事（如喝完奶给爸爸打电话等）、回忆一天的活动、复述故事等。
听觉系列化：把别人说的一系列信息有条理地回忆和描述出来的能力。	影响组词造句、口头表达和作文能力	喜欢自己看着读而不愿听别人读，能记住但顺序不对，遗忘率比别人高，说话丢三落四、语无伦次，对顺序及因果表达欠佳。	复述电话号码、学说多音节生僻外国地名（如伊斯坦布尔）、语句扩充（如吃饭－妈妈吃饭－妈妈在圆桌前吃饭）、按时间顺序表述（如首先……然后……）等。
听觉混合：把拼音混合成一个音节，将音节混合成词并拼读出来的能力。	影响学拼音及拼读字词	拼读方面是否有问题。	拆字音（如b–a–ba，h–uang–huang，ba huang）、绕口令、朗诵诗词韵文、词语尾音接龙（如中华－华美－美丽……）等。
听觉理解：对听到的信息进行分析解释的能力。	影响学习效率	对指令反应迟钝或充耳不闻； 无法回答根据故事提出的问题； 在幼儿园听不懂老师讲的内容。	按指令做事、做我说的不做我做的（如你说向右转，实际向左，孩子向右转）、使用关联词（如因为、所以、然而、而且……）等。

知觉转换包括听觉转换到视觉和动觉（把听到的东西用符号写出来、做出相应动作）、视觉转换到言语或动作（看图说话、看图或模仿别人做动作）、触觉转换到视觉或言语（将闭眼摸到的东西画出来或说出来）。以下这些游戏可测查和强化训练孩子这方面的能力：模仿原地踏步走、“你拍一、我拍一”游戏、“一枪打四个”游戏、摸物认物、跳绳、球类运动等。

此外，注意缺陷多动障碍（ADHD）患儿会存在学习障碍。ADHD是一种病症，不是简单的好动、坐不住等行为问题。家长要带孩子上专业机构确诊，早发现，早治疗。